suhrkamp taschenbuch
wissenschaft 2413

Theodor W. Adorno war seit dem amerikanischen Exil mit den Spielregeln der empirischen Sozialforschung bestens vertraut. Die Erfahrungen, die er mit der damals avanciertesten Form dieser Untersuchungsmethoden hatte sammeln können, bestimmten auch die Forschungen des Frankfurter Instituts für Sozialforschung seit 1950. Dennoch blieb Adornos Denken immer auch von dem prekären Verhältnis zwischen der soziologischen Theorie und ihrem Gegenstand, der Gesellschaft, geprägt, wie diese Vorlesung zeigt. Sowenig es in der Philosophie einen kontinuierlichen Übergang von den Prinzipien der Erkenntnis zur Erscheinung und umgekehrt gibt, so wenig gibt es einen von der Theorie zum gesellschaftlichen Faktum in der Soziologie.

Das Werk Theodor W. Adornos (1903-1969) liegt im Suhrkamp Verlag vor.

Theodor W. Adorno
Philosophische Elemente einer Theorie der Gesellschaft

(1964)

Herausgegeben von
Tobias ten Brink und
Marc Phillip Nogueira

Suhrkamp

Dieser Band ist textidentisch mit Abteilung IV:
Vorlesungen Band 12
der *Nachgelassenen Schriften* von Theodor W. Adorno,
herausgegeben vom Theodor W. Adorno Archiv.

Klimaneutral
Druckprodukt
ClimatePartner.com/14438-2110-1001

Erste Auflage 2023
suhrkamp taschenbuch wissenschaft 2413

Originalausgabe: Suhrkamp Verlag Frankfurt am Main 2008

Umschlag nach Entwürfen
von Willy Fleckhaus und Rolf Staudt
Druck und Bindung: C.H. Beck, Nördlingen
Printed in Germany
ISBN 978-3-518-30013-8

www.suhrkamp.de

Inhalt

Philosophische Elemente einer Theorie der Gesellschaft

1. Vorlesung
12. 5. 1964

Meine Damen und Herren,

die Ankündigung dieser Vorlesung hat ein wenig Amphibiencharakter: »Philosophische Elemente einer Theorie der Gesellschaft«[1]. Also manche von Ihnen werden sich den Kopf zerbrochen haben: ›Ist das nun Philosophie oder Soziologie?‹ Und nur diejenigen, die meinem verderblichen Einfluß schon einige Zeit ausgesetzt sind, werden sich daran erinnert haben, daß ich die branchenmäßige Unterscheidung dieser Disziplinen nicht so schwer nehme, in Übereinstimmung mit dem Gedanken, den Herr Horkheimer gestern im Proseminar[2] ausgeführt hat, daß nämlich eben Philosophie alles sei, nur keine Branche. Was mich nun zu dieser Formulierung bewogen hat, das ist aber nicht etwa der Doppelcharakter, den die Definition meines Lehrstuhles[3] hat, sondern doch etwas viel Ernsteres, nämlich, daß mir immer wieder, vor allem auch nun aus Kreisen der Soziologiestudenten, die Frage entgegengebracht wird: ›Ja, da ist die Rede von Theorie der Gesellschaft‹ und ›Was ist das eigentlich? Hast Du so eine Theorie? Wenn Du sie hast, warum rückst Du nicht einfach damit heraus, und wenn Du sie nicht hast, warum sprichst Du dann davon?‹ Also diese immer wiederkehrenden Fragen veranlassen mich dazu.

Ich hoffe, diese Fragen wenigstens so weit beantworten zu können, als ich einiges von dem, was ich an Theorie der Gesellschaft zu wissen mir einbilde, jedenfalls Ihnen entfalten kann, auf der anderen Seite aber das Manko einer solchen wirklich durchgebildeten Theorie der Gesellschaft Ihnen erklären [muß], denn es ist ja immer besser, einen vorhandenen Mangel einzugestehen und womöglich gut zu erklären, als durch irgendwelche Ideologien darüber hinweg zu tragen. Es ist aber selbstverständlich, daß eine solche Frage, wie die nach dem Wesen einer Theorie der Gesellschaft, insofern sie eine Reflexion über Theorie selber einschließt, zugleich auch etwas wesentlich Philosophisches ist, denn nach den herkömmlichen Gepflogenheiten der Wissenschaft kann man sich zwar damit abgeben, Theorien zu bilden, aber was sich nun mit der Möglichkeit und dem Wesen von Theorie beschäftigt, auch mit dem Wesen einer bestimmt gearteten Theorie, das rechnet man ja der Philosophie zu. Ich darf in diesem Zusammenhang Sie alle schon daran erinnern, ganz besonders aber nun die Soziologiestudentinnen und -studenten unter Ihnen, daß ja auch das Werk Max Webers, dem kein Mensch die ungeheure Materialfülle und empirische Vertrautheit mit den Tatsachen der Gesellschaft wird bestreiten können, einen eigenen Band sogenannter methodologischer Schriften[4] veröffentlicht hat, bei denen es dem Geschmack des Lesers freisteht, ob er sie nun Philosophie oder Soziologie nennt.

Die Aufgabe, die ich mir gestellt habe, ist eine doppelte: Ich möchte auf der einen Seite Ihnen einen Begriff geben von dem, was eine Theorie der Gesellschaft überhaupt ist, sein kann, wie sie auszusehen hätte. Ich möchte aber auf der anderen Seite, wie es ebenso der Kürze einer solchen Vorlesung, wie meiner eigenen Art, an solche Dinge heranzugehen, entspricht, Ihnen dann auch doch an einer Reihe von Modellen entwickeln Elemente, wie ich es angekündigt habe, einer solchen Theorie der Gesellschaft selbst. Beides läßt sich im übrigen sehr schwer schematisch voneinander trennen. Es gehört zu den Dimensionen, in denen Sie wohl in dieser Vorlesung ein wenig umlernen müssen, daß ich nicht bereit bin, eine starre Scheidung zwischen Methode und Inhalt zu machen, ja, daß ich sogar alles daran wenden werde, die Denkgewohnheiten, die auf einer solchen Scheidung beharren, zu erschüttern, mit anderen Worten, die methodischen Fragen aus den sachlichen zu entwickeln und umgekehrt die sachlichen Fragen selber mit methodologischen Erwägungen etwa über die Struktur dialektischen Denkens zu reflektieren. Damit hängt es nun auch zusammen, daß ich Ihnen nicht etwa, wie vielleicht manche unter Ihnen es erwarten, nun zunächst eine Definition von Theorie der Gesellschaft und von ihren Elementen bringe, eben deshalb, weil ich glaube, daß der Begriff einer solchen Theorie sich nur einerseits an den philosophisch erkenntniskritischen Fragen und andererseits an inhaltlichen Strukturfragen der Gesellschaft selbst gewinnen läßt.

Ich benutze also den Begriff einer Theorie der Gesellschaft zunächst einmal – und ich sage das nur, damit Sie sich orientieren können, schon ehe Ihnen ein ausgeführter Begriff einer Theorie der Gesellschaft zur Verfügung gestellt wird – ungefähr so, wie er Ihnen gegenwärtig ist, ohne daß Sie lange philosophische Erwägungen anstellen, also als Erklärung oder Deutung von Phänomenen im Gegensatz zu deren bloßer Sammlung und dann mehr oder minder systematischer Aufbereitung. Wenn ich also zunächst einmal sage, unter Theorie sei hier verstanden ein Korpus mehr oder minder kohärenter Zusammenhänge von Vorstellungen über die Gesellschaft, so mag das fürs erste ausreichen. Ich muß allerdings dem gleich hinzufügen, daß innerhalb dieser absichtlich äußerst allgemeinen Vorausbestimmung dessen, was eine solche Theorie sei, nun überhaupt das erst sich abspielen soll, was jedenfalls erkenntnistheoretisch eine wesentliche Absicht dessen darstellt, was ich hier begonnen habe, nämlich: die Unterscheidung einer eigentlichen Gesellschaftstheorie von bloßen Gehäusen oder Zusammenfassungen von Daten. Das wird, soweit es sich um die methodologischen Erwägungen und um die Erwägungen über den Begriff einer Gesellschaftstheorie handelt, jedenfalls eine unserer wichtigsten Aufgaben sein, wie sie durch die gegenwärtige wissenschaftstheoretische Situation vorgezeigt wird.

Nun, meine Damen und Herren, ich hatte Ihnen gesprochen davon, daß immer wieder, und vor allem im Zusammenhang mit den Mängeln des Positivismus[5], auf die Notwendigkeit ebenso wie auf den Mangel einer Gesellschaftstheorie verwiesen wird, ohne daß man diese selber so recht und mit gutem Gewissen vorzeigen kann. Tatsächlich tut es in einem belastenden Sinn jedenfalls kein Mensch so, wie man das einmal getan hat, als die großen sogenannten Väter der Soziologie, also Saint-Simon, Comte, Spencer, auch Marx, schließlich selbst vielleicht noch Durkheim, obwohl man hier schon zweifeln kann, ihre Entwürfe von der Gesellschaft präsentiert haben. Ich meine aber, daß der Grund dafür nicht nur in dem Vordringen der positivistischen Wissenschaftsgesinnung zu suchen ist, obwohl allerdings dieser Wissenschaftsgesinnung eigentlich alle Theorie suspekt ist und alle Theorie eigentlich als ein notwendiges Übel betrachtet wird. Die älteren Positivisten wie Comte und Saint-Simon, die man in einem weiteren Sinn schließlich auch dem Positivismus zurechnen darf, haben ja für das, was man heute etwa Theorie in einem belasteten Sinn nennen würde, andere, etwas herabwürdigende Ausdrücke gehabt – zum Beispiel ›Metaphysik‹ ist da häufig dafür eingetreten. Ich glaube, daß die Krisis des theoretischen Denkens in der Soziologie, und von einer solchen Krisis kann man ohne Übertreibung reden – diejenigen von Ihnen, die auf dem Heidelberger Kongreß[6] zugegen gewesen sind und etwa die Reaktion der Teilnehmer des Panels auf den Vortrag meines Freundes Marcuse[7] gehört haben, denen wird ja von vornherein unmittelbar deutlich gewesen sein, wie verbreitet eigentlich in der akademisch etablierten, offiziellen Soziologie, man muß schon sagen der Haß gegen emphatische Theorie, also gegen eine Theorie, die mehr ist als die Abkürzung der unter ihr befaßten Fakten, wie verbreitet dieser Haß ist –, nicht nur von der Wissenschaftsgesinnung abhängt, sondern schließlich doch auch von der Sache, einerseits also von den zunehmenden Schwierigkeiten, die gegenwärtige Gesellschaft wirklich mit theoretischen Begriffen zu durchdringen, wie andererseits auch mit gewissen Veränderungen im Bewußtsein der Denkenden und Forschenden, die es ihnen immer schwerer machen, eigentlich einen theoretischen Standpunkt überhaupt einzunehmen. Und gegenüber diesen Veränderungen des Objekts und auch des Bewußtseinsstands des Subjekts kommen mir allerdings die Parolen des Positivismus sehr vielfach wie bloße Rationalisierungen vor, die etwas verdecken, was darunterliegt und was viel schwerer wiegt. Im übrigen ist es in der Geschichte des positivistischen Denkens in der Soziologie und der positivistischen Forschung in der Soziologie so, daß eigentlich fast jeder Soziologe, der also mehr tut, als nun einmal irgendwelche begrenzten Untersuchungen durchzuführen, bei seinen Nachfahren sofort in den Verdacht des wildgewordenen Theoretikers, oder wie das auf dem index verborum prohibitorum[8] der Positivisten heißt, in den Verdacht des Metaphysikers gerät. Wenn Sie etwa die ›Règles‹[9] von Durkheim lesen, so werden Sie finden, daß Comte, der es doch an Beschimpfungen der Metaphysik und des metaphysischen Denkens weiß Gott nicht hat fehlen lassen, selber darin als ein Metaphysiker denunziert wird, und zwar bezeichnenderweise, weil er mit solchen auf die Totalität der geschichtlichen Bewegung der Gesellschaft bezogenen Kategorien wie der des Fortschritts oder der in sich zusammenhängenden Menschheit operiert hat, die beide einem so extremen Nominalismus wie dem Durkheimschen nicht genehm sind.[10] Oder um Ihnen ein anderes Beispiel für denselben durchgängigen Sachverhalt zu geben: Max Weber kann man ebenfalls ohne Übertreibung, jedenfalls einer wesentlichen Intention seines Werkes nach, zu den Positivisten rechnen, nicht nur weil er die These vertreten hat, daß man die Entzauberung der Welt als ein rational sich Verhaltender heroisch auf sich zu nehmen habe, sondern auch der Methode seines Werkes nach, die ja die Begriffe, die darin verwendet werden, von vornherein als bloße Hilfsinstrumente beschreibt, denen nicht etwa gegenüber irgendwelchen Fakten Selbständigkeit zukommt, sondern die lediglich dazu gut sein sollen, daß man die Fakten an ihnen mißt, um sie irgendwie zu strukturieren, und die dann, wie er es selber ganz unverhohlen sagt, auch nach Belieben weggeworfen werden können, wie es eben in der berühmten Weberschen Theorie der »Idealtypen«[11] vorgedacht ist.

Nebenbei bemerkt, ich möchte, da wir nun einmal in dem Jahr sind, in das der 100. Geburtstag von Weber fällt, ohne daß ich hier eine explizite Max-Weber-Vorlesung hielte, doch die Problematik, soweit ich es kann, an die des Werkes von Max

Weber anschließen und immer wieder Durchblicke auf das Max Webersche Œuvre eröffnen, nicht nur um seines Materialreichtums willen, sondern auch, weil die Problematik, von der wir hier handeln, in sehr vielen seiner Arbeiten doch auf einem sehr hohen Niveau und mit einer sehr großen Deutlichkeit und Härte hervortritt. Also, wenn ich immer wieder auf Weber rekurriere, so ist das kein Zufall, sondern entspricht einer bestimmten Absicht. Wenn ich Ihnen gesagt habe, daß Weber in gewissen Grundtendenzen dem Positivismus und damit einer eigentlich antitheoretischen Haltung zuzurechnen sei, und wenn ich das begleite mit dem Hinweis darauf, daß es so etwas wie eine Theorie der Gesellschaft von Weber eigentlich nicht gibt, daß er zwar Soziologien wie die große »Religionssoziologie«[12] mit Rücksicht auf ein bestimmtes Thema probandum ausgeführt hat oder auch schließlich noch Einzelsoziologien wie den Entwurf »Zur Musiksoziologie«[13], oder daß er bestimmte Verflechtungen von Kategorien untersucht hat, aber doch niemals so etwas wie eine Theorie der Gesellschaft als ganze, so ist es trotzdem unverkennbar, daß das Webersche Werk, gemessen an dem, was sich selbst heute so im allgemeinen als Soziologie, als Wissenschaft versteht, keineswegs als ein so atheoretisches erscheint.

Ich möchte das gleich sagen: Ich lege deshalb so großen Wert auf diese beharrlich in der Geschichte der Soziologie sich wiederholende Problematik, daß ein Denken dem anderen allzu theoretisch oder metaphysisch erscheint, weil diese ewige Wiederkehr mir doch darauf zu verweisen scheint, daß gerade in dieser Wissenschaft, die ja den Ruf ›Zu den Fakten‹ mit einer fast hysterischen Ängstlichkeit zu ihrer Sache gemacht hat, daß gerade diese Disziplin doch immer wieder durch ihr eigenes Objekt gedrängt wird, über die bloße Faktizität hinauszugehen; und daß das dann in den Augen eines jeglichen Kritikers dem je kritisierten Soziologen leicht wie ein Makel anhängt, woraus, wenn ich mich nicht täusche, eben doch dieses spricht, daß eine Wissenschaft von der Gesellschaft anders als mit theoretischem Denken eigentlich überhaupt nicht vorgestellt werden kann. Ich möchte doch wenigstens Sie darauf hinweisen, wie tief trotz dieser, wenn Sie wollen, antitheoretischen oder antisystematischen Gesinnung von Max Weber seine Beziehung zu Theorie ist, und dabei denke ich nicht an das immerhin verhältnismäßig Äußerliche der Methodologie, denn auch Erzpositivisten, wie zum Beispiel Lundberg[14] oder Stouffer[15], haben ja methodologische Schriften in ausgiebigem Maß geschrieben, oder Lazarsfeld[16], sondern es scheint hier doch in der Sache selber ein theoretisches Moment zu liegen. Ich erinnere Sie dabei nur an einen seiner entscheidenden Begriffe, nämlich den des »Verstehens«[17], also den Versuch von ihm, soziales Handeln nicht, wie man sagen könnte, von außen her auf Grund von irgendwelchen Ähnlichkeiten oder Gleichförmigkeiten unter Identitätsbegriffe zu befassen, sondern es von innen her zu verstehen, und durch dieses Von-innen-her-Verstehen dazu zu gelangen, etwas Wesentliches über die Aufeinanderbezogenheit der sozialen Handlungen aller Einzelnen auszumachen, anstatt von vornherein das, wodurch sie sich zusammenschließen, in der Sache zu verfehlen zugunsten ihrer bloßen Aufbereitung. Gerade dieser Begriff des Verstehens, den er ja im übrigen von der Südwestdeutschen Schule, vor allem von dem Begriff der idiographischen[18], also der Beschreibung und dem Verstehen des Einzelnen gewidmeten Methode der Geisteswissenschaften, von Heinrich Rickert[19] übernommen hat, gerade dieser Begriff des Verstehens als ein Versuch des Begreifens von innen her ist dem positivistischen Impuls eigentlich sehr tief entgegengesetzt; und nicht umsonst steht in einer der Stellen von Kant, die man als einen der Grundtexte der positivistischen Wissenschaftsgesinnung betrachten kann, dem ›Amphibolie-Kapitel‹ der »Kritik der reinen Vernunft«[20] nämlich, eine heftige Invektive gegen diejenige Theorie seines unmittelbaren Vorgängers Leibniz, die das Verstehen der Sache selbst von innen her, wie es im Begriff des Rationalismus liegt, aufs allerschärfste kritisiert.

Nebenbei bemerkt, um Sie hier schon einmal gleich auf das

Besondere dieser Struktur bei Weber aufmerksam zu machen, sieht das so aus, daß er nun, darin einig mit Durkheim, nicht etwa dieses ›Verstehen‹ als ein psychologisches Verstehen der einzelnen Individuen begreifen möchte, sondern daß er sich die Aufgabe setzt, gesellschaftliches Handeln als gesellschaftliches Handeln von innen her zu verstehen, und nicht von den subjektiven Motivationen der Individuen her, aus einem sehr tiefen und sehr legitimen Grund: Weil er nämlich weiß, daß, soweit wir gesellschaftlich handeln, soweit wir also uns im Zusammenhang der Gesellschaft bewegen, wir im allgemeinen gerade nicht als psychologische Wesen agieren, sondern eben als Funktionäre – mit einem heute modischen Ausdruck würde man sagen als ›Rollenträger‹ innerhalb des gesellschaftlichen Zusammenhanges –, und die Schlüsselrolle, die in der Weberschen Soziologie der Begriff des Rationalen, der ›Rationalität‹ trägt, die erklärt sich genau von dieser Stelle her. Die Rationalität hat bei Weber deshalb eine so entscheidende Bedeutung, weil Rationalität als das Organ des Sich-Anpassens an die Realität, oder wie die Psychoanalyse heute sagt: der Realitätsprüfung, gleichzeitig der Psychologie, dem Unbewußten der je einzelnen Individuen, enthoben, zugleich aber doch auf Grund ihres objektiven Mechanismus, des Mechanismus des Kalküls nämlich, verstehbar ist, das heißt, wenn Sie so wollen, von innen her nachvollziehbar ist, was also einen Menschen dazu veranlaßt, gesellschaftlich zu handeln. Also etwa eine Stelle anzunehmen oder nicht anzunehmen, irgendwelche Entschlüsse als Geschäftsmann oder als Politiker zu treffen, das läßt grundsätzlich mit der gleichen Ratio sich verstehen, die der Betreffende in seinem eigenen Verhalten auch walten läßt. Und diese Tatsache, die zunächst unbestreitbar ist, hat Weber eigentlich dazu bewogen, die Rationalität zur Schlüsselkategorie der Soziologie zu machen – nicht daß er dächte, daß alles rational in der Gesellschaft zuginge, im Gegenteil, ganz irrationale Kategorien, wie etwa die des sozialen Prestiges, um nur eine zu nennen, spielen in der Weberschen Soziologie eine außerordentlich große Rolle –, aber es ist so, daß er hier den Angriffspunkt zu besitzen glaubt, durch den gesellschaftliches Handeln von innen verstehbar ist, in der, wenn Sie so wollen, etwas wie eine Koinzidenz zwischen dem betrachtenden wissenschaftlichen Subjekt und dem Objekt, nämlich dem gesellschaftlich handelnden Menschen oder den gesellschaftlich handelnden Menschen hergestellt werden kann.

Wenn man diesen Gedanken, den ich Ihnen eben ausführe und der so, with so many words, bei Max Weber natürlich nicht steht, etwas weiter ausführen wollte, so könnte man sagen, daß eigentlich in der ungeheuren Emphase, die bei ihm der Begriff der Rationalität trägt, fast so etwas wie jener Begriff des ›objektiven Geistes‹ steckt, der unter dem vielen Anstößigen der Hegelschen Philosophie für die positivistische Wissenschaft wohl einer der alleranstößigsten ist. Dadurch aber, daß Weber diesen Begriff der Rationalität so in den Mittelpunkt rückt, kommt es bei ihm nun zu etwas, was gerade der Vorstellung einer theoriefrei, nur einzelne Phänomene an ihrem Idealtypus messenden Soziologie doch außerordentlich widerspricht. Und ich kann hier nur im Zusammenhang der Problematik, die wir hier behandeln möchten, wiederholen, was ich Gelegenheit hatte, einmal in Heidelberg zu sagen, nämlich, daß bei Weber wie bei den meisten irgend bedeutenden Theoretikern es mehr ankommt auf das, was nicht im Baedeker[21] steht, also auf das, was sie nicht selber programmatisch so über ihre Absichten gesagt haben, als auf das, was sie getan haben. Und wenn ich Ihnen in diesem Zusammenhang, da ich ja doch glaube, daß viele oder manche von Ihnen im Zusammenhang dieser Vorlesung etwa »Wirtschaft und Gesellschaft«[22] lesen werden, oder die »Religionssoziologie«[23], wenn ich Ihnen in diesem Zusammenhang gleich einen Rat über die Lektüre erteilen darf, dann ist es der, sich überhaupt bei Weber viel mehr zu konzentrieren auf das, was er tut, auf die durchgeführten Untersuchungen und ihre eigene Struktur, als auf das, was er nun in methodologischer Reflexion darüber sagt. Er ist ein Denker – und ich würde sagen, das ist ein sehr starkes Argument für ihn –, bei dem die theoretische Kraft dessen, was er ausgeführt hat, weit größer ist als die seiner als solcher hingestellten Erkenntnistheorie. Wenn Sie sich den Weber also ansehen, diesen atheoretischen, wertfreien, dadurch also auf die Wiedergabe dessen, was ist, vereidigten Denker, der sich nur mit dem befassen wollte, was ist, und nicht einen Gedanken an das Sollen hereinlassen wollte, dann werden Sie finden, daß doch in seinem Werk so etwas wie eine große durchlaufende Tendenz der Gesellschaft in der Geschichte sich konstruiert findet, und zwar eben die, die mit seiner eigenen Zentralkategorie, der Rationalität, gesetzt ist. Da er die Rationalität um der objektiven Gültigkeit der Mathematik willen, ihrer Unwiderstehlichkeit wegen, als letzte Instanz [beibehält] – merkwürdig, wie in das Denken des amathematischen Weber doch die Mathematik an allen Ecken und Enden hereinspielt, auch das verdiente, einmal untersucht zu werden –, stellt sich ihm nämlich die Gesamttendenz der Gesellschaft dar als eine fortschreitende Tendenz der Rationalisierung, das heißt, als eine immer weitergehende Entwicklung der Kalkulation aller sozial relevanten Handlungen im Sinne einer Chancenrechnung, und zwar nicht nur im Sinn einer Steigerung der rationalen und mathematischen Verfahren, die dabei der Gesellschaft zur Verfügung stehen. An diesem Punkt, also an der Entwicklung der rationalen Verfahren in sich, ist Weber eigentlich nur sekundär interessiert gewesen, sondern vor allem daran, daß nach seiner Ansicht, nach seiner Lehre, die er mit einem außerordentlich historischen Material belegt, der Kalkül nach dem Modell einer solchen Chancenrechnung, auf immer mehr und mehr Sektoren der Gesellschaft [übergreift], daß die Gesellschaft selber in einem immer weiteren Maß zu einer rational beherrschbaren und beherrschten wird. Die berühmte These von der »Entzauberung der Welt« aus dem Vortrag »Wissenschaft als Beruf«[24] ist nichts anderes als der Ausdruck dieser Tendenz, und zwar einer Tendenz, die Weber zufolge dem Prinzip der Rationalität selber innewohnt, ihm immanent ist; diese Rationalität muß sich auf immer weitere Sektoren des Lebens ausbreiten. Hand in Hand damit geht, ihm zufolge, der Übergang der Herrschaftsmechanismen, ohne die er die Gesellschaft nicht sich vorstellen kann, in rationale Herrschaftsmechanismen, das heißt, in Herrschaftsmechanismen, die gehandhabt werden von einer sozialen Gruppe, die eigentlich nach seiner Vorstellung schließlich gar nichts anderes mehr ist als ein Vollzugsorgan dieser Rationalität selber, nämlich die Bürokratie. Und die These von der Unaufhaltsamkeit der ›bureaucratisation du monde‹, die ja eigentlich den wahren geschichtsphilosophischen Aspekt der Weberschen Soziologie darstellt, und durch die sie zuweilen sich fast gewissen Spenglerschen Perspektiven der Erstarrung in cäsaristischen Spätzeiten[25] nähert, die ist eben aus dieser Gleichsetzung von Bürokratie und Rationalität gezogen.

Sie sehen also, wie die Webersche Soziologie einfach auf Grund gewisser Beobachtungen, die sie macht, auf Grund des Gewichts, das gewisse Kategorien in ihr annehmen, ohne daß er ihnen einen systematischen Vorrang zuerteilen wollte, eben doch zu so etwas wie einer theoretischen Konstruktion der Gesellschaft genötigt wird. Und ich meine, wenn es ein Argument dafür gibt, warum die Wissenschaft von der Gesellschaft nun tatsächlich die Theorie nicht als eine Not betrachten darf, sondern als etwas, was in ihrem eigenen Begriff liegt, dann läßt das am einleuchtendsten vielleicht eben e contrario sich zeigen nämlich daran, daß ein Denken wie bei Weber, das ja sich selbst durchaus als Spezialwissenschaft verstanden hat und dadurch im heftigsten Gegensatz etwa zu der Vorstellung einer umfassenden, großen geschichtsphilosophischen Konstruktion gewesen ist, daß ein solches Denken ebenso aus seiner eigenen Bewegung heraus wie auf Grund der Tendenz der von ihm ergriffenen Gegensätze zu einer Art von Theorie malgré-lui-même geworden ist. Das geht aber noch weiter. Es ist selbstverständlich, daß ein solches Denken wie das von Weber einem Begriff wie dem der Dialektik, der ja nun tief in der philosophischen Spekulation verwurzelt ist und von der philosophischen und zwar der kritisch-philosophischen Reflexion gar nicht getrennt werden kann, ungemein unfreundlich gegenübersteht. Und diese Unfreundlichkeit ist ja in Webers Wissenschaftsgesinnung zum Ausdruck gekommen, in seiner polemischen Stellung zu der materialistischen Dialektik, einer Position, die, wie wahrscheinlich die meisten von Ihnen wissen, das eigentliche Motiv dafür ist, warum Weber eine so ungeheure Zeit und Arbeit an die Aufarbeitung der Religionssoziologie gewandt hat, und warum er dabei selbst in die entlegensten exotischen Materialen sich gestürzt hat, nämlich eben um dadurch ein Kernstück der marxistischen Dialektik, die Lehre von der Abhängigkeit des sogenannten geistigen Überbaus vom ökonomischen Unterbau, zu erschüttern. Es ist nun eine sehr bemerkenswerte Tatsache, daß, wenn anders ich Weber einigermaßen kenne, [obwohl] man einem positiven Gebrauch des Wortes Dialektik in seinem Œuvre nicht ein einziges Mal begegnet, die dialektischen Momente in seinem eignen Œuvre sich außerordentlich stark geltend machen. Es ist darauf verschiedentlich, etwa auch in dem Referat von Fräulein Jaerisch[26] bei Gelegenheit des Heidelberger Soziologentages hingewiesen worden. Ich nenne von solchen dialektischen Momenten nur zwei: nämlich erstens die Tendenz sogenannter »charismatischer Herrschaft«[27] – also solcher Herrschaftsformen, die auf der wirklichen oder angeblichen übernatürlichen, begnadeten Berufung eines Führers beruhen, etwa die politische Herrschaft, wie sie Mohammed in Arabien ausgeübt hat – auf die Dauer in traditionelle überzugehen, also sich zu vererben und damit auch feste, fixierte, objektivierte, vergegenständlichte Herrschaftsformen und schließlich sogar eine Bürokratie aus sich hervorzubringen. Sie müssen, um das recht zu verstehen, wissen, daß die Methode von Weber darin besteht, daß er solche Idealtypen, wie also die charismatische Herrschaft, die traditionelle Herrschaft, die rationale Herrschaft, aufstellt, durch sehr exakte, einigermaßen juristische Definitionen voneinander abgrenzt, und nun seinem Programm nach lediglich zusehen will, ob irgendwelche je zu untersuchenden sozialen Phänomene dem einen oder anderen dieser Typen entsprechen – wie nahe oder wie weit sie von ihm sind, wie sehr sie von ihm abweichen –, ohne daß seiner eigenen Lehre zufolge diesen Typen irgendein Eigenrecht zukommen soll oder gar eine Eigenbewegung. Aber er wird eben doch, indem er solche Phänomene, wie die zur Illustration des charismatischen Typus von Herrschaft herangezogenen, auch in ihrer Entwicklung ins Auge faßt, dazu gedrängt, nicht nur sie bis zu einem gewissen Grad als etwas Eigengesetzliches zu sehen, das in sich selber Tendenzen der Bewegung hat – die Einsicht in solche immanenten Bewegungstendenzen eines Phänomens, auch eine solche Einsicht ist ja an sich schon bereits ein Stück Theorie, denn eine solche Bewegungstendenz ist ja kein dingfest zu machendes Faktum –, sondern darüber hinaus ist er sogar gedrängt zu konzedieren, daß solche Phänomene wesentlich und in einer ganz bestimmten Art sich verändern und damit ihr Idealtypus selbst. Es wird also gewissermaßen eine geschichtliche Struktur hergestellt zwischen dem Typus charismatischer Herrschaft und zwischen dem Typus traditioneller Herrschaft und dadurch eben doch so etwas wie eine übergreifende Struktur der gesellschaftlichen Bewegung selbst gelehrt, und zwar darüber hinaus eine solche Struktur in Gestalt einer Bewegung in Gegensätzlichkeiten, also es wird hier einfach vom Material her so etwas wie die Einsicht in dialektische Zwänge oder Tendenzen konzediert, wie sie mit dem Ansatz der Weberschen Soziologie unvereinbar ist. Oder ein ähnliches dialektisches Phänomen bei ihm ist das, daß die rationale Bürokratie, die ja der rationalen, durchsichtigen und wesentlich demokratischen Form der Herrschaft zugehören soll, wie ich vorhin Ihnen bereits als die Kernthese Webers andeutete, sich verfestigt und notwendig in antidemokratische und irrationale Herrschaft übergehe. Nebenbei bemerkt: Eine theoretische Einsicht, durch die der angeblich so atheoretische Weber die Entwicklung jedenfalls großer Sektoren der Gesellschaft unmittelbar nach seiner Zeit ja sehr genau prognostiziert hat. Es gehört heute zu den merkwürdigsten Dingen, daß, wenn man etwa die Invektiven von Weber gegen den Leninschen Bolschewismus aus den letzten Jahren seines Lebens liest[28], sich dabei zeigt, daß er, und zwar rein aus dem Begriff der rational bürokratischen Herrschaft heraus, mit einer ungeheuren Präzision genau jene Erstarrungsphänomene, jene Verfestigung der Bürokratie gegenüber dem Volk, für das sie zu agieren vorgibt, prophezeit hat, die dann in der späteren Geschichte des bolschewistischen Rußland in so furchtbarer Weise sich erfüllt hat, wie es uns allen gegenwärtig ist. Es steckt hier bei Weber so etwas wie ein letztes Erbe, ein unbewußtes Erbe der alten zyklischen Theorien von der Gesellschaft, etwas von dieser bürgerlichen Urüberzeugung, daß die Demokratie dort, wo sie ihren Begriff am reinsten erfüllt, mit einer Art dämonischer Notwendigkeit wieder in Herrschaft, und zwar in blinde Herrschaft zurückschlagen müsse. Nun, meine Damen und Herren, das zunächst einmal als eine erste vorgreifende Illustration dessen, wie theoretische Momente zwangshaft in einem antitheoretischen Denken sich durchsetzen. Die nächsten Konsequenzen daraus werde ich am Donnerstag in der Vorlesung [Ihnen vortragen.]

2. Vorlesung
14. 5. 1964

Meine Damen und Herren,

ich hatte in der letzten Stunde Ihnen gezeigt, daß ein Denker, ein Soziologe, der positivistisch in dem Sinn heißen darf, daß er jegliche Selbständigkeit des Begriffs gegenüber den unter dem Begriff zusammengefaßten Fakten ablehnt, trotzdem contre cœur dazu gezwungen wird, und zwar gerade durch das Material, also gerade durch die Fakten, durch die Daten, in die er sich versenkt, in seine Arbeiten theoretische Momente weit über das hineinzunehmen, was seiner eigenen Erkenntnistheorie nach dort zu erwarten wäre. Ich habe Sie dabei ebenso daran erinnert, daß er eine große durchlaufende gesellschaftliche Tendenz konstruiert, wie daran, daß es dialektische Momente gibt bei ihm, und ich habe dafür Ihnen als Beispiel den Umschlag charismatischer Herrschaft in traditionalistische Herrschaft genannt und die von ihm prophezeite Verwandlung von rationaler und demokratischer Verwaltung, Bürokratie, in eine blinde, undurchsichtige, irrationale Herrschaft. Wenn ich auf diese Dinge eingegangen bin, so war dabei der Grund nicht, daß ich Ihnen nun eine Max-Weber-Vorlesung halten möchte. Es ist mir daran gelegen, daß Sie von vornherein die Dinge in ihren richtigen Proportionen sehen, das heißt, daß Sie solche Belege, die allerdings immer auch eine inhaltliche Relevanz haben, von vornherein eben doch verstehen als Beiträge zu den generellen theoretischen Problemen oder des Problems der Theorie der Gesellschaft, mit dem wir hier befaßt sind, nur daß ich eben, bis zu einem gewissen Grad jedenfalls, mit einem dauernden Blick auf das Werk von Max Weber Ihnen diese Problematik entfalten möchte.

Die Folgerung, die aus dem zu ziehen wäre, was wir in der letzten Stunde behandelt haben, wäre die, daß auch prinzipiell antitheoretisches oder atheoretisches Denken und Forschen, wie das von Weber seiner Absicht nach, ich erinnere nur an die Lehre vom ›Idealtypus‹, eines gewesen ist, das eben doch notwendigerweise in Theorienbildung umschlägt oder ohne Theorie nicht auskommt. Und die ganz einfache Konsequenz, die ich daraus ziehen möchte, würde die sein, daß man nun diesen Übergang in Theorie nicht als eine Art von notwendigem Übel, gegen das man nichts anderes kann, hinnimmt, sondern daß man dieses Verhältnis auch von extrem an ihr Material gebundener Arbeit zu Theorie selber sich zum Bewußtsein bringt und selber theoretisch artikuliert. Wenn ich dabei eben Ihnen gesagt habe, daß bei Weber dieser Übergang in Theorienbildung seinerseits gerade unter dem Zwang, unter dem Gewicht der Fakten erfolgt sei, mit denen er sich zu beschäftigen hat, so liegt auch darin ein Hinweis, den ich gleich fruchtbar machen möchte für das, was wir grundsätzlich in dieser Vorlesung zu bedenken haben, nämlich ein Hinweis darauf, daß die Art von Theorie, deren Begriff ich Ihnen hier entwickeln möchte, nicht ein Begriff von frei schwebender, apriorischer Theorie ist, sondern daß die Art Theorienbildung, um die es mir dabei geht, ihrerseits eigentlich abhängt von den zu behandelnden Tatsachen, daß also, wenn ich es überspitzt ausdrücken soll, man der Theorie im allgemeinen näherkommt, nicht indem man von den Fakten sich entfernt, also irgendwelche einzelnen Merkmale von den Fakten festhält, aus ihnen Theorien bildet und den Rest vernachlässigt, sondern die Vorstellung von Theorie, die mich geleitet, ist die, gerade durch die Versenkung in die Konkretion über das bloß Faktische hinauszukommen, also sich so sehr den einzelnen Materialien anzuvertrauen, daß dadurch mehr dabei herausschaut als eben bloß das blinde, begriffslose Material.

Meine Damen und Herren, Sie werden nicht von mir erwarten, daß ich dieses Programm, das eigentlich ein erkenntniskritisches Programm ist, nun in den Elementen einer Theorie der Gesellschaft, die ich Ihnen vorzutragen hoffe, wirklich bereits durchführe, aber ich möchte Ihnen dabei doch wenigstens die Richtung bezeichnen, in der sich diese Erwägungen bewegen, und möchte Sie zugleich auf einen Unterschied aufmerksam machen, der gerade von dem üblichen und verbreiteten Begriff der Theorie an dieser Stelle zu konstatieren wäre. Soweit nämlich das gängige wissenschaftliche Denken auch im Bereich der Soziologie sich auf Theorienbildung einläßt, gehorcht es dabei einfach der klassifikatorischen Logik, das heißt, die Theorie besteht einfach in der Ordnung von Materialien, der Bildung logischer Klassen und der möglichen Konsequenz daraus. Also mit anderen Worten: Soweit Theorie vorliegt, liegt sie in der Entfernung von dem faktischen Material, und dadurch kommt dann jener etwas unfruchtbare Dualismus zustande zwischen einem blinden Material auf der einen Seite und verhältnismäßig leeren Begriffen auf der anderen Seite, das heißt, die Theorie wird dann eigentlich, und ich werde Ihnen das bis ins einzelne zeigen, zu einem Gehäuse der unter ihr befaßten Fakten, anstatt daß sie aus dem Material selber herausspringt. Also der Gegensatz, in dem ich mich gerade zu der gängigen Theorienbildung in den Sozialwissenschaften hier befinde, ist nicht etwa der – wie manche von Ihnen vielleicht meinen werden – einer losgelassenen Spekulation, die sich über die Materialien hinwegsetzt, sondern wenn ein Begriff von Theorie zu finden ist, der jenseits jenes unfruchtbaren Dualismus wäre, dann könnte es kein anderer sein als eben einer, der die übliche starre Antithese von Faktum und Begriff nicht respektiert.[29] Daß genau damit der Lebensnerv von dialektischem Denken bezeichnet ist, sage ich nur nebenbei; diejenigen von Ihnen, deren Interessen die wesentlich philosophischen sind, werden das sowieso gemerkt haben, und für die anderen würde ich das in dem Zusammenhang, in dem wir uns hier befinden, jedenfalls nicht einlösen können. Die Tatsache, daß auch sogenannte positivistische Forschung, wenn sie nur im Ernst durchgeführt wird, um Theorienbildung nicht herumkommt, ist selbstverständlich von den Positivisten bemerkt worden, das ist nicht etwa meine Entdeckung, meine Damen und Herren, und es ist sogar so, daß man im allgemeinen sagen kann, daß die Bereitschaft, das zuzugestehen in der sozialwissenschaftlichen Forschung um so größer ist, je mehr die Menschen wirklich der

Forschung sich überlassen, je mehr sie also mit Fakten sich sättigen. Diejenigen, die im allgemeinen am theoriefeindlichsten sind, das sind, möchte ich fast sagen, die Erkenntnistheoretiker, die also, die in einem gewissen Sinn die theoretischsten, die abstraktesten sind, die sich gar nicht von der Erfahrung ihrer Gegenstände so geleiten lassen, daß es zur Theorie führt. Ich nenne als ein solches Extrem heute nur etwa den amerikanischen Soziologen Lundberg, der darin also wohl das äußerste an antitheoretischer Haltung darstellt, und mit dessen Soziologie Sie sich vertraut machen sollten, um einmal dieses Extrem wirklich kennenzulernen, denn man kann über diese Dinge natürlich nur dann urteilen, wenn man sie aus erster Hand kennt, und nicht, wenn man die bereits vorverdaute Meinung eines akademischen Lehrers sich anhört, die naturgemäß die Tendenz hat, sich zu einer Art von autoritärem Urteil zu verfestigen, während ich das Gegenteil davon meine. Ich bin Ihnen also dankbar nicht nur, sondern ich bitte Sie darum, gerade solche Werke, deren Position der von mir entwickelten extrem entgegengesetzt sind, sich genau anzusehen und zu studieren, um so mehr, als ich ja in dieser Vorlesung, wenn ich mein eigenes theoretisches Programm erfüllen will, viel mehr, als Sie auf derartige Werke hinzuweisen, gar nicht vermag. Nehmen wir aber jene positivistischen Soziologen, die nun nicht so radikal sind wie Lundberg und die der Theorie freundlich sind, so wird man dabei im allgemeinen doch konstatieren dürfen, daß es dabei eigentlich mehr um Lippendienst sich handelt als darum, daß das Gewicht der Theorie dabei recht zugestanden würde. Sie sagen zwar, daß es ohne Theorie nicht geht, sie bemerken, daß etwa eine empirische Untersuchung, der nicht bestimmte, theoretisch artikulierte Erwartung, der nicht ein gewisser Vorgriff auf erst einzulösende Fakten zugrunde liegt, im allgemeinen nicht sehr viel Aussicht hat, etwas Fruchtbares und Produktives zu finden, und sehen sich daher nolens volens gezwungen, von Theorie zu reden und ihr ein eigenes Recht zu konzedieren, etwa indem sie ihr gewisse, ja, wie soll man sagen, gewisse Bedingungen auferlegen, wie man sie etwa verrufenen Volks- oder Berufsgruppen auferlegen mag, daß nämlich dann eine solche Theorie sich sozusagen bei der Polizei des fact finding regelmäßig zu melden habe und bei jeder nur erdenklichen Gelegenheit darauf hinweisen müsse, daß sie um Gottes willen nur Theorie, und nicht etwa durch die Fakten bereits eingelöst, überhaupt einlösbar sei. In der Sprache des Positivismus nennt man das wissenschaftliche Sauberkeit. Ich verstehe diese Forderung deshalb nicht so recht, weil ich meine, daß der Unterschied zwischen einem Gedanken, der einer ist, und einem blinden Faktum ja auch ohne derartige Beteuerungen eigentlich ins Auge springen sollte. Worum es sich dabei handelt, ist eigentlich das Moment, das ich bereits gestreift habe im Namen der Selbständigkeit der theoretischen Elemente. An dieser Stelle ist die positivistische sozialwissenschaftliche Argumentation, so will mir scheinen, zum mindesten sehr inkonsequent. Es wird nämlich auf der einen Seite die Notwendigkeit der Theoriebildung gegenüber dem bloßen fact finding konzediert, auf der anderen Seite aber wird dann doch die Bildung von theoretischen Überlegungen eigentlich nur geduldet als Formulierung von Hypothesen, die dann durch das Finden der Fakten einzulösen seien. Es soll also etwas, um es dialektisch auszudrücken – und auch die Positivisten geraten manchmal in eine Dialektik –, zwar einerseits notwendig sein, weil es ohne das überhaupt nicht geht, andererseits aber überflüssig, weil dieser Auffassung zufolge die Hypothese, wenn sie erfüllt ist, wenn sie sich bewahrheitet oder wenn sie sich widerlegt hat, weggeworfen werden kann, so daß also für eine solche Anschauung eben doch das Moment der Selbständigkeit der Theorie als des Ausdrucks dessen an der Gesellschaft, was in der Feststellung einzelner Fakten nicht sich erschöpft, wieder rückgängig gemacht wird.

Meine Damen und Herren, ich bin kein Naturwissenschaftler, und ich mag auch nicht als ein solcher mich aufspielen, aber immerhin will es mir doch scheinen, als ob in den Naturwissenschaften eigentlich der Terminus ad quem, also das, worauf die naturwissenschaftliche Arbeit herausläuft, gerade die Theorienbildung, also die zusammenfassende Erklärung der zu beobachtenden einzelnen Fakten ist, und daß im allgemeinen in den Naturwissenschaften auch die Experimente nur unter dem Gesichtspunkt der Theorienbildung angestellt werden, während kein Experiment, keine Feststellung irgendeines reinen, daseienden Sachverhalts um ihrer selbst willen geschieht. In der positivistischen, an der Statistik orientierten Sozialwissenschaft, die sich ja soviel darauf zugute tut, daß sie more mathematico sich abspielt, daß sie nach mathematisch naturwissenschaftlichen Spielregeln verfährt, ist das genau umgekehrt, das heißt, hier behält eigentlich das bloße fact finding sein Recht, während diesem bloßen fact finding gegenüber die Theoriebildung selbst wie eine bloße, unnütze Zutat erscheint, auf die eigentlich verzichtet werden kann oder die jedenfalls eine etwas disreputable Sache ist. Nun, meine Damen und Herren, daß sich das so abspielt, das ist selbst natürlich kein Zufall, sondern das verweist auf die heterogene Beschaffenheit der Gegenstandsbereiche der sogenannten Natur und der sogenannten Gesellschaft, das heißt, es steckt eben darin das, daß jedenfalls im allgemeinen die Naturwissenschaft mit möglichst qualitätslosen, nicht an sich bereits präformierten, nicht an sich bereits objektiv qualifizierten Elementen arbeitet und daß sie es geradezu als ihren Triumph ansieht, je mehr sie die Erscheinungen auf solche qualitätslosen, kleinsten Einheiten oder Elemente reduzieren kann, die dann ihrerseits einer bruchlosen theoretischen Zusammenfassung sich einfügen. Das ist selbstverständlich in dem Bereich des Gesellschaftlichen, das in einem ungeheuren Maß qualitativ bestimmt ist, in dem qualitative Differenzen geradezu das Maßgebende sind, nur in einem sehr begrenzten Maß, etwa in dem Maß möglich, in dem im engeren Sinne statistische Erhebungen überhaupt sich durchführen lassen, in denen die Elemente nach dem Zufallsprinzip grundsätzlich einander gleichgesetzt werden; und in der Tat hat sich ja erwiesen, einfach aufgrund der Zuverlässigkeit von Voraussagen der Meinungsforschung, daß das in diesem spezifischen Bereich durchführbar ist aus Gründen, über die wir dann vielleicht später noch etwas sagen können. Aber es kann natürlich gar keine Rede davon sein, daß [in dem Bereich der] in sich hierarchisch gegliederten Gesellschaft, in der das Verhalten dieser Elemente nicht ein letztes zu Beobachtendes, sondern seinerseits ein im eminenten Maß durch den Zusammenhang des Ganzen Vorherbestimmtes ist, eine ähnliche Reduktion, wie in den Naturwissenschaften sich vornehmen läßt; und infolgedessen ist es auch nicht möglich, die auf diese Weise subsumierten und klassifizierten Elemente ähnlich unter eine einheitliche klassifikatorische Theorie, in letzter Instanz unter Funktionsgleichungen, zu bringen, wie das in den Naturwissenschaften möglich ist. Daher kommt es dann so leicht dazu – gerade da, wo die Sozialwissenschaften an dem naturwissenschaftlichen Modell sich orientieren –, daß sie eigentlich nur so etwas wie eine Parodie des naturwissenschaftlichen Verfahrens produzieren, nämlich Feststellung und Aufbereitung von Fakten, die in der Naturwissenschaft zu theoretischen Konsequenzen, zu Formeln, zu irgendwelchen mehr oder minder abschließenden begrifflichen Bestimmungen führen, während dann die Konstatierung und allenfalls Ordnung der gefundenen Fakten so vielfach dasselbe bleibt. Wenn Sie etwa in dem »Journal of Sociology«[30] sich im allgemeinen die kurzen Resümees ansehen, die da an Berichte über irgendwelche empirische Erhebungen sich anzuschließen pflegen, so werden Sie dabei finden, daß eigentlich nur Klassifikationen von Fakten, womöglich nur tabellarische Anordnungen sich finden, ohne daß dabei eben jene theoretischen Konsequenzen gezogen würden, die für das eigentlich naturwissenschaftliche Verfahren charakteristisch und maßgebend sind.

Die empirische Soziologie ist natürlich auch darin viel zu gewitzigt und zu selbstreflektiert, um dieses Moments des in einem tieferen Sinn doch Atheoretischen nicht auch sich bewußt zu werden. Die Antwort, die sie darauf im allgemeinen zu erteilen pflegt, ist die, daß die Soziologie eine so junge

Wissenschaft sei und daß sie ihrer Jugend wegen zu den großen Theorienbildungen, wie das in den exakten Naturwissenschaften möglich ist, noch nicht fähig sei. Ich muß sagen, daß ich diese Erklärung, der man immer wieder begegnet – auch auf Kongressen kann man ja immer wieder solche hören, die von der Jugend der Soziologie sprechen –, daß ich solche Erklärungen für Flausen halte, die etwa an solche erinnern, wie wenn einem eine reichlich gealterte Dame, ich denke an ein Beispiel bei Frank Wedekind[31], erklärt, daß sie in ihrer Jugend einmal äußerst reizvoll gewesen sei. Also mit dieser Jugend ist es wirklich nicht so arg weit her; die Soziologie hat, wenn man von Comte[32] ausgeht, ein Alter von gut 150 Jahren, und ich würde sagen, wenn man sie wirklich auf Saint-Simon[33] zurückdatiert, von ungefähr 200 Jahren. Nun, ich glaube, es ist eine zwar etwas krude, aber doch erlaubte Analogie, wenn man sich vorstellt, was also etwa in den 200 Jahren, die zwischen der Entdeckung des Kopernikus und der Ausbildung der Newtonischen Physik liegen – es werden ja ungefähr 200 Jahre sein, vielleicht sind es ein bißchen mehr, ich habe die Daten nicht im Kopf –, was sich da also in den Naturwissenschaften abgespielt hat, dann ist das, was an gesellschaftlicher Theorie unterdessen, jedenfalls im Rahmen der etablierten, innerakademischen Sozialwissenschaft sich gefunden hat, als geradezu ärmlich zu bezeichnen; und trotz dieses fortgeschrittenen Alters zeigt die Soziologie nicht die geringste Tendenz, dem Ideal einer wirklichen Theorie der Gesellschaft, die also das Getriebe erhellen würde, sich zu nähern. Im Gegenteil: Man kann, wenn man die Geschichte der Soziologie überblickt, eher davon reden, daß sie von der Theorienbildung sich entfernt, als daß sie sich ihr näherte. Wenn ich Sie an das erinnere, was ich in der letzten Stunde Ihnen gesagt habe, darüber etwa, daß für Durkheim bereits die Thesen über die Entwicklung der Gesamtgesellschaft, die Comte ausgesprochen hat, als Metaphysik erscheinen, dann werden Sie das gewiß einsehen; und ganz sicher würde Lundberg[34] die Lehre von der Objektivität des Kollektivgeistes, die von Durkheim vertreten worden ist, in einem nicht geringeren Grad für metaphysisches Vorurteil halten, als Durkheim mit Comte verfahren ist, so daß also die Entwicklungstendenz innerhalb dieser etablierten Wissenschaft gar nicht die auf die Theorie hin ist, die man dabei verspricht, sondern das Gegenteil. Es steht also hinter dieser Problematik, ich habe Ihnen das bereits angedeutet, nicht der bloße temporale Faktor, daß es noch nicht soweit sei, sondern etwas Kategoriales. Der antitheoretische Zug liegt in der Beschränkung der Soziologie auf die Empirie selber, und der soziologische Empirismus ist – ich habe das etwa in meinen Kontroversen mit Herrn Silbermann[35] erfahren – an keiner Stelle so empfindlich, wie wenn man ihn daran erinnert, daß der Zweck der Soziologie eben nicht das fact finding, nicht die bloße Feststellung undurchsichtiger Daten ist, sondern ein Begriff von Theorie, an der einem, ich sage das mit Absicht so vage, etwas Wesentliches über die Gesellschaft aufgeht.

Ich erinnere mich – und ich sage Ihnen das, weil ich versuchen möchte, gerade auch das Verhältnis zwischen Theorie und empirischer Forschung so nah wie nur möglich an der Verfahrensart der empirischen Soziologie Ihnen zu erläutern – an die Kontroverse mit einem jungen und im übrigen sehr begabten Mitarbeiter an einem Projekt des Instituts für Sozialforschung, dem ich gewisse, ja, nun also wirklich Hypothesen für eine bestimmte Untersuchung gegeben habe, und der dabei eigentlich bereits – darin war er sehr charakteristisch für die Gesinnung, die eigentlich dem soziologischen Empirismus überhaupt steht – diese Hypothesenbildung für etwas Bedenkliches gehalten hat und gesagt hat: ›Ja, wenn man an die Fakten mit so etwas wie einer Hypothese herangeht, dann ist diese Hypothese eigentlich immer auf dem Sprung, bereits etwas wie ein Vorurteil zu werden, man ist dann überhaupt gar nicht mehr fähig, sich rein den Fakten zu überlassen.‹ Nun möchte ich diesem jungen Soziologen, er ist wahrscheinlich jetzt auch gar nicht mehr so jung, gar nicht bestreiten, daß diese Möglichkeit besteht. Diejenigen von Ihnen, die die Arbeit über »Meinung Wahn Gesellschaft« aus den »Eingriffen«[36] gelesen haben, werden darin ja recht eingehend entwickelt finden, daß auf Grund ihres Eigengewichtes die vorgreifende, nicht erfüllte, nicht von den Fakten gesetzte Meinung – und zwar, ich möchte sagen, aus metapsychologischen, aus objektiven Gründen – eine Tendenz hat, sich zu verfestigen, zu verhärten, zu vergegenständlichen und der Korrektur sich zu widersetzen, und sicherlich ist soviel an jener Einstellung wahr, daß es zu der gesellschaftlichen Erkenntnis und gerade auch zu der theoretischen gesellschaftlichen Erkenntnis notwendig dazugehört, daß sie sich offen hält, daß sie sich kontrolliert und daß sie sich selbst verbessert.

Meine Damen und Herren, ich weiß auch sehr genau, daß das leichter so allgemein formuliert, daß das leichter als eine derartige Norm aufgestellt, als tatsächlich durchgeführt ist, ich mache mir darüber gar keine Illusionen, aber immerhin, ich würde sagen, also ein anständiger Gelehrter, das heißt, ein Gelehrter oder ein Forscher, muß man hier ja wohl schon fast sagen, der es mit der Wahrheit ernst nimmt, der wird eben die Möglichkeit einer solchen Selbstreflexion als eines der wichtigsten Momente seiner Arbeit in diese Arbeit bewußt und mit Nachdruck hineinnehmen. Aber ich meine doch, dazu, daß es zu so etwas wie Kontrolle oder Reflexion kommt, muß zunächst einmal etwas dasein, was man kontrollieren oder was man in eine solche Reflexion setzen kann. Wenn man also nur mit der Kontrolle von theoretischen Ansichten einsetzt, ohne daß zunächst einmal überhaupt welche da sind, die sich kontrollieren lassen, dann wird es zu einer Theorienbildung ganz sicher überhaupt nicht kommen. Lassen Sie mich Ihnen auch dafür wieder einen Beleg aus der praktischen sozialwissenschaftlichen Arbeit geben. Als ich, das ist nun schon, ich würde sagen, zwölf Jahre oder noch länger her, die Leitung der Darmstädter »Gemeindestudie«[37] übernehmen mußte, fragte ich einen der amerikanischen Direktoren dieser Studie, was er denn und was seine Gruppe nun eigentlich bei dieser Studie herauszufinden gedenkten, was sie eigentlich wissen möchten, worauf diese Studie eigentlich ginge, und ich fragte ihn: ›What do you want to know or what do you want to find out?‹, und der betreffende, sehr freundliche und umgängliche amerikanische Kollege sagte mir darauf: ›We want to know just everything‹, und ich sagte ihm darauf: ›Wenn ihr alles wissen wollt, was es über diese Stadt Darmstadt gibt, dann werdet ihr gar nichts wissen, dann werdet ihr in einem so begriffslosen Material ersticken, daß überhaupt nichts dabei herausschaut.‹ Wie ich mir dann später das Material anfing vorzunehmen, bin ich dabei tatsächlich solchen Dingen begegnet wie einer sorgfältig geführten Statistik über das Wetter in Darmstadt an jedem Tag während der Zeit, in der die Studie durchgeführt worden ist. Ich will nicht einmal leugnen, daß nicht unter Umständen auch zwischen irgendwelchen gesellschaftlich relevanten Trends, etwa der Zahl produzierter Kinder und dem Wetter, irgendwelche Korrelationen sich herstellen ließen, aber selbst um das zu tun, muß man sich so etwas erst einmal einfallen lassen; und das würde einem ja dann wahrscheinlich auch von einem strikten Empiristen als ein unerlaubter Vorgriff auf die Zukunft verboten werden, das würde dann also auch nicht möglich sein. Mit anderen Worten also, und da möchte ich nun doch heute schon – ich muß in dieser Vorlesung verhältnismäßig schnell vorwärtsgehen, weil ja in diesem Semester so unverhältnismäßig viele Stunden ausfallen[38], und deshalb geht es also manchmal ein bißchen über Stock und über Stein, ich bitte Sie, das zu entschuldigen meine Damen und Herren –, ich möchte daraus nun ebenfalls eine Folgerung ableiten, daß nämlich Theorie in der Soziologie nicht einfach etwas ist, was begriffslos sich aus den Fakten von selbst ergibt, wenn man diese nur nach Spielregeln behandelt, sondern, daß es zwischen der Theorienbildung, zwischen der Einsicht in gesellschaftlich Relevantes und dem Sammeln der Fakten doch etwas wie einen Sprung [gibt], daß es nicht ohne weiteres und nicht stets ein Kontinuum gibt zwischen dem Faktum und der Theorie, sondern daß in einem gewissen Maß diese beiden Bereiche, so eng sie auch selbstverständlich und notwendig miteinander zusammenhängen, doch nicht so gedacht werden können, als ob ohne das Hinzutreten eines weiteren Elements der Weg von dem einen zum anderen überhaupt führt. Und ich würde sagen, die Ausbildung eines wirklichen Organs für Soziologie und für gesellschaftliche Zusammenhänge, die besteht darin, daß man eigentlich immer sich auf der einen Seite darüber klar ist, daß man von dem Begriff von der Gesellschaft aus nicht ohne weiteres in die Fakten übergehen, daß man, mit George zu reden, nicht ohne weiteres aus der Milchstraße Butter machen kann[39], daß man aber auf der anderen Seite auch genausowenig auf Grund der bloßen Anordnung und Sammlung der Fakten nun, wenn man sie nur in einen einigermaßen logisch stringenten Zusammenhang gebracht hat, zu der Theorie gelangen kann. Also die Frage einer fruchtbaren gesellschaftswissenschaftlichen Arbeit scheint mir eigentlich sich zu konzentrieren darin, wie weit man diesen notwendigen und unvermeidlichen qualitativen Sprung sich selber deutlich macht, und, wenn ich im Bilde bleiben darf, ob es einem gelingt zu springen oder ob man diesen Sprung bewußtlos und deshalb falsch macht in einer Weise, daß er also mißlingt. Der Grund dafür ist zum Teil einfach ein wissenschaftsgeschichtlicher, nämlich der, daß das, was wir heute unter dem Namen Soziologie oder auch Sozialwissenschaft oder Gesellschaftswissenschaft, in einem weiten Maß auch politische Wissenschaft, zusammenfassen, nicht in einer ähnlichen Weise ein in sich einheitliches Erkenntnisbereich mit einer einheitlichen kategorialen Struktur ist, so wie das der Fall ist bei den meisten der traditionellen, der sogenannten klassischen Wissenschaften, sondern daß da mehr oder minder unverbunden und unreflektiert ganz Verschiedenes – wie philosophische Erwägung über die Gesellschaft und ihren Zweck, institutionelle und historische Analyse gesellschaftlicher Tatsachen und schließlich die im engeren Sinne sogenannten, an der sogenannten Marktforschung orientierten Research-Techniken –, [ganz verschiedene] Dinge in der Soziologie einfach ein Agglomerat bilden. Und ich glaube, daß nun nicht etwa die Zukunft der Soziologie und der soziologischen Theorienbildung darin liegt, daß man nun versucht, dieses Agglomerat dadurch, daß man es auf irgendwelche einheitlichen Kategorien bringt, doch so zu einer Einheit zurechtzustutzen, die es weder von der Kategorie noch von der Sache aus ist, sondern soweit es eine Einheit gibt, läßt sie sich bestimmen nur durch die Bestimmung eben dieser qualitativen Differenzen hindurch und dadurch, daß man dann die verschiedenen Bereiche voneinander zunächst einmal absetzt und dann die außerordentlich komplexen und vermittelten Beziehungen durchdenkt, in denen diese Teildisziplinen und Teilkomplexe, die an sich etwas ganz Ungleichnamiges sind, zueinander stehen.

Ich möchte gerade diejenigen von Ihnen, die im ersten Semester oder in den ersten Semestern des Soziologiestudiums sich befinden und die naturgemäß zunächst einmal die Erwartung haben: Na, wir möchten einen Überblick über das wissenschaftliche Gesamtgebiet so gewinnen, wie es etwa ein, ich nehme mit Absicht das Beispiel, ein Student der Jurisprudenz erwarten kann, weil ja die Jurisprudenz außer den Naturwissenschaften doch wohl im höchsten Maße eine solche in sich völlig einheitlich durchgebildete, dogmatische Theorie darstellt, ich möchte denjenigen von vornherein sagen, so etwas finden Sie zunächst in der Sozialwissenschaft nicht, sondern soweit es Theorienbildung gibt, setzt sie gerade die Besinnung auf diese Diskontinuitäten voraus, anstatt daß Sie nun glauben, eine stillschweigende Einheit voraussetzen zu dürfen, die Ihnen nun also sozusagen den Weg innerhalb dieses nicht nur unübersehbaren, sondern noch dazu in sich tief durchfurchten Gebietes erlaubt. Ich habe Sie damit noch einmal darauf hingewiesen, daß die Interpretation sozialer Fakten zu den Fakten selbst und ihrer Divergenz in einer engen Beziehung steht und mit ihnen sich notwendig verändert. Aber ich glaube, es ist nun an dieser Stelle notwendig, daß wir doch inhaltlich weitergehen und uns einmal fragen: Woran liegt es eigentlich an den Fakten innerhalb der Gesellschaft, daß sie nicht ebenso der Theorie und daß sie nicht einer Theoriebildung vom selben Typus ohne weiteres sich leihen, wie das in den Naturwissenschaften der Fall ist? Ich glaube also, mit anderen Worten, daß die Besinnung auf das Verhältnis von Theorie und Faktum in der Soziologie, in den Gesellschaftswissenschaften eine Besinnung über die Rolle erfordert, die nun innerhalb der Gesellschaft selbst die sogenannten Fakten spielen, und diese Rolle der Fakten, der Stellenwert der Fakten innerhalb der Komplexion einer Gesamtgesellschaft, das ist eigentlich die Krux des ganzen Problems der sozialwissenschaftlichen Theoriebildung, einfach deshalb, weil aus einer Reihe von Gründen diese Fakten gar nicht so ohne weiteres selber die Gesellschaft sind, weil die Gesellschaft sich gar nicht in dem Sinn in ihren eigenen Fakten erschöpft, wie das etwa in der Jurisprudenz mit den Tatbeständen der Fall ist, die sich unter das Recht subsumieren lassen, oder gar wie das bei dem Verhältnis der Fakten zu den naturwissenschaftlichen Gesetzen der Fall ist. Wir werden dann also in der ersten Stunde nach den Pfingstferien zunächst uns zu überlegen haben die Stellung der Fakten selber, des Faktischen in der Gesellschaft, und die Konsequenz, die daraus für die Erkenntnis folgt, und dadurch werden wir zugleich auch inhaltlich einem Begriff der Gesellschaftstheorie näherkommen.

Nachschrift der 3. Vorlesung vom 2. 6. 1964[40]

In Ibsens »Hedda Gabler«[41] treten zwei Intellektuelle auf, die in bezug auf Hedda rivalisieren. Der eine, Dr. Jörgen Tesman, ihr Mann, Staatsstipendiat, treibt Kulturgeschichte – heute würde man sagen cultural anthropology –, der andere, der Hedda liebt, aber nicht heiratet, Ejlert Lövborg, ist begabt, aber etwas verkommen. Der Gatte ist Fachmensch, schreibt über das Kunsthandwerk in Brabant im Mittelalter, der andere beschäftigt sich mit der Zukunft von Kultur und Gesellschaft. Es ist der Unterschied zwischen einem Research-Hengst und einem geistigen Menschen; der eine hält sich nur an die Faktenregistrierung, der andere soll den Blick für die Zukunft haben. So allerdings klingt es etwas primitiv, da es ja auch den Blick auf Vergangenes, den ›Blick der Rettung‹ (Benjamin) gibt. Umgekehrt kann man auch zum Zukünftigen so steril sich verhalten wie bei der Faktenregistrierung, zum Beispiel in der Art einer bloßen Extrapolation des Hier und Jetzt, pedantisch ängstlich im Gegensatz zur produktiven Phantasie. Aber auch die Phantasie selbst kann erkrankt sein am Geist der Faktizität, so in der science fiction. Eine Parodie, die kürzlich zu lesen war, »Die Wahrheit über Hänsel und Gretel«[42], zeigt, wie Phantasie heute, wenn sie mehr als Reproduktion von Fakten gibt, erkrankt sein kann.

Indes leistet Ibsens etwas grobschlächtige Unterscheidung für den Hausgebrauch doch etwas. Wesentlich an sozialer Theorie ist, daß sie hinausgeht über bloß Seiendes, bloß Gegebenes. Aber sie darf nicht einfach Chorismos gegen die Tatsachen, kein blindes Ausspinnen von Möglichkeiten und Perspektiven sein, sonst kommt es zur Groteske wie bei den Frühsozialisten, bei Charles Fourier[43]. Der Versuch, über alles hinauszugehen, was der Fall ist, trotzdem aber die Schwere dessen, was ist, aufzunehmen, genau das bezeichnet den Begriff der Tendenz. Tendenz, das bedeutet soviel wie Sätze darüber, wohin die Gesellschaft auf Grund ihrer wesentlichen

Gesetzmäßigkeiten, die jetzt und hier schon gelten, sich entwickelt. Marx spricht von einer Tendenz der sinkenden Profitrate.[44] Ob das ein adäquater Ausdruck für gesellschaftliche Gesetzmäßigkeiten ist, sei dahingestellt. Aber die Mathematisierung der Gesetzmäßigkeit ist insofern adäquat, als das Tauschverhältnis selbst ein Kalkül ist: die mathematische Form der Gleichung gegeneinander ausgetauschter Güter bei gesellschaftlich herrschendem Tausch. Die Mathematisierung erfolgt deduktiv aus dem Äquivalententausch, ist nicht Statistik. Es geht um die fortschreitende Konzentration des Kapitals und damit [um die] Verfügungsgewalt über fremde Arbeit – durch Epiphänomene ist das zuzeiten mehr oder minder verdeckt –, um die Veränderung der politischen Formen und des Wesens von Politik, die sich durch Verlagerung der Macht in die Wirtschaft ergeben. Aus der fortschreitenden Konzentration folgen anthropologische Veränderungen. Dabei kommt es, weil keine glatte Übereinstimmung besteht, zu Disproportionalitäten. Veranlagungen und Verhaltensweisen überleben in einem Zustand, in dem sie eigentlich gar nicht mehr von den Menschen verlangt werden.

Das liegt im kapitalistischen Kalkül, das ja darauf hinausläuft, daß nach Abschluß eines Produktionszyklus der Kapitalist mehr behält, als er zuvor hatte, und das zur Konzentration, zum Monopol führt. Mit der unreglementierten Erfahrung ist das drastisch wahrzunehmen an der großen Zahl scheinbar Selbständiger, die nur von Gnaden der Konzerne leben, an die sie angeschlossen sind.

Wir bewegen uns noch auf der methodologischen Ebene, wo es um die kategoriale Verfassung einer Gesellschaft geht, um Gesetzmäßigkeiten, die solange bestehen, wie die Tendenz anhält, zum Beispiel die Konzentration bestätigt. Gesellschaft ist ohne den Begriff der Tendenz nicht vorstellbar, weil darin die entscheidenden Vermittlungen zwischen sozial Gegebenem und seinem Begriff liegen, dem Begriff eines Wesens der Gesellschaft, dessen, worauf Gesellschaft hinauswill, wonach sie angetreten ist. Zum Beispiel der Begriff des freien und gerechten Tausches, zu welchen Folgen muß das führen und wozu führt es dann?

Um auf die etwas krude Ibsensche Konstruktion in »Hedda Gabler« zurückzukommen: Von Tendenz werden wir nicht reden, solange wir einfach das So-weiter-Gehen meinen; solange nur irgendwelche »faits sociaux«[45] sich fortsetzen und steigern, wäre es doch atheoretisch, nur Extrapolation und Verallgemeinerung von Befunden, bliebe im Bereich des Faktischen und bloßer Prophezeiung. Eine genuine Theorie der Gesellschaft prophezeit nicht; das wäre ein Rückfall ins Bereich der zu erwartenden Einzelfakten, über die Theorie sich erheben soll. Solcher Art war eine Analyse in einer periodischen Schrift[46], die 1926/27 die wirtschaftliche Krise voraussagte und auf die ich meinen Vater[47] seinerzeit vergebens hingewiesen hatte. Theoretisch werden Formulierungen von Tendenzen erst, wenn sie gegenüber dem, was ist, dem bloß Seienden, etwas prinzipiell Neues, nicht bereits Absehbares anzeigen. Kernpunkt von Theorie sind Aussagen [über die] Gesellschaft, soweit sie nicht schon im Baedeker stehen. Zum Beispiel ist die Konzentration dem Liberalismus, dem Spiel der freien Kräfte, eingewurzelt. Aber um Tendenz handelt es sich eigentlich erst dann, wenn man nicht ad indefinitum extrapoliert, nach dem Muster jenes tollwütigen Hundes, der den Schwanz zuerst etwas einzieht, wenn es schlimmer wird, ihn mehr einzieht und zum Schluß ihn ganz einzieht. Die Konzentrationstendenz, die im Liberalismus endogen ist, wird ihn mit absehbarer Notwendigkeit in Schwierigkeiten bringen; zum Beispiel redet man heute von sozialer Marktwirtschaft, was doch eine unendliche Einschränkung des Liberalismus bedeutet.

Zur Konvergenz zwischen dem philosophischen und dem soziologischen Begriffsapparat: Der Begriff der Theorie ist nicht tautologisch, sondern betrifft das Neue, Nichtidentische. Theorie ist immer erst erreicht, wenn sie in der Analyse der in der Gesellschaft real geltenden Begriffe zu Bestimmungen gelangt, zu denen diese Begriffe treiben und die gleichzeitig ihnen gegenüber etwas anderes sind. Das bezeichnet die Grenze zwischen der Sterilität in Ibsens Gestalt des Jörgen Tesman und einer produktiven Phantasie. Tendenz ist die Fähigkeit theoretischen Denkens, im Begriff selber sein Nichtidentisches zu fassen. Eigentlich erwartet man von der Theorie, daß sie nicht ein Schrank mit Fächern sei, in dem man alles unterbringt, was herankommt, sondern Hoffnung auf Wahrheit, auf ein qualitativ Anderes. Insofern Wahrheit ein qualitativ Anderes ist, besteht die Nötigung zur Dialektik – eine Nötigung, die nicht mehr vom Begriff des absoluten Geistes her an uns ergeht, sondern von den Phänomenen heute.

Der Begriff der Tendenz gilt nur für eine konstitutiv dynamische Gesellschaft, deren Invarianz also ihre eigene Variabilität ist. Der platonische, der aristotelische Staat, die Soziallehren des Thomas von Aquin hatten es mit bürgerlichen, in gewissem Sinn voll entwickelten städtischen Marktgesellschaften zu tun. Die Urprinzipien der bürgerlichen Gesellschaft: Tausch, Arbeitsteilung, wechselseitige Befriedigung von Gütern, Herrschaftsformen in ihrer Organisation – davon spricht Platon in großartiger Offenheit.[48] Seiner rücksichtslosen Lehre von der Transzendenz der Ideen wird man nicht [nach]sagen können, daß die Frage nach der Wahrheit verraten würde an die Frage nach ihren genetischen Bedingungen. Theorie in nachdrücklichem Sinne gibt es nur, soweit Dynamik in der Gesellschaft ist. Max Webers »traditionalistische Gesellschaften«[49] haben keine Theorie. Die Frage der Norne in Wagners Götterdämmerung: »Weißt du, wie das wird?«[50] wäre in einer traditionalistischen Gesellschaft widersinnig. Auch gibt es in der Feudalgesellschaft keine theoretische Apologetik, sondern die Abwehr von Theorie überhaupt. Keyserling[51] sagt einmal: ›Wenn ich darüber nachdächte, wie das ist, dann wäre ich kein Graf und du nicht [...]‹. – Lassen wir lieber die Hände davon. Wo man große apologetische Theorien für Feudale entwirft, wie de Maistre[52] es tut, begibt man sich auf den Boden der Ratio und steht von Anfang an auf verlorenem Posten.

Tendenz gibt es nur, soweit Gesellschaft schon die Totalität, das System ist, das vorausgesetzt wird, wo man von Tendenz redet. Tendenz bei mehr oder minder unverbundenen Gruppen oder bei nur loser Verbindung einiger Märkte etwa, das hat keinen Sinn. Gesellschaftliche Gesetzmäßigkeit ist nur, soweit Einheit wenigstens auf dem Sektor besteht, wovon Gesetzmäßigkeit behauptet wird.

Umgekehrt können wir aber auch vom Ganzen nur im Sinn einer Tendenz reden. Das Ganze ist nur im Sinne eines Fluchtpunktes. Spencers Begriff der Integration[53] hat das Fortschreiten zu einem Ganzen und den Begriff der Tendenz unmittelbar in eins [gesetzt]. Wenn Begriffe wie Tendenz, Totalität, Theorie nur von einer einheitlichen Gesellschaft gelten, so bedeutet das nicht nur, daß die Theorie durch ihr Objekt, die Gesellschaft, bestimmt ist, es bedeutet auch, daß die Möglichkeit von Theorie nicht nur eine Sache subjektiver Vernunft, wissenschaftlicher Disziplin ist, sondern davon abhängt, ob die gesellschaftliche Wirklichkeit überhaupt einer Theorie adäquat ist.

4. Vorlesung
4. 6. 1964

Meine Damen und Herren,

ich hätte vielleicht nachzutragen zu dem, was ich Ihnen über den Begriff der Tendenz gesagt habe, daß es sich sehr lohnen würde und eine methodologische Arbeit wäre, von der man sich sehr viel zu erwarten hätte, wenn man den in der empirischen Sozialwissenschaft verbreiteten Begriff des Trends mit dem Begriff der Tendenz vergleichen würde – so wie ich versucht habe, ihn Ihnen in der letzten Stunde zu explizieren –, aus zwei Gründen: Auf der einen Seite können Sie daran sehen, was ich jetzt schon betonen möchte und worüber wir viel mehr noch zu reden haben werden, daß zwischen einer Theorie der Gesellschaft, was immer das sein mag, und der empirischen Erforschung der Gesellschaft kein absoluter Bruch, kein absoluter Chorismos herrscht. Und ich glaube, es ist wichtig für Sie, daß Sie sich das von vornherein klarmachen, um nicht sonst den Begriff der Gesellschaftstheorie ebenso zu verdinglichen und zu verhärten, wie es verhängnisvollerweise mit der empirischen Einsicht in die Gesellschaft immer mehr geschieht. Ich nehme jetzt schon vorweg in diesem Zusammenhang, daß selbstverständlich eine Reihe von Tatbeständen, die die Theorie entwickelt, auch der empirischen Forschung zufallen, und daß, wenn sie ihr gar nicht zufallen, gegen die Theorie gegründete Einwände, gegründete Verdächte bestehen müßten; also das Verhältnis ist außerordentlich schwierig, und um Gottes willen nicht im Sinn einer einfachen Dichotomie zu denken. Wenn Sie also von dieser Vorlesung nach Hause kämen und sich sagen würden: ›Na ja, auf der einen Seite, da gibt's also empirische Forschung in der Soziologie, und demgegenüber vertritt der Adorno nun Theorie der Gesellschaft‹, dann wäre das ganz falsch, sondern die Theorie, die ich vertrete, ist, wie Sie im einzelnen noch erfahren werden, gerade eine Theorie, die nicht in einem abstrakten Gegensatz zu den unter ihr befaßten Fakten steht. Auf der anderen Seite aber ist es so, daß der Begriff des Trends nun genau an einer entscheidenden Stelle sich unterscheidet von dem, was ich Ihnen als Tendenz auseinandergesetzt habe. Sie erinnern sich vielleicht, daß ich dabei den größten Wert darauf legte, daß eine Tendenz erkennen soviel heißt, wie innerhalb der theoretischen Analyse eines gegebenen Zustandes das zu erkennen, was von diesem Zustand selber, als das, wohin er sich entwickelt, sich qualitativ unterscheidet, was also nicht einfach eine Verlängerung dessen ist, als was der gegenwärtige Zustand sich kundgibt. Im Begriff des Trends ist gerade das nicht enthalten. Der Trend wird also eigentlich nach jenem Schema verfahren, das ich Ihnen an dem läppischen Beispiel des tollwütigen Hundes karikierend begreiflich zu machen gesucht habe, das heißt, er wird sagen, daß etwas, was jetzt schon bei subjektiven Reaktionen – etwa in bezug auf das Verhalten von Wählern zu den von ihnen zu Wählenden – sich bemerkbar macht, ohne daß das Überwiegen der Zahlen auf der einen Seite bereits, wie man das nennt, statistisch signifikant wäre, doch ein solches Gewicht hat, daß man danach erwarten darf, daß, falls die Dinge so weitergehen, wie sie jetzt der Fall sind, sich das so verstärken wird, daß es dann auch eine statistisch signifikante Bedeutung annimmt; das etwa wäre die einigermaßen exakte empirische Definition dessen, was man unter einem Trend zu verstehen hat. Das ist natürlich von dem Begriff der Tendenz, wie ich versucht habe, ihn Ihnen anzudeuten, außerordentlich weit entfernt. Das aber nur nebenbei unter dem Akzent, daß der empirischen Beobachtung gerade auch von subjektiven Phänomenen und Verhaltensweisen in einer gewissen Weise eben doch auch die Dinge zufallen, mit denen die Theorie sich beschäftigt, aber in einer veränderten Akzentsetzung; und worin diese veränderte Akzentsetzung eigentlich beruht, damit werden wir uns dann weiter abzugeben haben.

Das ist nun aber nicht das Wichtigste, nicht das Wesentliche, worauf wir in der letzten Stunde eigentlich gestoßen sind, sondern etwas ganz anderes: Nämlich die Frage nach der

Möglichkeit von Theorie selber ist nicht lediglich eine Frage der geistigen Organisation des Stoffes, ist nicht lediglich eine Frage auch der sogenannten produktiven Phantasie des mit Gesellschaft Befaßten – denken Sie an den Ejlert Lövborg –, sondern, und damit hatten wir geschlossen, ist selber in einem erheblichen, und ich würde denken, entscheidenden Maß abhängig von dem Gegenstand selbst, und zwar in einem geschichtsphilosophischen Sinn, nämlich so, daß nicht Theorien der Gesellschaft zu allen Zeiten gleich möglich sind. Wenn ich Ihnen Begriffe wie Totalität und wie Tendenz – und die hängen ja eng zusammen, denn Tendenz heißt die dynamische Gesetzmäßigkeit einer Totalität, so könnte man das fast definieren – das letzte Mal als wesentliche Momente einer Theorie der Gesellschaft entwickelt habe, und wenn ich Ihnen gesagt habe, daß für eine primitive [...] Hordengesellschaft oder sogar für den Feudalismus so etwas wie die Frage nach einer Theorie gar nicht eigentlich akut ist, dann habe ich darauf bereits hingewiesen. Es ist, mit anderen Worten, kein Zufall, daß Theorie der Gesellschaft in einem emphatischen Sinn erst entstanden ist mit der industriellen Revolution und mit dem sich abzeichnenden wirtschaftlichen Liberalismus, der ja in dem klassischen national-ökonomischen Modell der liberalen Theorie, nämlich dem von Adam Smith[54], mit einem außerordentlichen Radikalismus bereits vorweggenommen worden ist, ehe er voll in all seinen Konsequenzen ausgebildet war. Wenn andererseits heute es zu in diesem emphatischen Sinn theoretischen Entwürfen nicht mehr kommt, wenn etwa Max Weber, dem es an gedanklicher Kraft, an theoretischer Phantasie weiß Gott nicht gefehlt hat – wenn ein Mensch einen Trend erkannt hat in der jüngsten Gesellschaft, dann ist es ja nun wirklich Max Weber gewesen –, wenn dieser Max Weber trotzdem auf eine eigentliche Theorie der Gesellschaft verzichtet hat, so liegt das nicht nur an einer subjektiven Unkraft oder an jenem sogenannten Verfall des bürgerlichen Denkens, auf den mit der üblichen glatten Formel Theoretiker wie Lukács[55] das bei ihm zurückführen, sondern das liegt auch an der Sache selbst, daran nämlich, daß die gegenwärtige Gesellschaft in sich eine so komplexe und schwierig konstruierte Sache ist, daß sie der Theorie, jedenfalls in dem zunächst einmal naiven Sinn, der einstimmigen, ungebrochenen, unmittelbaren Erklärung aus einigen Begriffen, sich widersetzt. Und wenn Sie in unserer Zeit heute ein so weitgehendes Mißtrauen gegen Theoriebildung überhaupt beobachten können, dann ist dieses Mißtrauen gegen Theoriebildung nicht nur das schlechte und armselige, ich würde sagen, Symptom des Angestelltendenkens, das es allerdings auch ist, sondern es hat zugleich sein fundamentum in re. Vor allem eben die ganz legitime Enttäuschung darüber, daß ungezählte sogenannte theoretische Entwürfe [versagt haben]. Und schließlich war ja sogar die Rassentheorie der Nationalsozialisten irgend etwas wie der Versuch einer Theorie der Gesellschaft, nur eben einer vollkommen zum Wahnsystem ausgearteten, die also einen vernünftigen Grund überhaupt nicht mehr gehabt hat. Wenn infolge der Enttäuschung an diesem Versagen der Theorie gegenüber der sozialen Realität eine solche Skepsis gegen Theorie selber sich anmeldet, so hat das auch sein historisches Recht; und das Moment, das darin sich anmeldet, muß selbst in eine Theorie aufgenommen werden, wie es übrigens in die großen Gestalten soziologischer Theorie schon immer auch mit aufgenommen worden ist, und nur in den mehr oder minder oberflächlichen und apologetischen harmonistischen Darstellungen von der Gesellschaft im Begriff vernachlässigt worden ist.

Also ich sage Ihnen, daß Theorie zunächst einmal vorgestellt wird im allgemeinen als Einheit, als ein System der Gesellschaft, und dieser Begriff ist entstanden in der Zeit, als die Gesellschaft, ohne jedenfalls allzu heftig dagegen sich zu sträuben, einen solchen Begriff, eine solche Konstruktion aus ihrem reinen, durchgeführten Begriff, sich zu geben schien; und das was eben der Liberalismus im Sinn einer rein durchgeführten Tauschgesellschaft, bei der im Grunde sämtliche gesellschaftlich relevanten Akte sich bestimmen nach einer kalkulierbaren Einheit, nämlich der ihnen zugrundeliegenden durchschnittlichen gesellschaftlichen Arbeitszeit, die auf die Herstellung der Waren verwandt wird. Theorie ist eigentlich immer etwas Derartiges gewesen. Man kann sagen, daß der objektive Charakter der Gesellschaftstheorien von Smith, Ricardo[56] und als Kontrapunkt dazu auch der von ihrem Schüler und tödlichen Kritiker Marx[57], aber auch die Gesellschaftstheorie von Auguste Comte, insofern einheitlich war, als sie von solchen systematischen Oberbegriffen ausgegangen sind, aus denen sie das Ganze haben erklären können; während in dem Augenblick, in dem die Theoriebildung, etwa die Analyse der Marktgesellschaft, nicht mehr eine solche Objektivität wie die des Wertbegriffes und zwar des Arbeitswertbegriffes gehabt hat, sondern statt dessen die subjektiven Einzelreaktionen, also die Bedürfnisse der Menschen in ihrer vielfältigen psychologischen Gebrochenheit, zum Grunde der Erklärung der Gesellschaft gemacht hat, sie es zu einer solchen Einstimmigkeit von Theorie gar nicht mehr hat bringen können, was ja dann auch in den Komplexitäten und ständigen Selbstkorrekturen der subjektiv gerichteten gesellschaftlichen Theorien sich ausspricht. Ich würde sagen, in diesem Sinn sind von den Theorien der Gesellschaft die positiven liberalen Theorien und die negativen wie die von Marx und Engels, also die kritischen Theorien, einen Sinnes gewesen; das heißt, auch die Marxische Theorie ist darin ganz klassisch, daß sie die Gesellschaft als ein System, als ein in sich geschlossenes, deduktives System, aufgefaßt hat, nur mit der – und dieses ›nur‹ ist von einem überaus ironischen Charakter – Wendung zu fragen: Nun seht euch einmal dieses System an, und seht euch einmal an, was durch seine vollkommene Konsequenz daraus wird. Aber die Vorstellung der Objektivität eines in sich einstimmigen Zusammenhangs ist den klassischen Ökonomen – und die klassischen Ökonomen waren immer zugleich auch Theoretiker der Gesamtgesellschaft – und ihren großen Kritikern gemeinsam. Man kann sagen, daß alle diese Theoreme Versuche sind, die durchbrechende Dynamik der Gesellschaft, wie sie vor allem in den nicht eigentlich ökonomischen, sondern in rein soziologischen Theorien derselben Zeit, also bei Saint-Simon und bei Comte formuliert worden ist, also das, was ihrer Fixierung an bestimmte Invarianten sich widersetzt, gewissermaßen in der Begrifflichkeit einzufangen. Sie sind dynamische Systeme in einem ganz ähnlichen Sinn wie die Systeme des sogenannten klassischen deutschen Idealismus, vor allem das von Fichte und das von Hegel, auch dynamische Systeme sind, das heißt Systeme, die geglaubt haben, den Begriff der Dynamik, der schließlich aus der Gesellschaft selber stammt, mit der Invarianz der Begriffe ihrer Sich-selbst-Gleichheit versöhnen zu können, indem ja gerade bei Hegel der Inbegriff der gesellschaftlichen Dynamik selber ihr Invariantes, ihre Ontologie sein soll. Das ist, wenn Sie so wollen, die Pointe oder, weniger respektvoll ausgedrückt, der Witz der gesamten Hegelschen Konstruktion. Wenn bei Marx die Sache so aussieht, daß er diesem Versuch einer objektiven Deduktion der Gesellschaft von ihren konstitutiven Begriffen her, ja, wie soll man sagen, den Paß abverlangt, also nach ihrem Rechtsgrund sie befragt, dann liegt darin natürlich auch bereits das Eingeständnis, daß es mit jener reinen, bruchlosen Deduktion des Systems aus seinem Begriff so seine Schwierigkeiten hat; wäre wirklich das System rein aus seinem Begriff zu deduzieren, dann hieße das ja soviel wie, daß eben doch schließlich und endlich, trotz aller partikularen Widersprüche, etwas wie Einheit herrscht. Marx ist nun darauf gestoßen – was übrigens in den klassischen Ökonomen bereits angelegt ist, vor allem in Ricardo –, daß es mit dieser Einheit nicht so weit her ist; und die Frage: ›Seht euch einmal an, wie eure Gesellschaft als ein System nun wirklich funktioniert, also seht euch einmal an, was herauskommt, wenn man das liberale Prinzip des freien und gerechten Tausches sich allseitig entfaltet denkt‹, die bedeutet eben zugleich auch, daß dieses System, indem es sich selbst verwirklicht, sein eigenes Negatives wird, daß es also jenes in sich harmonische, einstimmige und dadurch auch das Leben der Gesamtgesellschaft garantierende

Wesen nicht sei, als welches es der Theorie des Liberalismus zufolge auftritt.

Nun könnte man sagen – es ist auch hier, wie es gewöhnlich mit dialektischen Sachverhalten ist –, es hat also im Grunde das systematische Modell bereits damals nicht gestimmt. Und wenn ich Ihnen das letzte Mal gesagt habe, daß zu diesem systematischen Modell der Begriff der Tendenz konstitutiv hinzugehört, das heißt, daß man von einem System der Gesellschaft immer nur als von einer Tendenz sprechen kann und nicht als von einem vollendeten realisierten, dann ist darin, streng genommen, auch bereits gesagt, daß eben die Gesellschaft telquel, die Gesellschaft, wie sie ist, nicht dieses System ist, das sie ihrem eigenen Begriff nach sein sollte. Und diese Differenz enthüllt sich dann allerdings im Sinn einer Tendenztheorie nicht als die bloße erkenntniskritische Abweichung des Zufälligen von seinem Gesetz, sondern diese Tendenz enthüllt sich selber als eine Gesetzmäßigkeit. Ich sagte Ihnen, wie es so zu gehen pflegt, kann man sagen, daß unterdessen die Abweichungen und Widersprüche, die damals nur partikular und recht tief erschienen sind, zwar auf der einen Seite sich so entfaltet haben, daß sie selber nicht mehr ebenso aus dem einheitlichen Begriff der Gesellschaft zu entwickeln sind, wie es in der Marxischen Theorie nun doch versucht wird, und daß sie aber auf der anderen Seite sich nach der empirischen Seite hin so ausgebreitet haben, daß dadurch die Idee überhaupt einer Theorie der Gesellschaft im Sinn einer systematischen Einheit außerordentlich schwierig geworden ist. Und ich glaube, wenn ich Sie hier in die Elemente einer philosophischen Theorie der Gesellschaft einführen soll, bin ich zunächst gehalten, Ihnen wenigstens kursorisch zunächst einmal einige der Momente zu nennen, in denen eben diese theoretische Einheit der Gesellschaft nicht mehr besteht, und daran anzuschließen die Frage, ob dadurch die Möglichkeit einer Theorie überhaupt ausgeschlossen ist, und weiter die Frage – die nun freilich eine philosophische Frage ist und anders als philosophisch gar nicht beantwortet werden kann –, wie dann nämlich eine Theorie der Gesellschaft auszusehen habe, oder, um es vorwegzunehmen, dann die Frage anzumelden nach der Gestalt einer nichtsystematischen Theorie.

Ich versuche also zunächst einmal, und wirklich in der gebotenen Kürze, das erste: daß eine solche Einheit, wie sie jedenfalls im unreflektierten Begriff einer Theorie liegt, von der gegenwärtigen Gesellschaft nicht ohne weiteres stipuliert werden kann. Denken Sie daran, daß man ja im allgemeinen von unserer Gesellschaft auch als einer Marktgesellschaft spricht, und das heißt, also damit sanktioniert, daß das klassische Tauschprinzip des Liberalismus weiter gilt. Der Markt ist ja der buchstäbliche und übertragene Ort aller Tauschbeziehungen zwischen den Menschen, er ist gleichzeitig zunächst einmal in der Erscheinung dieses rein durchgeführte liberale Prinzip. Da aber [die Marktgesellschaft] soweit modifiziert [wurde], stellt sich die Frage, und zwar als eine sehr ernste Frage, die ich nun keineswegs dogmatisch antizipieren möchte, ob man durch diese Modifikation von einer Tauschgesellschaft eigentlich noch sprechen kann. Meine eigene Position, um daran keinen Zweifel zu lassen, ist die, daß sie es nach wie vor ist, aber ich glaube, daß die Einwände dagegen so zahlreich und so ernst sind, daß schon ein gewisser theoretischer Dickkopf dazu notwendig ist, eben an diesem Begriff festzuhalten. Ich nenne Ihnen also eine Reihe dieser Modifikationen, und damit Sie nicht meinen und die Sache nicht zu leicht nehmen, daß es sich dabei lediglich um Fassadenphänomene handele – um irgendwelche, etwa durch die bloße quantitative Ausdehnung gegebenen Einschränkungen des reinen Marktgesetzes –, möchte ich vorherschicken, daß die Modifikationen der Tauschgesellschaft, auf die ich Sie verweise, selber einen überaus ernsten Grund haben, nämlich den, daß angesichts der Tatsache des Klassenverhältnisses, der Klassenspannungen, der Klassenkämpfe, die sich abgespielt haben, und des wenigstens zuzeiten potentiell vorhandenen Klassenbewußtseins, die Gesellschaft in ihren bestehenden Formen, nämlich mit dem Privateigentum an den Mitteln der Produktion und mit dem universalen Tauschprinzip, sich wahrscheinlich nicht würde haben erhalten können, wenn diese Modifikationen nicht vorgenommen worden wären. Ich will damit nicht sagen, daß dabei eine bewußte Reflexion darauf vorliegt – der Satz von Hegel, daß, subjektiv verstanden, die Menschheit aus ihren Fehlern nie etwas gelernt habe, hat ja wahrscheinlich seine Gültigkeit wie zu Hegels Zeiten –, aber einfach die Notwendigkeit, mit einer Reihe von Phänomenen, vor allem mit dem Krisenphänomen und dem Phänomen der Arbeitslosigkeit fertigzuwerden, die vor allem also vor ungefähr 35 Jahren einen Umfang angenommen haben, der bis an die Schwelle des Untergangs der bürgerlichen Gesellschaft geführt hat[58], hat Schritt für Schritt, auch ohne daß dabei große theoretische Reflexionen der entscheidenden [Ursachen] vorgelegen hätten, diese Modifikationen erzwungen. Mit anderen Worten also: Die Tendenz, wenn ich auf diesen Begriff zurückgehen darf, die Tendenz der Tauschgesellschaft selbst hat, damit diese sich erhalten konnte, zu jenen Veränderungen geführt, bei denen es die Frage ist, ob sie ein qualitativ Anderes bedeuten oder ob sie das nicht tun.

Ich nenne Ihnen also einige der wichtigsten dieser Modifikationen. Ich sehe dabei von dem gesamten Phänomen der Konzentration und Zentralisierung und Standardisierung ab, obwohl es der wahre Grund dieser Modifikationen ist. Ich sehe deshalb davon ab, weil dieses Phänomen – auf das ich Sie im übrigen als auf ein entscheidendes in der letzten Stunde bereits hingewiesen habe – seinerseits ja durchaus im Sinn des streng durchgehaltenen liberalen Modells liegt. Und die Frontstellung sieht heute so aus, daß die sogenannten ›economic royalists‹, also die wirklich ganz orthodoxen Liberalen, in gewisser Weise gerade die Anwälte des Monopolismus sind, eben deshalb, weil das klassische Smithsche Laissez-faire-laissez-aller-Prinzip eben zu der Bildung der Monopole führt, und weil [Maßnahmen] gegen die Konzernbildung, wie es in dem amerikanischen Trust-Gesetz etwa geschieht und auch in unserer Anti-Trust-Gesetzgebung liegt, mit diesem Prinzip nicht vereinbar sein sollen; so daß also, wer heute noch strenger und uneingeschränkter Liberaler ist, gerade damit auch die möglichst wenig kontrollierte Bildung der Monopole sanktioniert. Ich darf dazu vielleicht nur das noch hinzufügen, daß die innergesellschaftliche und innerökonomische Kraft dieser Bewegung zu Monopolen hin offenbar von einer solchen überwältigenden Stärke ist, daß trotz dieser Gesetzgebung weder in Amerika noch bei uns im Ernst gegen diese Tendenz im Rahmen überhaupt der technischen und ökonomischen Gesamtentwicklung etwas sich tun läßt; ich glaube, man könnte das an der Entwicklung gewisser Industriezweige bei uns in Deutschland ganz deutlich und ganz drastisch nachweisen, und in Amerika, wo es also Oligopole, ein paar übergewaltige Riesenfirmen gibt, die also alles in sich hineingesaugt haben, was da kreucht und fleucht, ist das so evident, daß demgegenüber der Gedanke der Anti-Monopol- oder Anti-Trust-Gesetzgebung wirklich ein Moment von Arglosigkeit hat. Dieses vorausgeschickt, gebe ich Ihnen also nun eine Reihe der Modifikationen, die zum größten Teil zu verstehen sind als bewußtlose Reaktionsbildungen auf die durch die Monopolisierungstendenz bis ins Abenteuerliche gesteigerte Unterscheidung von arm und reich, von mächtig und ohnmächtig, von all dem. Dabei ist zunächst zu nennen der staatliche Interventionismus, die Arbeitslosenunterstützungen und die öffentlichen Arbeitsprogramme, die heute überhaupt in keinem der fortgeschrittenen Länder der Erde mehr wegzudenken sind, obwohl sie unterdessen ja nicht mehr den einfachen Charakter der Arbeitslosenunterstützung haben, die etwas sehr Problematisches und Explosives in sich hat, sondern viel mehr statt dessen den Charakter von öffentlichen Arbeiten oder ähnlichen Dingen, durch die von vornherein Ventile für den Fall also der Krise und der Massenarbeitslosigkeit geschaffen werden. Alle diese Institutionen – und das ist ja die ganze Sphäre, auf die etwa der Ausdruck soziale Marktwirtschaft auch bei uns anspielt – sind selbstverständlich Durchbrechungen des reinen Konkurrenzprinzips, wie es im liberalen Modell gelegen ist, und erlauben es überhaupt nicht mehr, mit den klassischen Formeln einer liberalen Tauschgesellschaft das gesamte soziale Leben und die Reproduktion des Lebens der Gesellschaft zu erklären. Daß heißt, ohne daß die Gesellschaft offen oder verhüllt ihren Mitgliedern das Bewußtsein vermitteln würde, daß für den Fall, daß sie aus Eigenem für sich nicht mehr sorgen können, von der öffentlichen Hand für sie gesorgt werde, ohne dieses Bewußtsein, das wie ein Äther überhaupt das gesamte Klima der großen kapitalistischen Länder ausmacht, wäre wahrscheinlich der Fortbestand der Gesellschaft in ihren bestehenden Formen überhaupt gar nicht mehr auszudenken; und die von Keynes[59] stammende und unterdessen weit ausgebildete interventionistische Ökonomie ist der theoretische Ausdruck dafür und gleichzeitig eben auch der Ausdruck für den Verzicht auf ein in sich widerspruchslos und streng durchgehaltenes liberales Modell.

Ein zweites Moment, dem ich vielleicht, wenn ich es irgend kann, das heißt, wenn unsere Zeit es erlaubt, eine besondere Vorlesungsstunde gestatten möchte, bezieht sich nun auf die Stellung des Proletariats, und zwar in einem Sinn, der weder dem klassischen liberalen Modell mehr entspricht noch auf der anderen Seite dem Marxischen Modell. Das ist nämlich die Frage der Organisation und damit zusammenhängend der Integration des Proletariats. Dadurch, daß die Arbeiterschaft sich in gigantische Berufsorganisationen zusammengefaßt hat – denken Sie nur an die Riesenorganisationen der gesamten Arbeiterschaft, die es in Amerika gibt, seitdem die AFL und die CIO fusioniert worden sind[60] –, die ihrerseits eine, wie man es in Amerika nennt, bargaining power haben, also die Macht, mit den großen Monopolen der Wirtschaft möglichst günstige Bedingungen auszuhandeln, ist der Anteil des Sozialprodukts, der auf die Arbeiter entfällt, nicht ohne weiteres mehr auszudrücken nach dem Gesetz von Angebot und Nachfrage und nicht nach den Kategorien des ›ehernen Lohngesetzes‹ von Lassalle[61] oder auch der klassischen Marxischen Theorie und auch nicht der klassischen liberalen Theorie, die ja einfach davon ausgeht – robinsonistisch –, daß jeder Arbeiter ganz allein auf den Markt geht und seine Arbeitskraft verkauft, und das dafür kriegt, was jeweils dafür nach Maßgabe der Nachfrage gezahlt werden kann, während heute, wo also diese Riesenorganisationen dahinter stehen, er gar nicht mehr in dieser relativen Position der Ohnmacht gegenüber dem Unternehmer ist, sondern selber bis zu einem gewissen Grad in einer Situation, die man gewiß karikierend, aber auch nicht ohne allen Grund, mit dem Monopol der Arbeit bezeichnet hat. Ich habe Ihnen gesagt, daß diese Entwicklung – die von einer unabsehbaren Bedeutung ist, die für den gesamten Komplex der Sozialwissenschaften zwar in ihrer Perspektive charakterisiert, aber keineswegs voll entfaltet ist bis heute –, daß die auch mit der Marxischen Theorie unvereinbar ist. Das aber nicht nur deshalb, weil sie in gewisser Weise die reine Arbeitswerttheorie modifiziert in einem bestimmten Sinn, sondern noch aus einem viel tieferen Grunde, der für eine Theorie der Gesellschaft maßgebend ist: Die Marxische Theorie besteht nämlich wesentlich auf der Annahme von der, lassen Sie mich sagen, gesellschaftlichen Exterritorialität des Proletariats, das heißt, sie beruht darauf, daß das Proletariat zwar auf der einen Seite durch den Verkauf der Ware Arbeitskraft nicht nur das Leben der ganzen Gesellschaft reproduziert, sondern daß es auch dadurch, daß es ein Minimum erhält, an dieser Gesellschaft teilhat. Es wird aber dabei doch bestimmt als ein eigentlich außerhalb der Gesellschaft stehendes, als ihr mehr oder minder wehrloses Objekt oder Opfer. Das ist zu verstehen durchaus aus der spezifischen geschichtlichen Situation, wie sie sich in den, lassen Sie mich sagen, 50 Jahren der ersten industriellen Revolution abgespielt hat, wo es nämlich so war, daß Gruppen, die bis jetzt nicht industrielles Proletariat waren, also die Handwerker, die durch die Maschinenarbeit überflüssig wurden, und auch große Schichten der expropriierten Kleinstbauern, dazu gezwungen worden sind, zu den elendesten Bedingungen ihre Arbeitskraft zu verkaufen, die aber dabei eben doch, in gewisser Weise eben dadurch, daß sie an allen möglichen Dingen nicht teilgenommen haben, zwar drin waren in der Gesellschaft, indem sie ihr zum Leben verholfen haben, aber doch in einem ähnlichen Sinn draußen gewesen sind, wie man etwa in der antiken Gesellschaft von einer Exterritorialität der Sklaven gegenüber der Gesellschaft hat reden können, die ja die Sklaven an ihrem Begriff des Menschen[62], wie Sie wissen, nicht hat teilhaben lassen, oder nur unter großen Einschränkungen hat teilhaben lassen. Die Phänomene, die wir heute beobachten, sind zunächst einmal nichts anderes, als daß das Proletariat integriert ist, das heißt, daß das Proletariat im Rahmen der bürgerlichen Gesellschaft sein Leben reproduziert über das Minimum hinaus, daß die früher sichtbarsten und drastischsten Unterschiede zwischen einem Proletarier und einem Bürger, etwa einem sogenannten Stehkragen-Proletarier, also einem Angestellten, immer minimaler werden, und daß das Proletariat vor allem verloren hat die explosive, mit der Gesellschaft unversöhnte Kraft zu sein, die es war, solange es in das Kraftfeld der kapitalistischen Entwicklung als ein selber vorkapitalistisches hineingerissen wurde, das nun am eigenen Leib erfährt, was das eigentlich bedeutet, sozial entwurzelt und in diesem Sinn von der Gesellschaft erfaßt zu werden, und das daher eben jene revolutionären, oder vielleicht besser jene rebellischen Impulse bezogen hat, an welche die Frühsozialisten und auch die klassischen Theorien des Sozialismus und des Anarchismus geglaubt haben anzuknüpfen. In gewisser Weise könnten Sie also sagen, um das auf unsere große Thematik zu beziehen, daß insofern die Gesellschaft einem System ähnlicher geworden sei, als sie es zur Zeit des klassischen sozialistischen Entwurfes gewesen ist, eben dadurch, daß dieser offenbare Widerspruch nicht mehr existiert; aber Sie können daran bereits sehen, daß es mit diesem Systematischer-Werden, also diesem Strenger-dem-eigenen-Begriff-Entsprechen, doch seine etwas mulmige Bewandtnis hat – wenn anders es eine mulmige Bewandtnis geben sollte –, daß diese Konstruktion eines integrierten und selbstständigen Proletariats ja ihrerseits weder mit dem Modell der freien Lohnarbeit mehr strikt vereinbar ist noch auch mit dem Marxischen Modell der zunehmenden Verelendung und damit dem notwendigen Sichhinbewegen der Gesellschaft auf eine Katastrophe, die nun doch also schon viel zu lange sich verzögert hat, als daß man, wenn man nicht wirklich den Sozialismus in eine pure Apokalyptik verwandeln will, darüber so ohne weiteres hinweggehen könnte. Also diese Integration des Proletariats, die Tatsache, daß in einem sehr schwer zu fassenden Sinn die Arbeiter selber auch Bürger geworden sind, ist insofern unvereinbar mit dem Modell einer rein bürgerlichen Gesellschaft, weil im Begriff einer rein bürgerlichen Gesellschaft, könnte man sagen, immanent die Differenz der bürgerlichen Gesellschaft von dem Proletariat, von der Unterklasse eigentlich mitgesetzt ist. Die Veränderungen, die sich dadurch im Bewußtsein auch der Proletarier ergeben haben, und die gesamten für eine Theorie der Gesellschaft aus diesem Phänomen als einem der allerwichtigsten sich ergebenden Konsequenzen, die werde ich Ihnen dann in einer besonderen Stunde entfalten; aber zunächst werde ich am Dienstag in acht Tagen Ihnen einiges Weitere über die modifizierenden Momente sagen, die so etwas wie den traditionellen Begriff einer einstimmigen Theorie so außerordentlich problematisch machen.

5. Vorlesung
16. 6. 1964

Meine Damen und Herren,

zunächst habe ich die Freude, Sie auf einen Vortrag hinzuweisen, der heute abend in dem Seminar für die Wissenschaft von der Politik auf Einladung meines Kollegen Fetscher[63] stattfindet. Dieser Vortrag wird gehalten von Herrn Professor Lucien Goldmann aus Paris, der zu meiner besonderen Freude sich heute auch in dieser Vorlesungsstunde befindet, über – ja, haben Sie nicht verstanden oder ist das ein Protest? Haben Sie nicht verstanden? –, also es handelt sich um einen Vortrag von Herrn Professor Lucien Goldmann aus Paris über ›Marxismus und die gegenwärtige Gesellschaft‹[64], der um 20 Uhr c.t. im Hörsaal I stattfindet. Ich kann Ihnen sehr raten, diesen Vortrag zu besuchen, der natürlich thematisch in einem sehr engen Zusammenhang steht mit dieser Vorlesung.

Ich darf Sie vielleicht – nachdem wir ja die letzte Woche wieder unterbrechen mußten[65] – daran erinnern, daß ich versucht hatte, Ihnen einiges über die Schwierigkeit von Theorie heute auseinanderzusetzen, und zwar nicht im Zusammenhang mit abstrakten methodologischen Problemen, sondern daß ich versucht habe und weiter versuchen möchte, an ein paar Modellen die Schwierigkeit einer zureichenden Theoriebildung Ihnen zu entwickeln, die ihrerseits wieder inhaltlich relevante Fragen der Gesellschaft behandeln, so wie es ja, wie Sie wohl wissen, meine Art ist, methodologische und sogenannte inhaltliche Fragen nicht voneinander zu trennen, sondern, soweit es halt möglich ist, immer dort, wo ich Ihnen methodologische Dinge konkretisiere, das nicht mit mehr oder minder läppischen Beispielen zu besorgen, sondern dabei immer auf Fragen einzugehen, die selber theoretisch relevant sind oder die ich wenigstens für theoretisch relevant halte. Ich möchte nun diesem Problem, das ich damit angezeigt habe, nämlich dem Problem, das ich also mit der Rolle der Gewerkschaften und weitergehend [als das] der zunehmenden

Integration des Proletariats in die Gesamtgesellschaft bezeichnet habe, heute weiter nachgehen, und zwar unter dem Gesichtspunkt, warum die Situation sich heute so darstellt, daß sie dem theoretischen Verständnis Schwierigkeiten entgegensetzt und durch diese Schwierigkeiten jenen prinzipiellen Theorieverzicht nahelegt, der ja von den sogenannten positivistischen Richtungen in der Sozialwissenschaft kodifiziert, von ihnen gleichsam in ihrer eigenen Erkenntnistheorie widergespiegelt wird. Ich möchte also mit anderen Worten nun im Zusammenhang mit diesem Problem auf das Problem des Proletariats eingehen, so wie es der empirischen Sozialforschung sich darstellt. Und ich möchte dabei zugrunde legen gewisse Ergebnisse, die eine Studie des Instituts für Sozialforschung über »Betriebsklima«[66] hatte, die ihrerseits schon vor ungefähr zehn Jahren durchgeführt und in einem Buch publiziert worden ist – das als solches nicht mehr aufgelegt ist, wohl etwas schwer zugänglich für Sie sein dürfte –, dessen wesentliche Resultate aber in dem jüngst erschienenen Buch über Industriesoziologie von meinem Freund Ludwig von Friedeburg[67] interpretiert und bewahrt worden sind, so daß ich das Buch von Friedeburgs[68], das in unserer Reihe erschienen ist – in den »Frankfurter Beiträgen zur Soziologie« – Ihnen im Zusammenhang mit dem, was ich Ihnen zur Interpretation dieser Studie sage, sehr ans Herz legen möchte.

Es handelt sich dabei um die Frage der Systemimmanenz des Proletariats, oder um die Frage der sogenannten Integration des Proletariats, und zwar unter dem Gesichtspunkt des Bewußtseins des Proletariats. Ich lege darauf deshalb besonderen Wert, weil ein großer Teil der heute gängigen Erörterungen über das Problem der Klasse in der modernen Gesellschaft sich einseitig und ausschließlich an dem Bewußtsein der Menschen, also an dem Klassenbewußtsein orientiert, und so tut, als ob die Klassenfrage selbst wesentlich eine Frage des Bewußtseins wäre, unter Absehung davon, daß in der Theorie, in der der Begriff des Proletariats als solcher einen systematischen Stellenwert besitzt, das Proletariat ja objektiv zu bestimmen versucht [worden] war, nämlich durch die Stellung zu den Produktionsmitteln – und zwar durch die Trennung von der Verfügung über die Produktionsmittel –, während das Bewußtsein des Proletariats von jeher keineswegs mit dieser objektiven Stellung des Proletariats ohne weiteres zusammengefallen ist. Eine Tatsache, die, wenn man überhaupt nach der Möglichkeit einer Theorie der modernen Gesellschaft fragt, von fundamentaler Bedeutung ist, weil man es heute mit dem sehr schwierigen Widerspruch zu tun hat, daß es ein solches subjektives Bewußtsein des Proletariats davon, daß es ein solches sei, ja, ich will nicht sagen, nicht mehr gibt, aber daß es, jedenfalls in einigen wichtigen kapitalistischen Ländern, wie in Amerika, dieses Bewußtsein kaum gibt; und daß offenbar eine Tendenz herrscht, daß in Ländern, wo die Arbeiterbewegung eine so große und eine so, ich möchte sagen, theoretische Tradition hat wie in Deutschland, dieses Bewußtsein eine immer geringere Rolle spielt.

Es fehlt natürlich, wenn wir uns die Ergebnisse der Arbeiteruntersuchungen ansehen – Sie alle kennen ja die sehr wichtigen von Bahrdt und Popitz[69] oder auch die von Lutz, Braun und Pirker[70], um Ihnen nur einige der wichtigsten Namen zu nennen, die in Deutschland während der letzten zehn Jahre auf diesem Gebiet gearbeitet haben; Sie sollten mit diesen Dingen sich vertraut machen, weil hier wirklich die empirischen Untersuchungen ja eigentlich ein integrales Moment der theoretischen Reflexion sind –, es fehlt in all diesen Untersuchungen und auch in unserer eigenen keineswegs an kritischen Äußerungen der Arbeiter. Wenn man also Urteilen über das sogenannte Betriebsklima nachfragt, da wird man einer ganzen Anzahl kritischer Urteile immer wieder begegnen, negativer Urteile, obwohl die Quantifizierung aus gewissen strukturellen Gründen sehr schwer möglich ist. Ich darf jetzt schon sagen, das ist deshalb so schwer, weil es äußerst schwer zu entscheiden ist, wieweit diese kritischen Äußerungen sich beziehen auf Strukturfragen der Gesellschaft und wieweit sie sich nur auf beschränkte, innerbetriebliche Situationen beziehen. So ist der Eindruck, den man gewinnt, wenn man sich mit diesem Material befaßt, überwiegend der, daß zwar, jedenfalls in Deutschland, zum Teil noch alte Begriffe verwandt werden, wie sie aus der Tradition der ehemaligen marxistischen Parteien in Deutschland stammen – daß also etwa noch die Rede ist von Kapital und Arbeit und dem Gegensatz von Kapital und Arbeit –, daß aber damit eigentlich das gar nicht mehr gemeint ist, was damit gemeint war, sondern daß damit gemeint wird und daß mit der Kritik gemeint wird sogenannte Mißstände, unerquickliche Zustände innerhalb einzelner Werke oder innerhalb einzelner Betriebssituationen, die prinzipiell als korrigibel vorgestellt werden, also als von einer solchen Art, daß sie bei vernünftiger Kooperation im Rahmen der nun einmal gegebenen Verhältnisse sich meistern lassen. Wenn dabei, wie ich Ihnen sagte, gleichwohl die Rede ist von Kapital und Arbeit, dann haben diese Begriffe einen gewissen Charakter von Naturgegebenheit, der natürlich aufs äußerste der Konzeption widerspricht, aus der nun diese Termini ihrerseits übernommen sind. Es scheint sich im Bewußtsein zahlloser Arbeiter heute, in Deutschland jedenfalls, so darzustellen. Man muß sehr vorsichtig sein, solche Dinge über die nationalen Bereiche hinaus zu generalisieren. Es gibt Länder wie Italien, vor allem auch Frankreich, wo sich das ganz anders darstellen dürfte, aber jedenfalls, es ist also bei uns damit so etwas gemeint wie ein unabänderliches, naturgegebenes Verhältnis, wo so gewisse Friktionen sich ergeben, die aber berichtigt werden können, Gegensätze von, um ein berühmtes Zitat zu gebrauchen, von ›nicht-antagonistischem‹ Charakter[71]. Sie werden etwa, wenn Sie Klagen finden, dabei vor allem – das ist sehr charakteristisch – über Vorgesetzte, und zwar vorwiegend über untere Vorgesetzte, mit anderen Worten: über solche Vorgesetzte vom Typus des Werkmeisters oder des Steigers in der Zeche, die mit den Arbeitern in einen unmittelbaren Kontakt kommen. Diese Vorgesetzten werden nun sehr häufig als Individuen, als Personen verantwortlich gemacht für das, was geschieht, unter vollkommener Absehung von ihrer Funktion, unter vollkommener Absehung also davon etwa, daß sie ja im allgemeinen verpflichtet sind, ein bestimmtes Soll an Produktion zu erwirken, und dadurch gezwungen sind, jenen Druck auf die Arbeiter auszuüben, den sie in Wirklichkeit weitergeben.

Ich darf hier anmerken – das ist bereits eigentlich ein Kapitel Ideologiekritik, aber Sie können daran bereits sehen, wie sehr die Fragen der sogenannten Ideologie und die Fragen der unmittelbaren lebendigen Erfahrung heute miteinander verschmolzen sind –, daß Sie hier ein Phänomen vor sich haben, das charakteristisch ist für einen ideologischen Bereich, den ich mir gestattet habe, generell zu bezeichnen als das Phänomen der Personalisierung. Unter Personalisierung verstehe ich eine heute überaus verbreitete Gewohnheit des Denkens: Daß man irgendwelche Mißstände – sei es, daß man sie sonst als so blind und schicksalhaft ansehen würde, daß man glaubt, keine Macht darüber zu haben, sei es, daß man wenigstens nach einem Sündenbock sucht oder einem lebendigen Menschen, an den man sich hält, damit man damit irgendwie fertig werden kann, damit man dem Bewußtsein der Entfremdung nicht hoffnungslos verfällt –, also daß man, sage ich, um meinen Anakoluth auseinanderzuwickeln, derartige Mißstände dem Verschulden von Personen zuschreibt und andererseits positive Erfahrungen wie etwa die Hochkonjunktur, die nun schon fünfzehn Jahre dauernde Hochkonjunktur und das außerordentliche Anwachsen des Lebensstandards in Deutschland, etwa zusammenbringt mit der in Deutschland vorgenommenen Wirtschaftspolitik, und sie gar individuellen Politikern gutschreibt, ohne auch nur daran zu denken, daß dieser Boom in strukturellen Momenten des Wiederaufbaus eines zerbombten und vom Krieg verwüsteten Landes seinen Grund hat. Nebenbei bemerkt ist dieses Moment der Personalisierung schon sehr lange ein Trick, und zwar scheint es an Funktion geradezu proportional zu der Massengesellschaft, also zu der Entfremdung der Massen von den maßgebenden Entscheidungen, proportional mit der Anonymität der gesellschaftlichen Entscheidungen anzuwachsen. So ist etwa in dem Riesenland Amerika mit der ungeheuren Bevölkerungszahl – wo die Kandidaten bei den wichtigen Wahlen natürlich ausschließlich Exponenten von objektiv miteinander ringenden Interessengruppen sind – die offizielle Ideologie, auf die, wie die Umfragen erweisen, auch ungezählte Wähler hereinfallen, immer noch die, daß der Sinn einer Präsidentenwahl oder irgendeiner anderen Wahl der sei, den sogenannten besten Mann zu ermitteln, ohne daß im allgemeinen natürlich irgend ein Wähler auch nur entfernt die Möglichkeit hätte, sich ein Urteil darüber zu bilden, ob nun Herr X oder Herr Y wirklich der bessere Mann ist. Das ist eine so einfache Erwägung, daß man sie wirklich allen Menschen, die nicht völlig verdummt sind, zutrauen möchte, aber offenbar ist die affektive Kraft, die sich in den Menschen dagegen wehrt, daß sich objektive anonyme Gesetzmäßigkeiten über ihren Köpfen hinweg realisieren, so ungeheuer, daß die Menschen noch gegen ihre bessere Vernunft diesem Mechanismus der Personalisierung verfallen. Sie können also hier sozusagen an einem Gelenkpunkt sehen, wie eng das Durchschauen von Ideologien und die Einsicht in die gesellschaftliche Realität selber miteinander verbunden sind. Deshalb bin ich gerade auf diesen Punkt etwas näher eingegangen.

Andererseits muß man aber auch wieder sagen, wenn man diese Dinge vorsichtig und gerecht abwägt, daß auch dem, daß so viele Arbeiter objektive, also tatsächlich durch das Arbeitsverhältnis gesetzte Schwierigkeiten den Vorgesetzten aufbürden, auch wieder ein Moment der Wahrheit innewohnt – man darf sich ja über solche konkreten Momente niemals so mit einem Federstrich hinwegsetzen –, als ja tatsächlich die niederen Vorgesetzten, also die, mit denen die Arbeiter unmittelbar in Berührung kommen, diejenigen sind, durch die ihnen das System überhaupt greifbar wird. Etwa so, wie also früher die Wut der Kleinbürger über die großen Einzelhandelszentren damit zusammenhing, daß ihnen sozusagen die Rechnung präsentiert wird, das heißt, daß sie merken, wie wenig sie eigentlich haben und wie wenig sie konsumieren können, nicht wenn der Mann die Lohntüte oder das Gehalt empfängt, sondern wenn die Ehefrau gezwungen ist – ›to make ends meet‹, wie man in Amerika sagt –, also für diesen kargen Scheck, den sie da bekommen hat, nun doch Essen und Kleidung und sonst was herbeizuschaffen. Ich möchte damit sagen, es haben auch solche Deformationsphänomene wie die Personalisierung, von denen ich Ihnen spreche, insofern immer ihr fundamentum in re, als die unreflektierte, die nicht theoretische Erfahrung den Menschen etwas anderes gar nicht gibt. Sie mögen daraus bereits die Konsequenz ziehen, zumindest in Gestalt eines Postulats, daß anders als durch Theorie, anders als durch theoretisches Denken hindurch heute überhaupt so etwas wie eine Erkenntnis der Gesellschaft nicht mehr möglich ist, daß eine theoriefreie sogenannte Empirie ihrerseits nur Ideologie ist, ihrerseits nur Fassadendinge ergibt. Und dieser, wenn Sie so wollen, pragmatistische Gesichtspunkt ist sicherlich unter denen, welche zur Kristallisation von Theorie nötigen, nicht der geringfügigste.

Nun wird von den Arbeitern ein gewisses Unbehagen an dem gegenwärtigen Zustand sehr häufig ausgesprochen, aber dieses Unbehagen erscheint – ich beziehe mich immer wieder auf unsere Resultate[72] – sehr häufig in der Gestalt, daß die Arbeiter heute nicht mehr solidarisch miteinander wären, sondern daß sie in einem mehr oder minder atomisierten Zustand sich zueinander verhalten würden. Es ist an sich schon sehr erstaunlich, um darauf hinzuweisen, daß das Leiden einer bestimmten Gruppe von dieser Gruppe mehr oder minder auf sich selbst, und nicht auf die objektiven Verhältnisse reduziert wird; man wird dabei so ein bißchen erinnert an jene Argumente, denen man etwa in Umfragen über Demokratie in Deutschland begegnet, wo dann die Leute, wenn sie gegen die Demokratie reden, das rationalisieren auf die Weise, daß sie von sich selbst sagen: ›Ja, wir sind noch nicht reif für die Demokratie.‹ Was das sozialpsychologisch für Konsequenzen hat, und vor allem, was das sozialpsychologisch für Perspektiven eröffnet, darauf möchte ich jetzt nicht eingehen, sondern möchte das ihrer eigenen theoretischen Phantasie überlassen. Nun hat das ja zunächst ein gewisses Moment der Plausibilität für sich: Nämlich, daß früher die Theorie selber verbindlich gewesen ist, daß es bestimmte Programme gegeben hat, daß die Menschen die Verwirklichung dieser Programme für unmittelbar bevorstehend gehalten haben, und daß also dadurch tatsächlich die Lage der Arbeiter in bezug auf ihre eigene Solidarität möglicherweise einmal besser gewesen ist, als sie heute ist; obwohl man sich auch hier vor Ideologisierungen hüten muß und vor allem davor hüten muß, eine angeblich glorreiche Vergangenheit nur um gewisser Mängel des gegenwärtigen Zustandes willen sich auszumalen. In Wirklichkeit ist es viel schwerer festzustellen, was hinter diesen Klagen steht, als es in dieser Argumentation aussieht, vor allem, weil man nicht sicher unterscheiden kann, ob bei größerem unmittelbaren Druck und Glauben an die offene Möglichkeit der Veränderung mehr Solidarität gewesen [wäre], und ob dieses Mehr [nicht] doch negativ wieder ausgeglichen worden [wäre] durch einen minder fortgeschrittenen Stand des Bewußtseins der Arbeiter, die ja zum Teil einfach in die Sphäre hereingerissen worden sind, ohne überhaupt die Voraussetzungen zu der Reflexion mitzubringen, über die die Menschen heute einfach angesichts des Anwachsens der Kommunikation denn doch verfügen. Jedenfalls müßte man mit einiger wissenschaftlicher Gewissenhaftigkeit sagen, daß über diese Frage der Solidarität keine Vergleichszahlen vorliegen. Das Plausibelste ist wohl das, daß jene märchenhafte, jene sagenhafte Solidarität wahrscheinlich geherrscht hat innerhalb bestimmter Kader, also innerhalb bestimmter Führungsgruppen der organisierten Arbeiterschaft, von denen aus sie dann irgendwie versucht worden ist, mit mehr oder minder Erfolg dem ›rank and file‹ einzuimpfen, während das unterscheidende Moment heute eher darin liegt, daß es jedenfalls bei uns solche Kader, die ein solches Bewußtsein von Solidarität zu erwecken vermochten, im allgemeinen kaum mehr gibt. Es kommt hinzu, daß, wenn man einmal eine Sekunde die Fassadentatsache einer zunehmenden Verbürgerlichung des Proletariats unterstellt – wir werden über diese Fassadentatsache noch sehr prinzipiell zu reden haben –, es dann natürlich auch einleuchtet, daß die ›behavior patterns‹, die charakteristischen Verhaltensweisen, die sonst gerade innerhalb der verfügenden Gruppe der Gesellschaft gelten, nämlich die Verhaltensweisen der Konkurrenz, sich auch unter dem Proletariat in zunehmendem Maße ausbreiten. Je mehr die Arbeiter ihrem subjektiven Bewußtsein nach sich selbst als Bürger fühlen, um so mehr werden sie wie andere Gruppen der Gesellschaft auch untereinander als konkurrierende sich verhalten. Und nebenbei bemerkt, es fehlt tatsächlich in der empirischen Forschung nicht an Symptomen dafür, daß es sogar ganz deutlich miteinander konkurrierende Gruppen innerhalb der Arbeiterschaft heute bereits gibt: Die wichtigste davon ist die Konkurrenz zwischen denjenigen Teilen der Arbeiterschaft, die in der eigentlichen Produktion beschäftigt sind – die sich also für die produktiv Arbeitenden nach der alten Saint-Simonschen und Marxischen Definition[73] halten –, deren Zahl aber infolge der zunehmenden Mechanisierung und Automatisierung immer mehr abnimmt, und im Gegensatz dazu den zahllosen, die in der Reparatur tätig sind, die nach klassischer Definition also bloße Dienste, bloße ›services‹ verrichten, die aber dafür in gewisser Weise wichtiger werden, vor allem deshalb, weil sie als Gruppe gegenüber den eigentlichen Produktionsarbeitern immer mehr anwachsen, und infolgedessen, soweit es also so etwas wie eine numerisch ins Gewicht fallende Klasse gibt, innerhalb dieser Klasse immer mehr ins Gewicht fallen. Zwischen diesen beiden Gruppen, der anwachsenden und sozusagen moderneren der Neo-Handwerker in der Reparatur und den klassischen Arbeitern, die sich als produktive Arbeiter fühlen, aber von denen es immer weniger gibt, zwischen diesen beiden Gruppen bilden sich immer deutlichere Konkurrenzmechanismen aus; und auch hier wieder so, daß die Menschen sich zu dieser Konkurrenz ganz naiv verhalten, weil sie die gesellschaftlichen Mechanismen, die einen solchen Gegenstand zustande bringen, ohne Theorie nicht begreifen können, und weil es eine wirklich zeitgemäße, voll ausgebildete Theorie, die diese Differenzen begründet, eigentlich gar nicht gibt.

Es finden sich aber über diese Momente hinaus für das, was man von außen her und etwas zu leichtherzig mit Integration bezeichnen könnte und was ich statt dessen lieber mit systematischem Denken oder systemimmanentem Bewußtsein der Arbeiter bezeichnen möchte, noch eine ganze Reihe anderer Motive, die ich Ihnen nennen möchte. Da ist also das allerbekannteste und wichtigste die Besserung der allgemeinen Lebens- und Arbeitsbedingungen, über die man natürlich nicht hinweggehen kann. Eine Theorie der Gesellschaft, die davon absehen würde, daß tatsächlich heute das Los der Arbeiter sich gegenüber ihrem Los in den klassischen Analysen von Marx und Engels geändert hat, daß also, ganz schlicht gesagt, die Proletarier heute wirklich mehr zu verlieren haben als ihre Ketten[74], nämlich im allgemeinen also doch ihr Kleinauto oder ihr Motorrad – wobei ich dahingestellt lasse, ob diese Autos und Motorräder nicht eine sublimiertere Form von Ketten sind –, darüber ist also jedenfalls kein Zweifel; und wenn man diese Momente nicht in die theoretische Reflexion aufnimmt, ist die Reflexion schlecht abstrakt und reicht an die Phänomene nicht heran. Dann ist zu denken an die radikale Entpolitisierung der Gewerkschaften jedenfalls hierzulande und im Zusammenhang damit an den Mangel an politischer Schulung, der ja mit der Problematik der politischen Bildung insgesamt zusammenhängt, auf die ich jetzt in diesem Zusammenhang nicht eingehen möchte; jedenfalls, daß es so etwas wie eine wirkliche politische Schulung im Sinn der Theorie nicht mehr gibt, daran ist kein Zweifel, und wenn jemand doch eine solche politische Schulung versucht, dann wird es ihm dabei im allgemeinen nicht so arg gut gehen. Schließlich spielt eine erhebliche Rolle für die Tendenzen, die ich charakterisiert habe und die Sie im allgemeinen einfach so als einen

Trend serviert bekommen, der so stark ist, daß man ihn ganz einfach registrieren muß, ohne daß man weiter über ihn nachdenkt, das heißt, ohne daß man zunächst auch seine eigenen Gründe analysiert, ein recht wesentliches Element auf der Seite des subjektiven Bewußtseins: die Skepsis, die die Menschen und keineswegs nur die Arbeiter, sondern die Gesamtbevölkerung in Deutschland nach Hitler gegen Politik überhaupt ergriffen hat. Hitler ist ja, tant bien que mal, jedenfalls eines gelungen: nämlich eine ungeheure Politisierung des Bewußtseins. Diese Politisierung war ihrem Inhalt nach falsch und grauenhaft, aber ich kann Ihnen sagen aus der Zeit, da ich selbst, vor der Emigration, noch den Hitler an Ort und Stelle miterlebt habe, daß das Maß, in dem alle Fragen, die es überhaupt gibt, auch im Bewußtsein der Massen damals sich als politische Fragen dargestellt haben, ungeheuer gewesen ist und daß man sich heute davon überhaupt kaum mehr eine Vorstellung macht, wie weit das damals gegangen ist. Das hat sich radikal geändert. Man hat gesehen, wohin es führen kann, wenn einer beschließt, Politiker zu werden, und hat infolgedessen also die ganze Sphäre der Politik satt und glaubt also, daß man am besten dran ist, wenn man sich draußen hält. Die ganze Restaurationsperiode in Deutschland läßt sich ja bezeichnen als eine Periode der Reprivatisierung in einem mehrfachen Sinn, nämlich ebenso in dem Sinn der Rückverwandlung der staatseigenen Betriebe in Privatbetriebe oder der scheinbaren Rückverwandlung der großen Konzerne in Privatbesitz, wie darüber hinaus auch in eine Reprivatisierung des Bewußtseins der einzelnen Menschen – eine Reprivatisierung aber, an der nicht so arg viel Segen ist, weil eben trotz dieser Reprivatisierung des Bewußtseins objektiv die Menschen mehr als je in die ökonomisch-gesellschaftlichen Zusammenhänge eingespannt sind.

Nun, zu diesem Problem der Politik möchte ich jetzt nur thesenhaft wenigstens etwas sagen, weil ich finde, daß in einer Vorlesung über Theorie der Gesellschaft es sich geziemt, daß man über die Sphäre der Politik spricht. Auf der einen Seite ist die gesamte Sphäre der Politik gewiß ein Moment der Ideologie, das will heißen, es erscheint dabei so, als ob Machtkämpfe, die sich in der im engeren Sinn politischen Sphäre – also der Sphäre der Regierung, der Sphäre der Legislative, der Sphäre der Wahlen, in all diesen Momenten der politischen Institutionen – abspielen, als ob die das Wesen wären, während sie eben doch selber Epiphänomene sind über dem realen gesellschaftlichen Prozeß, der sie trägt. Es ist besonders schwer, das zu durchschauen – so einfach es klingt, wenn ich es Ihnen jetzt so sage –, weil ja das, was den Menschen nun zunächst einmal außer Personen entgegentritt, wirklich politische Institutionen sind, die das Gesellschaftliche repräsentieren, und es bereits einen weitgehenden und analytischen Abstraktionsprozeß voraussetzt, das gesellschaftliche Kräftespiel darunter zu gewahren. Es ist kein Zufall, daß die Staatslehre so unvergleichlich viel älter ist als die Lehre von der Gesellschaft, die in einem prägnanten Sinn, obwohl auch sie ihre Wurzeln bis in die Stoa hat, nicht viel älter als das 18. oder das ausgehende 17. Jahrhundert frühestens ist. Auf der anderen Seite aber ist die Sphäre der Politik als die Sphäre der Ergreifung von Macht, in der unter Umständen dann auch über die gesamten tragenden, vor allem ökonomischen Lebensverhältnisse entschieden werden kann, dann doch auch eine solche Sphäre, eine solche Ideologie, die in sich selber das Potential trägt, mehr zu werden und etwas anderes zu werden als bloß Ideologie. Wenn Sie sich klarmachen wollen an einem ganz einfachen Modell, was man unter Dialektik, unter gesellschaftlicher Dialektik zu verstehen hat, dann ist dafür wahrscheinlich eine solche Bestimmung des Wesens des Politischen das beste Paradigma, das sich überhaupt finden läßt, weil Sie hier in einem Begriff und fast in derselben Sphäre zwei einander widerstreitende Momente vereinigt finden: Auf der einen Seite eben dieses Ideologische, daß die Politik nur das verdeckt, was sich in Wirklichkeit darunter abspielt, und auf der anderen Seite das Politische als das Potential, gleichzeitig eben das, was sich darunter abspielt, zu verändern. Also die Politik ist, exakt gesprochen, die Gestalt der Ideologie, die ihrerseits den Unterbau ergreifen und den Unterbau tendenziell verändern kann. Da die Möglichkeit, Widersprüche zu denken und Dialektisches zu denken, überhaupt in zunehmendem Maße verkümmert und einer einfachen, zweiwertigen Logik im Bewußtsein der Menschen Platz macht, so wird ein solcher Begriff von Politik überhaupt nicht mehr erfaßt. Die Möglichkeit von Politik als von etwas anderem als Ideologie wird gar nicht mehr konzipiert, statt dessen wird die Politik überhaupt nur noch gesehen als die Ideologie, die sie auch ist, nämlich als die Sphäre eines Aushandelns von Interessen, die in Wirklichkeit von viel stärkeren Interessen determiniert wird, über welche die Einzelnen keine Macht zu haben glauben, und an der sie deswegen in einem weiten Maß desinteressiert sind. Auf der anderen Seite ist aber die Sphäre des Politischen nun auch ebenso kompromittiert – und das gilt gerade für die Arbeiter – durch den Mißbrauch dessen, was unter dem Namen des Sozialismus mit der Politik in dem gesamten Ostblockbereich geschehen ist; wo nämlich Politik tatsächlich im weiten Maß das ist, was Politik im schlechten traditionellen Sinn ist: nämlich eine expansive, mehr oder minder imperialistische Machtpolitik oder ein Sich-an-der-Herrschaft-Halten bestimmter Gruppen unter völliger Aufgabe des eigentlich sozialistischen Motivs, daß die politische Aktion zu terminieren habe in der Abschaffung der Politik; während dort weiß Gott Politik genauso weitergespielt wird – das berühmte große Spiel der Politik –, wie es seit jeher der Fall ist. Wenn man nun noch damit zusammenbringt die schlagende Differenz des Lebensstandards gerade der Arbeiter jenseits der Grenze und in der Bundesrepublik, dann ist also diese Unmöglichkeit, sich unter Politik viel vorzustellen, überaus begreiflich. Um so mehr, als ja das, worauf die ganze sowjetische Konzeption von Politik beruht, nämlich die Vorstellung der Revolution und die Möglichkeit von Revolution überhaupt, offensichtlich – ich verweise hier auf die außerordentlich interessante Arbeit, die Herr von Kempski über diesen Punkt im »Merkur« seinerzeit geschrieben hat[75] – zu einem technologisch so äußerst Fragwürdigen, wenn nicht überhaupt ganz Unmöglichen geworden ist durch die Zusammenballung von militärischen Mitteln, die vermutlich eine Vorstellung wie die vom bewaffneten Aufstand in den Bereich des, ja, man muß wohl schon sagen, kindischen Traumes verweisen. Und daß also ein Begriff in dem Augenblick, in dem er offensichtlich wirklich zu dem geworden ist, was er früher nur in einer schlechten Theorie, nämlich in der von Sorel[76], gewesen ist, zu einem Mythos wird und dann innerhalb der in gewisser Weise ach so aufgeklärten Menschheit von heute die Massen nicht mehr zu ergreifen vermag, das ist begreiflich.

Ich sage das alles nicht etwa, damit Sie mich nicht mißverstehen, meine Damen und Herren, um irgendwie diese Phänomene des subjektiven Bewußtseins damit zu rechtfertigen, aber ich glaube, daß die Aufgabe einer Theorie genau darin besteht, jene Veränderungen des Bewußtseins und auch jene Veränderungen der Realität zu begreifen, die im allgemeinen nach der heute vorherrschenden Gewohnheit des Denkens als solche bloß akzeptiert und als solche bloß hingenommen werden. Jenes bloße Hinnehmen dessen, was der Fall ist, das habe ich mit dem Ausdruck, den ich aus der Psychologie gestohlen und in die Soziologie übertragen habe, Konkretismus bezeichnet, nach Analogie des psychopathologischen Befundes von Menschen, die zur Abstraktion nicht fähig sind und die also nichts anderes tun, als sich an das Nächste zu halten. Eine Reihe von Analysen des Zustands des Proletariats, wie etwa die berühmte Untersuchung über den jungen österreichischen Arbeiter von Bednarik[77], die manche von Ihnen vielleicht auch zu sehen bekommen haben werden, die laufen ja eigentlich auf die Konkretismus-These hinaus, laufen also darauf hinaus, daß die Menschen sich nicht zu erheben vermöchten über ihre unmittelbaren Interessen, über das vorhin bereits genannte Motorrad, den Fernsehapparat und eine Reihe anderer Dinge und Verhaltensweisen, die damit zusammenhängen, und daß sie dadurch also auch subjektiv an jenem theoretischen Bewußtsein verhindert würden, dem, wie ich Ihnen gezeigt habe, objektiv so außerordentlich viel im Wege steht. An diesem Konkretismus derer, die die Last zu tragen haben, ist von alters her etwas dran. Ich glaube, daß die Menschen, denen die Last aufgeladen ist und die infolgedessen gebückt und mit gesenktem Kopf dahinschreiten, daß die es von jeher sehr schwer gehabt haben, diesen Kopf – um streng im Bilde zu bleiben – in die Höhe zu strecken und mehr zu sehen als das, was ihr unmittelbares Interesse ist. Sein Bewußtsein zu erweitern, einen weiten, unbefangenen Blick zu haben, das ist selber eigentlich bereits eine Gestalt des Privilegs, ohne daß wir, die wir uns jedenfalls einbilden, ein solches Bewußtsein zu haben, uns darüber im allgemeinen im klaren sind, wieviel an Vorrecht bereits drinsteckt, daß wir das überhaupt haben können und daß wir es überhaupt haben dürfen. Auf der anderen Seite aber scheint es mir doch sehr wahrscheinlich zu sein, daß dieses Phänomen des Konkretismus, das man gerade den Arbeitern und vor allem den jungen Arbeitern so gerne aufmutzt, in Wirklichkeit gar nicht gruppenspezifisch ist, sondern daß das ein Phänomen ist, das im Zusammenhang mit all den Dingen, die ich Ihnen entwickelt habe, gesamtgesellschaftlich sich ausgebreitet hat, und daß also in dieser Bindung an das Unmittelbare und an den Entschluß, mit zusammengebissenen Zähnen nur ja nicht über das Nächste hinauszublikken, daß darin zum mindesten etwas wie gesamtgesellschaftliche Solidarität herrscht.

6. Vorlesung
18. 6. 1964

Meine Damen und Herren,

in der letzten Stunde, in der ich nicht entfernt so weit kam, wie ich mir vorgenommen hatte, hatte ich damit angefangen, Ihnen gewisse Probleme des Bewußtseins des Proletariats darzustellen immer unter dem Aspekt der Schwierigkeit einer Theoriebildung, einer Bildung einer zureichenden Theorie der Gesellschaft heute, aber gleichzeitig, indem ich versucht habe, nun zu einer solchen Theorie selber durch eine Analyse eines ihrer Momente etwas beizutragen, wobei die Tatsache, daß ich dabei vom Proletariat rede, sogar relativ zufällig ist. Ich hätte genausogut dabei als Modell für die Probleme einer Theoriebildung auch die bürgerliche Schicht wählen können. Wenn ich es anders gemacht habe, so ist dafür eigentlich nichts verantwortlich als das Vorliegen eben jener Daten aus der Betriebsklima-Untersuchung, die ich versucht habe und weiter versuche, ein wenig Ihnen zu interpretieren.

Nun, Sie erinnern sich vielleicht, daß der letzte Begriff, den wir dabei erreicht hatten, der Begriff des Konkretismus gewesen ist, also der Bindung des Bewußtseins an die Unmittelbarkeit von gegebenen Verhältnissen, und spezifischer die Bindung nun also des Bewußtseins an die heute den Menschen in überwältigendem Maß dargebotenen Konsumgüter; wobei übrigens dieses überwältigende Quantum von Konsumgütern ebenso wie der Reklameapparat selber auch wieder auf objektive Strukturprobleme der Gesellschaft zurückverweisen – ich streife das nur en passant –, nämlich eben auf die ganzen Fragen der Überinvestition und Überproduktion und auf die Notwendigkeit, daß das System, um sich zu erhalten, einen zusätzlichen Druck ausübt auf alle erdenklichen Weisen, um die Menschen eben an diese Konsumgüter zu fixieren. Ich hatte Ihnen dann also gesagt, daß dieser sogenannte Konkretismus nicht wirklich gruppenspezifisch ist, sondern – das ist allerdings eine Hypothese, die strengen Sozialforscher unter Ihnen mögen sagen, daß es an gewissen analogen Analysen etwa für das Kleinbürgertum oder auch für das mittlere Bürgertum fehlt, obwohl wir gerade hier über das Kleinbürgertum einiges wissen –, daß es sich hier um etwas eigentlich nicht Gruppenspezifisches, sondern um etwas Gesamtgesellschaftliches handelt: Um eben jene Phänomene, die einen Teil der Motivation dafür abgeben, daß Helmut Schelsky unter Berufung eben auf diese Strukturgleichheit des Bewußtseins der verschiedenen Schichten den Begriff der »nivellierten Mittelstandsgesellschaft«[78] prägen konnte, der sich als so außerordentlich eindrucksam erwiesen hat; obwohl ich annehmen möchte, nach meinen letzten Gesprächen mit Schelsky selbst, daß gerade er diesen Begriff in der Form, in der er berühmt geworden ist, gar nicht mehr ganz durchhält. Aber so geht es unsereinem immer: In dem Augenblick, wo ein Begriff, den wir geprägt haben, sozusagen zu einem Passepartout-Schlüssel umgewertet wird, in demselben Augenblick wird es uns bei solchen Begriffen unbehaglich, aber dann ist es im allgemeinen schon zu spät. Der Konkretismus ist selber ein Phänomen, das in einem korrelativen Verhältnis dazu steht, das zwar nicht der objektiven Möglichkeit von Theoriebildung, wohl aber dem, lassen Sie mich einmal ganz schlicht sagen, naiven Menschen, also denjenigen, die nicht reflektiert sind und die nicht von vornherein von einer Theorie ausgehen, der ungeheuer komplexe und verzweigte Zusammenhang als undurchschaubar erscheint. Vielleicht ist sogar das Argument, das in diesem Zusammenhang immer wieder gebraucht wird – das vor allem von meinem amerikanischen Kollegen Robert Lynd auch immer wieder gebraucht worden ist[79] –, daß die Gesellschaft so unendlich komplex und kompliziert geworden sei, daß die Menschen sie nicht durchschauen können, und deshalb also zum Konkretismus verhalten werden, nicht einmal das Letzte und das Tiefste, was über diesen Zusammenhang sich sagen ließe. Denn man könnte dagegen immerhin sehr triftig den Einwand erheben, daß ja in unserer modernen zentralistischen – oder wie man heute so gern sagt – dirigistischen Gesellschaft ungezählte Zwischeninstanzen zwischen der Produktionssphäre und der Sphäre der gesellschaftlichen Herrschaft auf der einen Seite und der Konsumsphäre und dem Bewußtsein der Massen auf der anderen Seite weggefallen sind; es ist tatsächlich durch die ungeheure Konzentration und Rationalisierung der Produktionsmethoden und die Anpassung der gesellschaftlichen Formen an diese Methoden wahrscheinlich gar nicht mehr so schrecklich kompliziert. Ich glaube, Sie sollten sich mit diesem Gedanken einmal vertraut machen, auch die Kompliziertheit kann nämlich zur Ideologie werden, wenn der Glaube an die Kompliziertheit per se die Massen ergreift. Ich würde denken, daß der wahre Grund für dieses Phänomen des Konkretismus viel tiefer liegt, daß es nämlich gar nicht so sehr das ist, daß man die sozialen Prozesse nicht auf ihre verhältnismäßig einfachen Wurzeln in ökonomischer Planung und ökonomischen Machtverhältnissen zurückführen kann, sondern daß einfach durch die ungeheure Disproportion, die zwischen allen Einzelnen, jedem Einzelnen, wo immer er auch sei, und der zusammengeballten, gesellschaftlichen Macht besteht, der Gedanke an einen Widerstand gegen die konzentrierte Macht illusorisch erscheint. Und das gilt sogar innerhalb der Arbeiterorganisationen selbst, die im allgemeinen so fest, ganz nach Analogie der anderen Herrschaftsformen von schmalen Gruppen dirigiert werden, daß in ihnen ein Widerstand gegen die von oben – ich spreche mit Absicht so vage – festgesetzte Generallinie von vornherein ein Moment des Vergeblichen und des Überflüssigen hat. Es dürfte aber so sein, daß das theoretische Interesse – und das ist nun wirklich ein Moment der Einheit von Theorie und Praxis – überall dort erlahmt, wo die Menschen das Gefühl haben, daß sie an dem, wozu sie das theoretische Nachdenken führt, eigentlich nichts ändern könnten. Dieses Bewußtsein mag falsch sein – und es handelt sich dabei um einen circulus vitiosus, gerade dieses Bewußtsein der Ohnmacht tendiert nämlich selbstverständlich dazu, die Ohnmacht zu verstärken, indem die Menschen dann wirklich nichts tun –, aber wie dem auch sei, in dem Augenblick, wo man das Gefühl hat, daß man nicht auf Grund einer richtigen Einsicht, einer theoretischen Einsicht in die Gesamtstruktur diese verändern kann – wie es immerhin vor hundert Jahren oder hundertdreißig Jahren den damaligen Arbeiterassoziationen schien –, wird das Bewußtsein des strukturellen Zusammenhangs und gar das negative Bewußtsein von der Maschinerie, in die wir eingespannt sind, eigentlich nur zu einer zusätzlichen Quelle des Leidens und wird deshalb wohl von den Menschen, und gar nicht ohne Grund, abgewehrt, und sie werden dadurch auf das Nächste verwiesen, das Nächste, was ihnen gegenübersteht, das Konkrete. Das ist aber nun gar nicht mehr das alte Konkrete im Sinn unmittelbarer Beziehungen und im Sinn unmittelbarer Gebrauchsgüter, sondern das Nächste sind wirklich die Konsumgüter, die Waren und Massenartikel, sei es materieller, sei es kultureller Art, mit denen die Menschen aus ökonomischen Gründen überflutet werden und an die sie sich fixieren.

Sie können hier vielleicht bereits etwas erkennen, was ich nun wirklich für eine Theorie der gegenwärtigen Gesellschaft für außerordentlich wichtig halte, daß nämlich die sogenannten Nivellierungstendenzen, die sich beobachten lassen, und die zu verleugnen der pure Aberglaube wäre, nicht etwa von der Art sind, daß sich in ihnen eine Nivellierung der Gesamtgesellschaft eigentlich anzeigt, sondern gerade in der Nivellierung selbst reflektiert sich die Übermacht der beherrschenden gesellschaftlichen Mechanismen; und das wird im allgemeinen von den Theoretikern der Nivellierung, die sich dabei lediglich an das subjektive Bewußtsein halten, von dem wir ja im Augenblick auch sprechen, sehr leicht verschwiegen, und es wird dadurch ein schiefes Bild der gesellschaftlichen Lage des Bewußtseins produziert. Dabei ist nun in diesem Konkretismus noch einmal zu unterscheiden zwischen verschiedenen Momenten. Es wäre nämlich falsch, wenn man diesen Konkretismus nun einfach im Sinn etwa einer puritanischen Vorstellung von den unveränderlich im Himmel thronenden geistigen Gütern, im Sinne etwa kulturelitärer Vorstellungen abwerten wollte; es ist so, daß durch die unermeßlich angestiegene Menge produzierter Güter die Dinge, an die sich das Bewußtsein der Menschen heftet und auf die es sich beschränkt, tatsächlich ihnen auch alle möglichen Befriedigungen und Annehmlichkeiten gewähren, über die hämisch zu urteilen einer Theorie, die schließlich als ihren Motor zunächst einmal die materiellen Interessen der unbefriedigten Menschen hat, am allerletzten anstünde. Auf der anderen Seite aber erschöpft sich in solchen, lassen Sie mich einmal es so ausdrücken, Gebrauchswerten, in dem Ansteigen also dieser nun tatsächlich positiven, sinnlich materiellen Qualitäten dessen, was den Menschen zur Verfügung steht, der Konkretismus nicht, sondern der synthetische Charakter der hervorgerufenen Bedürfnisse prägt sich darin aus, daß – wenn ich auf eine alte und vielleicht sogar ökonomisch nicht ganz hieb- und stichfeste Formulierung von mir, die ich vor 30 Jahren gebraucht habe, zurückgreifen darf[80] – die Menschen eigentlich gar nicht nur Gebrauchswerte konsumieren oder sich an Gebrauchswerte heften, sondern an Tauschwerte. Daß also das, was eine Sache als Geldwert, als Tauschwert darstellt, wenn man sie hat, eben darum bereits zu einer Lustquelle, quasi zu einem Gebrauchswert wird, aber nun nicht unmittelbar, sondern durch diesen Tauschwert, den ein solches Objekt auf dem Markt hat, vermittelt; daß also das, was an den Waren genossen wird, nun gerade selbst ihre Gebrauchswertseite – man könnte sagen, ihr Fetischcharakter – ist. Und wenn man von einem verdinglichten Bewußtsein spricht, würde ich sagen, daß diese Verdinglichung des Bewußtseins als eines ihrer wesentlichsten Momente das hat, daß sie sich auf den Fetischcharakter der Ware, also auf das, was Dinge auf dem Markt darstellen, heftet, anstatt an das sich zu heften, was diese Dinge nun für die Menschen tatsächlich bedeuten. Was man so gewöhnlich unter ›Prestige-Kategorien‹ versteht und unter der Bedeutung des mit allen möglichen Waren verbundenen Prestiges, das ist eine relativ oberflächliche, nämlich nur auf die relative Einschätzung verschiedener Güter bezügliche Konstatierung, die an diese sehr tiefreichende Strukturwandlung, daß die Menschen Tauschwerte anstatt Gebrauchswerte konsumieren, gar nicht recht heranreicht. Ich möchte die Theorie, die ich seinerzeit in der Arbeit über den Fetischcharakter, die jetzt in den »Dissonanzen«[81] steht, ein bißchen frisch-fröhlich und kühn entwickelt habe, Ihnen hier wirklich nicht als eine noch heute verbindliche Weisheit aufschwatzen, vor allem deshalb nicht, weil natürlich so etwas wie der Genuß von Tauschwerten selber eigentlich nur sozialpsychologisch, und zwar im Sinn gewisser Freudischer Kategorien begriffen werden kann, also strikt ein gesellschaftlicher nicht ist. Ich bin mir also der Mängel einer solchen Theorie durchaus bewußt, ich meine aber trotzdem, daß die dadurch aufgeworfenen Fragen für den Zusammenhalt der gegenwärtigen Gesellschaft von einer so zentralen Bedeutung sind, daß ich wenigstens Sie alle dazu ermuntern möchte, über diesen Komplex, daß der Tauschwert genossen wird anstatt des Gebrauchswertes, einmal nachzudenken. Übrigens gibt es bei Marx bereits Formulierungen, die merkwürdig in dieselbe Richtung deuten, wie etwa die, daß es eine Klasse in der Gesellschaft gibt, die das Negative, nämlich ihre eigene Entfremdung von den Dingen und Menschen, auch noch genießt[82]; und man kann, wenn man diese Formulierung von Marx ein bißchen ausdehnt, sie recht wohl in Übereinstimmung mit dem bringen, was ich Ihnen eben angedeutet habe.

Wenn ich von diesem Konkretismus rede und von der relativen Unfähigkeit, die Zusammenhänge richtig zu durchschauen, dann müssen Sie sich auch das wieder sehr konkret vorstellen: Wenn etwa ein Arbeiter in einer Untersuchung mit einer gewissen Allgemeinheit spricht von ›Die da droben‹, ohne daß er damit eine Vorstellung auch nur verbindet, wer ›Die da droben‹ sind, und was ihre Funktion ist, und schon gar keine Vorstellung davon, daß ›Die da droben‹ ja durch ihre eigene Interessenlage in ihrem Verhalten determiniert sind und nicht etwa als irgendwelche Halbgötter oder epikurische

Götter, die da oben um die Menschen unbekümmerte Entscheidungen treffen, so hat auch diese Verblendung wie alle gesellschaftlichen Verblendungszusammenhänge ihren gesellschaftlichen Grund, nämlich daß sie tatsächlich zunächst einmal einfach in der Hierarchie an ›Die da oben‹ nie herankommen; daß also die Gesellschaft ihrerseits so hierarchisch gestuft und aufgebaut ist, daß die Möglichkeit, also einen Generaldirektor zu sehen, von vornherein verbaut ist. Wenn man den Arbeitsdirektor, der zugleich Vorstandsmitglied ist, überhaupt mal zu sprechen bekommt, so ist das schon sehr viel. Der wird dann im allgemeinen äußerst verbindlich und äußerst freundlich sein und wird dem Arbeiter, der mit ihm über seine Gravamina spricht, womöglich so erscheinen, als ob er seine Interessen wahrnähme, während er in Wirklichkeit aus anderen, formalsoziologischen Gründen, nämlich dadurch, daß er Vorstandsmitglied und daß er, wie man so schön sagt, in die oberste Betriebshierarchie integriert ist, diese Interessen im Ernst eigentlich gar nicht mehr wahrnehmen wird. Das führt nun innerhalb des Bewußtseins der Arbeiter dazu, um dabei zu bleiben, daß es so aussieht, als ob das Bedürfnis, sich selbst spontan mit den eigenen Wünschen irgendwie Gehör zu verschaffen, eigentlich überhaupt gar nicht mehr aufkommt, sondern daß die Arbeiter, solange sie in der Hochkonjunktur einigermaßen bequem zu leben haben, sich damit zufriedengeben, Funktionäre zu delegieren, Spezialisten für den Problemkomplex Kapital und Arbeit, die dabei die Arbeitsseite vertreten. Es wird also sozusagen innerhalb der Arbeiter selber noch einmal die Arbeitsteilung zwischen den Arbeitenden und den Interessenvertretern reproduziert, sie wiederholt sich, und das führt dann ebenso zu den bekannten Verfestigungsphänomenen innerhalb der Arbeiterorganisationen wie schließlich auch zu den monopolistischen Strukturformen, die in allen Arbeiterorganisationen, in den sogenannten politischen wie den unpolitisch gewerkschaftlichen sich abzuzeichnen beginnen.

Das alles wäre zu durchdringen – so wie ich es im Ansatz

Ihnen, wenigstens der Perspektive nach glaube gezeigt zu haben – durch eine gesellschaftliche Theorie. Aber Sie müssen sich hier wieder darüber klar werden, um die Schwierigkeiten zu sehen, die ich Ihnen hier vor Augen führen will, und um die Gedanken selbständig weiterzutreiben, zu denen ich in dieser Vorlesung im Grunde gar nichts mehr kann, als sie anregen, daß die Theorie selber, die nun wirklich versucht, auf die Gründe des Verhältnisses von Kapital und Arbeit zu kommen, in der Sowjetunion und in der gesamten östlichen Einflußsphäre zu einer Staatsreligion erhoben worden ist, und daß sie auf diese Weise verfälscht worden ist, daß sie geradezu zu dem Gegenteil dessen geworden ist, als was sie einmal gedacht war, so daß es keinem Menschen in der Welt mehr verübelt werden kann, wenn er an diese Theorie in ihrer mächtigen, nämlich in ihrer gesellschaftlich sanktionierenden Form sich nicht mehr hält, sondern die größten Zweifel dagegen hegt. Es ist mir aufgefallen, wenn ich das in diesem Zusammenhang doch einmal sagen darf, daß solche Kommilitonen, die aus der Ostzone geflohen sind, und die nun, weil sie ja dort angeblich dialektischen Materialismus gelernt haben, für irgendwelche Prüfungen das als ein Gebiet angegeben haben, in dem sie sich auskennen, im allgemeinen – und ich sage das ohne den geringsten Vorwurf gegen diese Kommilitonen und Kommilitoninnen, sondern ich sage es lediglich zur Charakteristik eben eines nicht nur das Bewußtsein betreffenden Phänomens – von den einfachsten Begriffen der Theorie des dialektischen Materialismus und der Marxischen Ökonomik, also von dieser Staatsreligion selber, die dort gepredigt wird, überhaupt keine Ahnung haben; daß sie also die unsinnigsten Antworten auf Fragen produzieren, von denen man denken sollte, daß sie, wo also jene Theorie angeblich doch eine Art von Elementarunterricht bildete, gegenwärtig seien. Es hängt eben mit der Transformation einer Theorie in Religion offenbar zusammen, daß sie von dem lebendigen Denken und der lebendigen Erfahrung der Menschen abgespalten wird und daß sie in dem Augenblick, in dem sie dogmatisch vorgetragen wird, bereits die Momente der Einsichtigkeit und der theoretischen Durchgebildetheit verliert, die allein es vermöchten, ihr irgendeine Kraft zu verleihen. Wenn ich darüber noch ein Wort sagen darf, so wäre es das, daß diese Perversion der Theorie der Klassenverhältnisse, von der ich eben spreche, vor allem darin besteht, daß die Marxische Theorie wie jede Theorie der Gesellschaft, die die Gesellschaft als eine Totalität begreifen will, ja wesentlich eine Theorie der bestehenden, der zu seiner Zeit bestehenden kapitalistischen Gesellschaft ist – und wenn man auf einem Fuße stehend die Differenz in dieser Hinsicht zwischen Hegel und Marx angeben sollte, so wäre es zunächst einmal gar keine andere als die, daß die Bewegungsgesetze der Gesellschaft, die bei Hegel oder auch bei Smith und Ricardo als positive Gesetze angesetzt sind, nun von Marx kritisiert werden, und das infolgedessen die Kategorien, auf die er die Gesellschaft bringt, kritische Kategorien sind; wir werden darüber noch sehr viel prinzipieller zu reden haben –, und jene Perversion oder jene Dogmatisierung und Verfälschung liegt nun darin, daß alle möglichen Kategorien, vor allem also die, die sich auf die Vormacht der Ökonomie beziehen und die sich auf den Materialismus beziehen, innerhalb der herrschenden Denkpraxis in dem Ostbereich einfach zu positiven Kategorien erhoben werden, so als ob nun also die Abhängigkeit vom materiellen Überbau oder der Primat der Ökonomie oder gar der Vorrang der Produktion, der eine durchaus innerkapitalistische Kategorie ist und als solche von Marx dargestellt und kritisiert worden ist, als ob die nun sozusagen schlechterdings auch als Kategorien einer nichtkapitalistischen Gesellschaft gelten würden. Und durch diese plötzliche Verwandlung kritischer Kategorien in Invarianten und in eine Art von Grundlehre, die für jede Gesellschaft überhaupt gelten soll, wird der Begriff einer Gesellschaftstheorie, selbst wo eine fortgebildete vorliegt, und wo man auf diese auch noch glaubt sich berufen zu dürfen, wirklich zu jenem Kinderspott, der sich dann in allen erdenklichen, Ihnen auch bekannten Phänomenen zeigt.

Wenn ich übrigens von Konkretismus gesprochen hatte als von der Unfähigkeit dessen, was die deutschen Idealisten mit ›Sich-Erheben‹ bezeichnet haben – was ja in diesem Zusammenhang gar nicht ein Wolkenkuckucksheim anzeigen soll, sondern ganz einfach, daß sich das individuelle Bewußtsein freimacht von der Befangenheit innerhalb der unmittelbaren Verhältnisse und Gegenstände, denen es sich gegenüberfindet –, dann ist dieser Begriff des Konkretismus zur Charakteristik dessen, was ich dabei meine, nicht zulänglich, sondern man muß wohl sagen, daß er zum Korrelat auch das hat, was Horkheimer einmal mit ›Abstraktismus‹ bezeichnet hat. Wenn ich also zurückkommen darf auf mein Beispiel von vorhin, auf die ominöse Rede von ›Denen da oben‹, dann ist ja das zwar auf der einen Seite konkretistisch dadurch, daß die Menschen nur auf den Vorarbeiter Meier beschränkt sind, der angeblich so ein böser Mensch sein soll, es ist aber zugleich auch abstraktistisch insofern, als eine nun wirklich durchgeführte Vorstellung konkreter Zusammenhänge überhaupt nicht mehr statthat. Dieser Abstraktismus, den möchte ich bezeichnen als die Unfähigkeit, wirklich Erfahrungen zu machen, und diese Unfähigkeit, Erfahrungen zu machen und die Fixierung an die bloßen unmittelbaren Tauschobjekte, die affektiv besetzt werden und von den Menschen vergötzt und fetischisiert werden, das ist eigentlich dasselbe. Dieser Verlust an Erfahrungsfähigkeit ist etwas, was die Psychologie, und zwar vor allem die analytische Sozialpsychologie, längst gefunden hat, und wofür sie auch eine Reihe psychologisch genetischer Momente beigebracht hat; diejenigen, die sich dafür interessieren, können in der »Authoritarian Personality«[83] gerade dazu eine ganze Menge Elemente beigestellt finden. Ich möchte aber heute – da ja die Blickrichtung dessen, was wir hier besprechen, eben doch nur akzidentell die subjektiv psychologische ist, und wir im wesentlichen interessiert sind an den objektiv herrschenden Strukturfragen der Gesellschaft – Sie auf einen anderen Aspekt aufmerksam machen: Nämlich auf die Frage, eine Frage, die vielleicht in dieser Weise doch auch noch zu wenig radikal durchdacht worden ist, ob in der Realität, in der wir heute leben, so etwas wie Erfahrung eigentlich noch möglich ist. Aldous Huxley, der jedenfalls trotz etwas komischer Vorstellungen von einem richtigen menschlichen Zustand den einen Vorzug des bösen Blicks besessen hat, hat einmal versucht in der »Brave New World«[84] darzustellen – ich habe einmal in einer Arbeit, glaube ich, bereits darauf hingewiesen[85] –, wie die Gespräche zwischen den Menschen in der negativen Utopie, die er darstellt, immer mehr verkümmern, immer armseliger werden, weil sie nämlich eigentlich nur noch Gespräche sind über verschiedene Arten von Waren, die von Oligopolen hergestellt, lanciert werden und unter denen sie zu wählen haben, so daß das Gespräch eigentlich tendenziell überhaupt nichts anderes mehr wird als der Vergleich verschiedener Musterkataloge miteinander. Ich fürchte, es gibt Gespräche genug, wenn man für solche Dinge auch ein bißchen ein Sensorium hat, die in dieser Richtung laufen; er hat da zum mindesten eine Tendenz extrapoliert, eine Tendenz verlängert, die vorhanden ist. Wahrscheinlich ist Erfahrung ja gebunden an das, was man vielleicht – wenn Sie mir die abstrakte Formulierung für den Augenblick einmal durchgehen lassen – die Möglichkeit des Neuen nennen könnte, oder die Offenheit der Welt; daß die Welt also nicht unter von vornherein fest vorgezeichneten und versteinerten Gesetzen ihrer eigenen Reproduktion steht, sondern, daß in jedem Augenblick noch das sein kann, was nicht schon vorgedacht oder, wie man heute auf Neudeutsch sagt, was nicht schon eingeplant ist. Wo das aber nicht der Fall ist und wo zumal die Formen der Massenproduktion auf eine Fixierung hinauslaufen, die unter dem Schein des unablässig Neuen eigentlich unablässig dasselbe hervorbringen, da ist von der objektiven Seite Erfahrung aufs allerschwerste kompromittiert. Und wenn Menschen etwa heute noch, sagen wir in Romanen, von unmittelbarer menschlicher Erfahrung überhaupt berichten oder handeln, hat bereits das, daß man von sich selber, seinen Erfahrungen, seiner Unmittelbarkeit redet, ich möchte fast sagen, bereits etwas Ideologisches, bereits etwas, was so tut, als ob noch menschliche Unmittelbarkeit und menschliches Schicksal wäre, während wir wirklich bis ins Innerste hinein alle miteinander erniedrigt sind zu bloßen Masken des grauenhaften Realitätsprinzips, in das wir eingespannt worden sind. Wenn daher etwa manche Romane, und zwar in den verschiedensten Ländern, überhaupt die Darstellung des individuellen Schicksals vermeiden und übergehen zu bloßen Montagen objektiver gesellschaftlicher Tatsachen oder Zusammenhänge, so braucht man darin keineswegs bloß eine wildgewordene, positivistisch protokollarische Gesinnung zu vermuten, sondern eben auch den Zwang, die Notwendigkeit, zu versuchen, über eine Realität überhaupt noch etwas zu sagen, einer Realität überhaupt noch sich gewachsen zu zeigen, die man in Wahrheit eigentlich gar nicht mehr erfahren kann. Das dürfte wohl der tiefste Grund sein für jene miteinander zusammenhängenden Phänomene, die ich Ihnen dialektisch einerseits als Konkretismus, also als die Bindung an das bloß Seiende, andererseits als Abstraktismus, das heißt, als die Unfähigkeit zu lebendiger Erfahrung, versucht habe vor Augen zu stellen.

Meine Damen und Herren, es ist eine der gefährlichsten Denkgewohnheiten, daß man die Phänomene, die ich Ihnen, ich würde sagen, ohne allzuviel Beschönigung dargestellt habe, soweit es sich um die Arbeiterschaft handelt, der Arbeiterschaft zur Last legt, indem man ihr den Vorwurf der sogenannten Verbürgerlichung macht. So hat der verstorbene belgische Sozialpsychologe Hendrik de Man[86], der von der Soziologie hergekommen ist, aus gewissen Beobachtungen über die Nivellierung des sogenannten proletarischen Bewußtseins in ein bürgerliches Bewußtsein eine Art von Verdikt über das böse verbürgerlichte Proletariat abgeleitet und ist dann von diesem Verdikt mehr oder minder konsequent zu dem Faschismus übergegangen, als dessen Exponent er schließlich aus Belgien mit Recht vertrieben worden ist. Man darf bei dieser Verbürgerlichung, deren krasse Symptome etwa solche Begriffe wie die vom Sozialpartner sind, die ja heute auch in breitesten

Kreisen der Arbeiterschaft Eingang gefunden haben und dort womöglich als etwas besonders Progressives und Modernes angesprochen werden, diese Phänomene den Menschen, die sich so verhalten, nicht zum Üblen aufrechnen. In diesen Phänomenen der sogenannten Verbürgerlichung des proletarischen Bewußtseins spiegelt sich eben diese gesamtgesellschaftliche Tendenz wider, das Bewußtsein auch der Arbeiter in sich aufzusaugen und jeden Gedanken daran, daß das Bewußtsein der Arbeiter mit dem Bewußtsein der Gesamtgesellschaft oder mit den Interessen der Gesamtgesellschaft nicht unmittelbar identisch ist, zu verhöhnen. Es ist also daraus kein Vorwurf ihnen zu machen, und ich möchte dem hinzufügen, daß, wenn tatsächlich die Verelendungstheorie von Marx[87] in ungezählten Sphären und über immerhin so lange Zeiträume, daß es schon wahnhaft wäre, über diese Zeiträume einfach so hinwegzugehen, sich als falsch erwiesen hat, dann ist es wohl auch gänzlich ungerechtfertigt, wenn man den Arbeitern einen Vorwurf daraus macht, daß sie so denken, wie eben Menschen denken, die mehr zu verlieren haben als ihre Ketten. Das ist dann nicht ein Verrat, sondern solche Vorwürfe gerade gegen die Arbeiter laufen dann im allgemeinen gerade darauf hinaus, daß man es mit denen hält, die dem Gedanken an die Fragen der Arbeiterbewegung überhaupt nicht anders mehr gegenüberstehen als eben mit dem Gummiknüppel. Wenn tatsächlich die Arbeiter mehr zu verlieren haben als ihre Ketten, dann mag das zwar für die Theorie peinlich sein, aber für die Arbeiter ist es zunächst einmal etwas sehr Gutes. Und ich glaube, daß eine Theorie, die das nicht anerkennt und die also nicht die Momente in sich einbegreift, in denen tatsächlich materiell einstweilen sich die Dinge so gestaltet haben, daß jene extreme Situation, wie sie Marx prognostiziert hat, sich nicht herstellt, daß also die Anerkennung dieser Tatsache nicht nur die einfachste Sache der wissenschaftlichen Redlichkeit ist, sondern daß eine Theorie, die darüber sich hinwegsetzt und etwa von den Arbeitern verlangt, daß sie sich wie Hungernde verhalten sollen, während sie nicht hungern, daß die eben nun wirklich keine Theorie mehr wäre, sondern daß sie in Gefahr wäre, sich in ein bloßes Hirngespinst zu verwandeln, ohne daß damit freilich die Frage beseitigt würde, ob dieser Zustand stationär ist, ob es sich hier wirklich um etwas Strukturelles handelt, oder ob nicht auch das noch in das Bereich der bloßen Erscheinung hineingehört. Aber auch Erscheinungen müssen von der Theorie respektiert werden: Das ist das Wahrheitsmoment am Positivismus, das zuzugestehen ist und das von keinem Schlechteren als Hegel zugestanden worden ist in dem berühmten Satz aus dem zweiten Teil der Großen Logik, daß das ›Wesen erscheinen muß‹[88], und daß, wenn es nicht erscheint, es dann eben tatsächlich nicht das Wesen ist.

Die Feststellung der Divergenz im übrigen zwischen dem Sozialismus als einer Vorstellung von der richtigen Gesellschaft – von dem, was Goldmann vorgestern, mit einem wohl nicht sehr glücklichen Ausdruck nach meiner Ansicht, mit Weltanschauung bezeichnet hat – und auf der anderen Seite der unmittelbaren, konkreten Erfahrung der Arbeiter innerhalb des Arbeitsprozesses, die wesentlich kausal-mechanisch und nicht finalistisch erscheint, das ist eine Sache, die natürlich nicht von heute ist; das, was man den Alltag des Klassenkampfes genannt hat, hat ja schon immer von der großen politischen Zielsetzung sich unterschieden und schon immer auch ein bißchen die Tendenz gehabt, die politische Zielsetzung ad calendas graecas zu vertagen und dadurch selber wieder zur Ideologie herabzuwürdigen. In den außerordentlich wechselvollen Beziehungen zwischen Gewerkschaften und politischen Parteien hat diese Spannung immer wieder sich ausgedrückt, und es wäre ganz falsch, wenn man dabei nun einfach die Gewerkschaften als die bloßen unmittelbaren Interessenvertreter auf die Seite des, wie soll man sagen, konkretistischen Kompromisses stellen würde und die Parteien auf die Seite also der Utopie. So ist es keineswegs immer gewesen, und im Augenblick, wenn ich einmal soweit mich in die konkrete gesellschaftliche Analyse begeben darf, scheint es so zu sein, daß gerade dadurch, daß die politischen Parteien in der Parteipraxis die grundsätzlichen Spannungen negieren, die Gewerkschaften, die eben jenen täglichen Kampf doch zu registrieren haben, aber offiziell von der Politik überhaupt ganz getrennt worden sind, eher noch kritische Elemente der Theorie im Rahmen der gewerkschaftlichen Praxis überhaupt realisieren können.

7. Vorlesung
23. 6. 1964

Meine Damen und Herren,

wir waren in den Betrachtungen, die sich bezogen haben auf den subjektiven Stand des Bewußtseins der Arbeiter in Deutschland, auf das Problem der Divergenz zwischen allgemeinen sozialistischen Positionen gestoßen, wie sie jedenfalls früher vorgeherrscht haben und freilich jetzt bei dem Nachwuchs, abgesehen von einer bruchstückhaften Überlieferung, zurückzutreten scheinen und dem, was man früher mit dem Alltag des Klassenkampfes bezeichnet hat, also mit den ununterbrochenen Anstrengungen innerhalb der gegebenen Verhältnisse bessere Lebensbedingungen, vor allem höhere Löhne und verkürzte Arbeitszeit, zu erlangen.

Ich möchte Sie darauf aufmerksam machen, daß in diesem Problem – wenn ich so sagen darf – ein philosophisches sich ganz unmittelbar manifestiert, oder, vielleicht richtiger gesagt, daß man gerade an dieser Frage paradigmatisch lernen kann, wie künstlich, und wie sehr bloß von der Angst beider Seiten diktiert, die heute so weithin eingeschliffene Unterscheidung zwischen Philosophie und Soziologie als gewissermaßen zwei Branchen eigentlich ist. Es steckt darin ein dialektisches Problem. Hegel hatte gelehrt, daß wir das Ganze, das die Wahrheit sein soll, nicht in unmittelbarem Bewußtsein haben, und daß es auch nicht sein abstrakt abgezogener Oberbegriff sein soll, sondern daß das Ganze nicht anders sich realisiert als durch die einzelnen Schritte, die einzelnen Bewegungen des Bewußtseins und der Realität hindurch, die ja in der Hegelschen Philosophie dasselbe sein sollen. Und mit dieser merkwürdig paradoxen Vorstellung, daß gerade einem Denken, das seinen Wahrheitsanspruch in die Totalität setzt, gleichwohl die Wahrheit nur im Einzelnen, im Detail, und nicht in dem allgemeinen Entwurf des Ganzen sich manifestiert, hat auch die Theorie von Marx übereingestimmt, vor allem insofern, als sie über jeden abstrakten Begriff einer richtigen Gesellschaft ebenso wie über jeden Versuch, eine solche richtige Gesellschaft auszupinseln, oder gar nach dem eigenen Wunsch sich auszudenken, etwas verhängt hat, was man in der Sprache des Alten Testaments wohl mit Bilderverbot[89] bezeichnen könnte. Dadurch hat ›der nächste Schritt‹ ein ungeheures Gewicht empfangen, und der Akzent, der auch auf der alltäglichen Praxis in der Arbeiterbewegung gelegt worden ist, kann sich gerade an dieser Stelle der schwersten Waffen der großen theoretischen Entwürfe der dialektischen Denker gleichsam bedienen. Auf der anderen Seite aber ist es offenbar, daß in diesem Prinzip des nächsten Schrittes, in jenem Prinzip, das dann allzu verkürzt Brecht ausgedrückt hat in der berühmten Formel, die Wahrheit sei konkret[90], sich auch und immer eine Anpassung, eine Resignation an je gegebene Verhältnisse, ja der Verrat an der Idee der Herbeiführung einer richtigen Gesellschaft verstecken kann, denn die einzelnen Kämpfe, um die es sich dabei handelt, sind natürlich nicht solche Akte, die sich auf das Ganze bezögen; es sei denn jene Akte, die man früher mit revolutionären Akten zu bezeichnen pflegte, deren berühmtester der Generalstreik gewesen ist, die aber aus technologischen ebenso wie aus subjektiven und vielen anderen Gründen heute überhaupt ausgeschlossen erscheinen. Kurzum, die Arbeiterschaft ist da in einem Dilemma, das ihr dann von einer zu billigen Kritik nur allzu leicht als Verschulden ausgelegt wird. Nämlich auf der einen Seite ist der Übergang zu dem Ganzen versperrt und widerspräche auch eben jenen Vorstellungen von der realen Verwirklichung des Sozialismus, die einmal die Arbeiterbewegung gespeist haben, auf der anderen Seite ist die Politik des nächsten Schrittes immer weiter von dieser Herbeiführung des richtigen Zustands abgesperrt, weil jeder dieser Schritte immer unerbittlicher in den Zusammenhang der nun einmal gegebenen Verhältnisse fällt. Diese Dialektik ist deshalb so ernst, weil die Arbeiter ununterbrochen einfach durch ihre Position, die nach wie vor die der am schlechtesten gestellten ist, um es vorsichtig auszudrücken, auf die Politik des kleinsten Schrittes, auf die Politik der Verbesserung, der unmittelbaren Verbesserung von Zuständen abgestellt sind, wenn sie nicht hoffnungslos hinter der Gesamtentwicklung zurückbleiben wollen. Wenn ich dabei das Stichwort ›Preisspirale‹ nenne, dann wissen Sie alle unmittelbar, woran ich dabei denke, und daß sie also, gerade auf Grund ihrer objektiven Lage, anders, als um diese Lohnvorteile sich zu bemühen, gar nicht handeln können, daß sie aber auf der anderen Seite, je mehr sie das tun, um so vollkommener, wie jenes Wort lautet, integriert werden, zu Partnern, zu Kontrahenten werden, die sich gegenseitig Teile des bereits im Arbeitsprozeß geschaffenen Sozialprodukts abjagen und dadurch in den gesamten Zusammenhang [um so tiefer integriert werden].

Man kann das auch so ausdrücken, daß das, was man etwa mit dem Realismus der Arbeiter bezeichnet, einen eigentümlichen Doppelcharakter hat. Lassen Sie mich hier Ihnen aus der empirischen Sozialforschung sagen, daß man zeitweise doch offensichtlich auch auf der subjektiven Seite den sogenannten Integrationsprozeß erheblich überschätzt hat, das heißt, daß eine ganze Reihe von Untersuchungen – darunter auch solche, für die ich die Verantwortung trage[91] – gezeigt haben, daß zwischen dem Bewußtsein der Arbeiter im engeren Sinn und dem der Bürger im herkömmlichen Sinn, wozu man die Stehkragenproletarier, die Angestellten, nach wie vor zu rechnen hat, doch weitgehendere Differenzen sich gezeigt haben, als sie nach der These von der sogenannten nivellierten Mittelstandsgesellschaft zu erwarten gewesen sind, und daß diese Differenzen ganz genau in der Dimension sich abspielen, die ich Ihnen eben genannt habe; das heißt, daß – wenn ich es einmal negativ ausdrücken soll – im allgemeinen die Arbeiter unideologischer, skeptischer, mehr auf die schleierlose Anerkennung oder Erkenntnis, beides changiert, der Realität verwiesen sind als die anderen, die den Arbeitern gegenüber immer noch oder immer wieder von ihrem eigenen Idealismus im Gegensatz zum Materialismus der anderen reden. Es ist ja eine merkwürdige Sache – übrigens eine Sache, die zu konstatieren es keineswegs großer Theoreme bedarf, sondern die große und gewiß nicht sozialistische Romanciers wie etwa Fontane in der »Frau Jenny Treibel« längst registriert haben –, daß im allgemeinen die Besitzenden die, die nichts mehr haben und die deshalb gerne mehr hätten, mit Vorliebe des Materialismus bezichtigen, während sie sich selbst den Idealismus gutschreiben nach jener Formel, für die Anatole France in der »Révolte des anges« einmal die herrliche Formulierung gefunden hat – als irgendeine arme Bohémienne sich umsonst für ein von der Gesellschaft veranstaltetes Wohltätigkeitsfest zur Verfügung stellt –, sie habe gehandelt mit der bekannten »Freigebigkeit der Armen« gegen die Reichen.[92] Ob das heute noch und in welchem Umfang das heute noch gilt, wo die Arbeiterorganisation ihrerseits gewisse monopolistische Züge angenommen hat, das lasse ich offen; jedenfalls in den kurrenten Vorstellungen vom Idealismus und vom Materialismus – materialistisch sind immer die anderen – schwingen diese Dinge also noch mit. Der Realismus der Arbeiterklasse, wie ihn etwa Thorstein Veblen sehr eingehend beschrieben hat vor allem in der Arbeit über »The Instinct of Workmanship«[93], hat einen eigentümlichen Doppelcharakter. Veblen hat darauf verwiesen, daß die Arbeiter, vor allem durch ihre Nähe zu dem kausal-mechanischen Ablauf der Maschinenproduktion, selber auch wesentlich kausal-mechanisch, nicht finalistisch-teleologisch, daß sie weniger metaphysisch, daß sie nüchterner, daß sie positivistischer denken würden. Und ganz sicher hat diese Denkweise etwas zu tun mit dem Gesamtzug der europäischen Aufklärung, in deren Konsequenz die Arbeiter durch die Gestalt ihrer Arbeit jedenfalls so lange hineingezogen waren, wie die Gestalt dieser Arbeit sie unmittelbar noch mit kausal-mechanischen Prozessen konfrontiert hat. Ob diese Kategorien heute angesichts der ungeheuer weitreichenden Mechanisierung, die für den technisch nicht Gebildeten undurchsichtig ist, und gar angesichts des Potentials der Automatisierung noch gültig sind, und ob nicht gerade diese Entfernung der Arbeitenden von der Durchsichtigkeit der Arbeitsprozesse auch in dieser Beziehung eine Art von neuer Mythologisierung vorbereiten wird, dies möchte ich jedenfalls der Mutmaßung überlassen. Es genüge der Hinweis darauf, daß man in all diesen Dingen sich hüten muß, etwa den Arbeitern irgendwelche konstanten Qualitäten ein für allemal zuzuschreiben, sondern gerade solche Fragen wie die Aufgeklärtheit und Skepsis der Gesinnung selber hängen bis zu einem gewissen Grad ab von der Durchsichtigkeit der technologischen Prozesse und ebenso natürlich von der Stellung, die die Arbeiter innerhalb der Konstruktion der Gesamtgesellschaft einnehmen. Auf der anderen Seite aber bedeutet nun gerade diese Nüchternheit, die man an den Arbeitern konstatiert hat, und von der ja ein jeder auch eine Spur wahrnimmt, der jemals mit lebendigen Arbeitern in Kontakt gekommen ist und sie nicht nur aus theoretischen Schriften kennt, auch, daß die Arbeiter gezwungen sind, sich zunächst einmal den Maschinen so weitgehend anzupassen; wie auch die Bürgerlichen, wie auch wir selber es erfahren können, etwa wenn wir chauffieren, wobei wir ja in einem erzwungenen ununterbrochenen Anpassungsprozeß ebenso an die sehr komplizierte Apparatur der Verkehrszeichen wie auch an die Schalthebel unserer eigenen Wagen verwiesen sind, und je mehr die Autos mechanisiert werden, und je weniger wir dadurch unmittelbar mehr durch ein differenziertes Schaltsystem Einfluß nehmen können, um so prekärer, nebenbei bemerkt, wird dieses ganze System, solange man nicht etwa auch in der Autoproduktion Errungenschaften aus ganz anderen Sphären der Technik wie das Radarsystem der Steuerung so zugänglich macht, daß Unfälle vermieden werden, die gerade bei hochmechanisierten Wagen – wie Sie mir aus meiner amerikanischen Erfahrung glauben mögen – ganz besonders aktuell sind. Was ich Ihnen hier zunächst sehr stur und buchstäblich technologisch beschrieben habe an einem solchen Modell, das hat natürlich auch wieder seine anthropologischen Konsequenzen, das heißt, diese Tendenz: ›Du mußt dich fügen‹ – wie mir einmal zum Entsetzen meiner Eltern als kleinem Kind ein Dienstmädchen proletarischer Herkunft gesagt hat – dieses: ›Du mußt dich fügen‹, das heißt: ›Du mußt dich richten‹ nach den dir vorgeordneten kausal-mechanischen Bedingungen deiner Arbeit, das hat eine Tendenz, sich auszubreiten und dadurch erst recht eben das abzutöten, das zu verhindern, was über das bloß Bestehende hinausweist. Denn ob in dem ›nächsten Schritt‹, von dem ich Ihnen vorher gesprochen habe, das Potential eines Ganzen drinsteckt, oder ob es das vielmehr abwürgt und verhindert, das zeigt sich immer erst nachher; und es gehört im Grunde schon die ganze Hegelsche Metaphysik, die ja in Marx weiterwirkt, also im Grunde ein, ich möchte sagen, ganz solider Glaube an den Weltgeist dazu, wenn man sich vorstellt, daß der nächste Schritt ohne weiteres also nun tatsächlich sich auch auf das Ganze erstrecken mag.

Diese Momente, die ich Ihnen jetzt analysiert habe, die sind sicherlich unter den entscheidenden Gründen für das, was man vielleicht mit der Systemimmanenz des Bewußtseins der Arbeiterschaft heute beschreiben kann. Das heißt also, das Bewußtsein selber beugt derart sich der Übermacht der Verhältnisse und der impliziten Überzeugung, daß an diesen doch Entscheidendes sich gar nicht ändern lasse, daß alle Erwägungen eigentlich vorweg sich innerhalb der gegebenen Verhältnisse halten und abspielen, ohne daß auch nur das Potential einer Einrichtung der Realität, in der es wirklich anders wäre, an die Menschen herankommt. Ich glaube, man muß sich auch hier hüten, die historischen Veränderungen, um die es sich dabei handelt, als ein absolutes Novum darzustellen, wie es andererseits aber auch falsch wäre, mit der billigen Geste ›Das ist ja schon immer so gewesen‹ die Entwicklung einfach zu leugnen. Sondern das dialektische Moment in der Geschichte und auch in der Geschichte dieser Dinge beruht gerade darin, daß Elemente, die immer schon vorhanden waren, dann derart zu den Vorherrschenden werden, daß andere, die in einer früheren Konstellation ihnen widersprochen haben, demgegenüber entmächtigt erscheinen, oder womöglich ganz verschwinden. Es ist also wahrscheinlich früher auch schon so gewesen, daß keineswegs Einklang geherrscht hat auf der einen Seite zwischen der Nüchternheit des Arbeiters, der immer so etwas auch von dem Handwerker hatte, der also nun ganz genau weiß, welcher Griff notwendig ist und welcher Griff welchen Effekt hat, und auf der anderen Seite dem Gedanken an den Sozialismus; aber dieser Gedanke war, wenn auch gar nicht so ganz klar und explizit, insofern doch immer wirksam, als früher etwa die Arbeiter dann doch, auch wenn sie keine explizite theoretische Vorstellung von einer künftigen Gesellschaft oder von der Aktion, die zu ihr hätte führen sollen, hatten, wenigstens sich Parteien angeschlossen haben, die das zum Programm hatten und von denen sie erwartet hatten, daß sie das herbeiführen, und – und das ist das Entscheidende – für die sie auch geneigt waren, die äußersten Opfer bis zu Verfolgung und Eingesperrtwerden auf sich zu nehmen; und gerade das ist natürlich heute kaum mehr vorstellbar.

Am drastischsten wird dieses Moment der Systemimmanenz, von dem ich sagen würde, daß es etwas exakter das wiedergibt, was am Bewußtsein der Arbeiterschaft zu konstatieren ist, als die allzu abstrakte Behauptung von einer nivellierten Gesamtgesellschaft, wenn es um die materielle Basis der Existenz der Arbeiter selber geht. Denken Sie dabei etwa an das berühmte Thema der Lohnzufriedenheit, das ja auch in unserer Untersuchung über »Betriebsklima«[94] eine wesentliche Rolle gespielt hat. Da stößt man darauf, daß von Lohnzufriedenheit gesprochen wird; und im übrigen, daß man auch im Sinn einer operationellen Definition der Forschungsinstrumente von Lohnzufriedenheit im allgemeinen dann sprechen kann, wenn die Löhne innerhalb dessen liegen, was unter den herrschenden Bedingungen den Arbeitern als erreichbar erscheint, und vor allem, wenn sie sich gut entlohnt finden relativ auf andere Arbeitergruppen und relativ auf andere Werke oder Fabriken, die ihnen zum Vergleich irgendwie zur Hand sind. Dagegen finden Sie kaum prinzipielle Erwägungen, wie sich nun ihre Entlohnung etwa zu dem Einkommen von anderen Gesellschaftsgruppen überhaupt verhält, obwohl wir unterdessen längst wissen – und auch ein in diesen Dingen so [...] und, wenn Sie wollen, positivistischer Forscher wie mein Tübinger Kollege Dahrendorf hat darauf in jüngster Zeit nachdrücklich hingewiesen[95] –, daß die berühmte Angleichung der Arbeiterlöhne an die Entlohnung der Angestelltenschaft außerordentlich überschätzt wird, daß also im allgemeinen die materielle Situation der Arbeiter immer noch weit hinter der Lage von anderen sozialen Gruppen zurückbleibt. Alle die Erwägungen, die wir angestellt haben, sind subjektiv. Ich meine subjektiv nicht in dem Sinn, daß sie meine subjektive Meinung wären – ich bitte Sie, vor diesem Mißverständnis an dieser Stelle sehr sich zu hüten –, sondern subjektiv ganz einfach in dem Sinn, daß sie reflektieren darauf, wie der Gruppe, der gesellschaftlichen, von der wir gesprochen haben, subjektiv ihre eigene Situation erscheint im Gegensatz zu der objektiven Struktur, in der sie sich selbst findet.

Ich darf vielleicht hier einschalten, daß es wahrscheinlich eine der großen Fehlerquellen unserer gesamten gegenwärtigen Soziologie ist, daß sie, die keine höhere Norm kennt als die sogenannte Objektivität, Vorurteilslosigkeit, Erweisbarkeit, Beweisbarkeit ihrer Befunde, insofern subjektivistisch ist, als sie sich im allgemeinen zufriedengibt mit Erhebungen darüber, was die Menschen über sich selbst und über ihre soziale Situation denken, ohne darauf zu reflektieren – und gar in einem Zustand so weitgehender Manipulation der öffentlichen Meinung, wie wir ihn heute erleben –, daß das Bewußtsein der Menschen von sich selbst unendlich verschieden sein kann und aller Wahrscheinlichkeit nach verschieden ist von ihrer Meinung über sich selbst und über die Gesellschaft. Und ich würde sagen, soweit Soziologie Wissenschaft ist, oder soweit wir in einem höheren Sinn eine Theorie der Gesellschaft anstreben, liegt hier geradezu einer der Nervenpunkte: Daß wir uns nämlich nicht bescheiden zu erheben, was Menschen meinen, wollen, von sich aus tun, sondern, daß wir zwar das, was sie meinen, wollen, tun, auch erheben, und daß wir es kennenlernen müssen, daß wir es aber immer und unablässig sehen in seiner Relation zu den objektiven Gegebenheiten. Der Zusammenhang zwischen empiristischer Gesinnung und jener Art von Verblendung durch subjektives Bewußtsein ist außerordentlich tief, und ich glaube, gerade für die, welche sich mit dem [Research] schon beschäftigen, ist es wichtig, daß sie von diesen Dingen einmal sich ein Bewußtsein verschaffen, wenn sie nicht einer sturen und naiven und in letzter Instanz deshalb auch den Tatsachen gegenüber unproduktiven Praxis sich verschreiben wollen. Allein die Form der sogenannten Erhebung, die nach dem Modell der Markterhebung oder der Ermittlung zu erwartender Majoritäten bei Wahlen organisiert ist, richtet sich ja von vornherein, einfach ihren eigenen Techniken nach auf das, was die Menschen denken. Also, so heilige Institutionen des sozialwissenschaftlichen Empirismus wie das Interview sind ja von vornherein stillschweigend Registrierungen von subjektiven Meinungen der Menschen über alle möglichen Dinge, und man glaubt dann, irgendwie etwas Objektives zu haben, wenn man von diesen subjektiven Meinungen zu einem statistischen Mittel kommt und daraus etwas wie Gesamtmeinung oder überwiegende Meinung oder Meinung von Schlüsselgruppen erschließt, wobei dann außerordentlich naheliegt die Subreption, die Erschleichung, daß diese auf solche Weise erhobene durchschnittliche Meinung selber eigentlich so etwas wie die objektive Wahrheit, also eigentlich das darstelle, was von der Soziologie als Wissenschaft zu ermitteln sei. Das mag Ihnen etwas primitiv vorkommen, wenn ich Sie auf diese Gefahr hinweise, von der ich dächte, daß die Theorie der Gesellschaft sie sehr energisch reflektieren muß, aber ich möchte Sie wenigstens darauf aufmerksam machen, daß selbst dies scheinbar Primitive einen außerordentlich tiefreichenden philosophischen Hintergrund hat, nämlich den, den man vielleicht am einfachsten bezeichnen kann als die Differenz zwischen subjektiver Vernunft und objektiver Vernunft. Je mehr aber mit dem Fortschritt des abendländischen Nominalismus und der Erschütterung des Glaubens an etwas wie objektive Vernunft überhaupt der subjektive Vernunftbegriff, also die Zweck-Mittel-Relation der Selbsterhaltung, wie sie den einzelnen Menschen sich präsentiert – die volonté du tous, Rousseauisch gesprochen[96] – zu dem Medium der Wahrheit wird, um so stärker wird auch im Sinn dieses philosophischen Trends die Tendenz, den Durchschnitt der subjektiven Meinungen – den Durchschnitt der subjektiven Vernünfte, könnte man gewissermaßen sagen – für das Höchstmaß an Objektivität zu halten. Die philosophische Aufgabe, darüber hinauszukommen, ist außerordentlich schwer. Sie hat keinen anderen Weg als den der Kritik eben dieser subjektiven Vernunft im Sinn des bloß subjektiven Urteils dadurch, daß man bis ins Einzelne zeigt, daß das, was diese Meinung ergibt, zu dem, worauf sie sich bezieht, in einem faßlichen und einsichtigen Widerspruch besteht.

Das, nebenbei bemerkt, ist auch die Methode, nach der ich in den ganzen Problemkreis der sogenannten Massenkommunikation mich hereinbegebe, und das ist zugleich der Grund, warum ich mich hier in einem so offenkundigen und schroffen Gegensatz zu dem finde, was man so im allgemeinen heutzutage mit Kommunikationsforschung und ähnlichen Dingen bezeichnet. Mit anderen Worten: Also die Frage, ob Kommunikationen Ideologie seien, und ob das von ihnen produzierte Bewußtsein ein ideologisches Bewußtsein sei, die kommt bei den herkömmlichen Erhebungstechniken überhaupt gar nicht so recht auf. Wenn wir sagen, daß die Phänomene, die Bewußtseinsphänomene, die wir analysiert haben, eigentlich allesamt bloß subjektive seien, dann wäre dazu zu sagen, daß das universale Tauschprinzip, das die Gesellschaft zusammenhält, zwar an allen möglichen Stellen durchlöchert und, wenn Sie so wollen, zerrüttet ist, daß es aber im Prinzip doch fortwährt. Ich möchte mich auf die Analyse des Tauschakts gar nicht einlassen; ich möchte Sie nur auf einen bestimmten Punkt hier hinweisen, und zwar auf einen Punkt, der nun allerdings gerade zu dem gehört, was Marx im Interesse einer immanenten Kritik des Kapitalismus hat zeigen wollen und den er ebenso und vor allem Engels aufs heftigste bestritten haben, oder jedenfalls als ein Sekundäres betrachtet haben, während ich dächte, daß es, wenn man sich über den Tausch als soziales und nicht als ökonomisches Phänomen – und wir haben hier nicht von Ökonomie zu reden – Rechenschaft gibt, doch sehr reflektiert werden muß. Ich möchte Sie, um Ihnen dieses verhältnismäßig sehr Drastische, woran ich hier denke, zu erläutern, verweisen auf eine Redensart, eine Floskel, die manchen von Ihnen vielleicht vertraut ist. Das ist nämlich der Ausdruck ›Löwenvertrag‹. Das ist also ein Ausdruck, offenbar aus irgendeiner Fabel genommen – ich sehe an den skeptischen Gesichtern einiger von Ihnen, daß Ihnen dieser Ausdruck nicht mehr so geläufig ist, wie er mir selber in meiner Jugend geläufig gewesen ist –, wenn also der Löwe mit einer Maus einen Vertrag abschließt, dann wird im allgemeinen die Maus von vornherein dem ungeheuer mächtigen Löwen gegenüber im Nachteil sein und ihm das garantieren müssen, was er will, und außerdem sind seine Mittel zur Sanktion, seine Mittel also den Vertrag durchzusetzen, natürlich unvergleichlich viel stärker, als die der Maus es sind. Die Fabel selber, auf die der Ausdruck zurückgeht, ist mir im Augenblick nicht gegenwärtig, ich zweifle aber nicht daran, daß etwa Germanisten unter Ihnen diese Quelle leicht entdecken werden; ich würde mir vorstellen, daß sie im 18. Jahrhundert zum Beispiel bei Gellert[97] oder einem Dichter aus dieser Gegend zu entdecken sein sollte, und ich sehe schon mit Freuden dem entgegen, daß mir jemand die exakte Fabel hier auf den Tisch legen wird[98]. Was ich also dabei mit dem Tausch meine, das ist, daß der Tausch der Arbeitskraft gegen den Lohn, den jeder Arbeiter zu vollziehen hat, zwar formell ein freies Vertragsverhältnis ist bei völliger Gleichberechtigung der Kontrahenten, daß aber in Wirklichkeit natürlich der Arbeiter, der, wenn er den Vertrag nicht eingeht, zu hungern hat und nichts zu leben hat, in einem ganz anderen Maß durch die objektive Lage, in der er sich befindet, dazu gezwungen ist, jenen Vertrag zu unterschreiben, als der Unternehmer, der im allgemeinen warten kann – als Gesamtklasse gesehen jedenfalls –, bis der Arbeiter also, wie man so sagt, zur Vernunft, nämlich zur subjektiven Vernunft kommt und auf diese Bedingungen eingeht. Wenn Sie das, was ich Ihnen damit verdeutliche, eine Sekunde lang nun nicht so individuell verstehen, wie ich es eben gesagt habe, sondern wenn Sie extrapolieren auf das gesamtgesellschaftliche Verhältnis, so besagt das nichts weiter, als daß der entscheidende Tauschakt, nämlich der Tauschakt der lebendigen Arbeit gegen den Lohn, in Wirklichkeit bereits das Klassenverhältnis voraussetzt; und durch dieses Klassenverhältnis entscheidend so modifiziert und so gemodelt ist, daß der Schein der Freiheit aller Kontrahenten, der durch das juristische Vertragsverhältnis des Lohnvertrages bewirkt wird, eben tatsächlich nichts anderes ist als ein solcher Schein. Das ist natürlich eine der Marxischen Theorie gegenüber vollkommen häretische Ansicht, weil Marx ja geglaubt hat, gerade umgekehrt die Herrschaft aus dem Tauschverhältnis ableiten zu dürfen.

Aber ich glaube, es ist doch wohl auch theoretisch vertretbar, wenn man bei theoretischen Analysen, wie denen, in welchen wir uns im Augenblick befinden, nicht sozusagen irgendwelche idealtypischen und geschichtsfremden Modelle eines reinen Tauschvorgangs, eines reinen Tauschakts, heranzieht, aus denen dann dies und jenes folge, sondern, wenn man zunächst einmal sich vergegenwärtigt, in welcher Gestalt die Menschen heute, wir selber, so, wie wir sind, in derartige Tauschverhältnisse, in derartige Tauschverträge eingehen, und dabei sind wir eben in der Weise vorweg determiniert, wie ich es Ihnen eben bezeichnet habe. Selbst wenn man aber damit sich nicht zufrieden gäbe und mehr nach dem Modell der klassischen Ökonomik auf eine Analyse des Tauschverhältnisses selbst dringen würde, käme man wahrscheinlich dazu, daß das Tauschverhältnis überhaupt erst entstanden ist in Situationen einer städtischen Marktwirtschaft, in denen jedenfalls die eine Seite der Kontrahenten in den Tauschvertrag selber schon eingetreten ist mit mehr als bloß dem Ertrag ihrer eigenen Arbeit oder gar dem Fleiß ihrer Hände. Daß tatsächlich nach wie vor nun, wenn man als Arbeiter auf die Welt kommt, die Unfreiheit objektiv trotz des Scheins der Nivellierung und der Angleichung andauert, das kann man, wenn man es sich nicht künstlich, durch das Soziologiestudium nämlich, gegen besseres Wissen ausreden läßt, immer wieder erfahren. Die Arbeiter etwa, deren subjektive Reaktionen wir erhoben haben, die haben das erfahren durch das Antreibersystem vor allem im Bergbau, über dessen technologische Gründe, das heißt die technologische Zurückgebliebenheit und den Zwang, ein Soll zu erreichen, ich ja einiges Ihnen bereits gesagt habe[99]. Aber auch jeder von uns, jeder einzelne von uns kann in dem Augenblick, in dem er etwa in die Situation eines Job-Suchenden kommt, diese Erfahrung trotz allem auch machen. Er wird sie dabei vor allem in der Gestalt machen, daß das, was von ihm erwartet wird als von dem, der – wenn Sie mir diese unhöfliche Redeweise verzeihen, aber ich schließe mich dabei völlig ein – auf dem Markt sich zu verkaufen hat, gar nicht das eigentlich ist, was er selber möchte; er also gar nicht seine eigenen Möglichkeiten und Begabungen realisieren kann, sondern in einem weiten Maß sich nach dem richten muß, was von ihm verlangt wird. Und die Ideologie ist dann auch noch die, daß genau das das höhere Ethos sei, und daß auf diese Weise wir alle eigentlich erst zu richtigen Mitgliedern der menschlichen Gesellschaft gedrillt werden, daß wir dadurch uns die bösen und schlechten und dummen Gedanken abgewöhnen.

Übrigens scheint es mir – damit darf ich vielleicht schließen – für die gegenwärtige Situation gerade auch von geistigen Arbeitern, also von Absolventen der Universität, wofern sie nicht einfache Beamte werden, aber auch in sehr vielen anderen Bereichen, charakteristisch zu sein – und ich glaube, darüber hat man gar nicht so recht nachgedacht –, daß trotz des vielberufenen Mangels an Arbeitskräften das Verhältnis von Angebot und Nachfrage nicht klappt, das heißt, daß zwar auf der einen Seite ununterbrochen gejammert wird darüber, daß es an Arbeitskräften fehlt, daß aber auf der anderen Seite hochqualifizierte Menschen in den verschiedensten Bereichen in dem Augenblick, wenn sie nun wirklich herein wollen, es nicht können und plötzlich wider Erwarten die Tore verrammelt finden. Ich würde denken, daß diese Tatsache verrät, daß die gesamte Konjunktur, in der wir leben, und die gesamte Balance von Angebot und Nachfrage, mit der wir zu tun haben, daß die ein Moment des Synthetischen, des von oben her Angedrehten hat, und daß sie eigentlich gar nicht wirklich spontan sich ergibt. Und ich glaube, daß im Grunde trotz dieser Prosperität die Herrschaft – auch im Sinn einer Chancenberechnung, auch im Sinn also des Kalküls der Zukunft, von der unmittelbaren Situation abgesehen – sich darin ausdrückt, daß wir alle uns eigentlich in dieser Gesellschaft unserer Arbeit nach als potentiell überflüssig erfahren, daß wir unser Leben gewissermaßen nur von Gnaden der Gesellschaft fristen, auch wenn die Gesellschaft uns [glauben macht] und wir selber uns zu glauben anhalten, wir täten es selber, und daß dieses tiefe Gefühl der Überflüssigkeit eigentlich dem zu Grunde [liegt], was man mit Malaise und mit Sekuritätsdrang und Unsicherheit heute überhaupt [. . .] bezeichnen kann.

8. Vorlesung
25. 6. 1964

Meine Damen und Herren,

[...][100] ich hatte in der letzten Stunde vor allem versucht, Sie darauf zunächst einmal aufmerksam zu machen, daß die sogenannten Integrationsphänomene ja wesentlich subjektive, also Bewußtseinsphänomene bei den Arbeitenden sind, und daß infolgedessen ihre objektive Bedeutung nicht unmittelbar überschätzt werden darf, und ich habe Ihnen eine Reihe von Modellen gegeben, von Beispielen genannt, an denen man selber ganz unmittelbar dessen innewerden kann, wie dünn diese Kruste einer integrierten Gesellschaft ist. Beinahe, möchte ich sagen, ist es nur eine Art von Kleidung, die die Gesellschaft trägt, während, wenn man die Kleider auszieht, also gerade dort, wo man meint, daß die Natur anfängt, das Klassenverhältnis erst recht drastisch zum Vorschein kommt.

Nun möchte ich aber sagen, daß – und das zeigt Ihnen nun, wie komplex diese Dinge sind, und wie sehr man doch versuchen muß, sie differenziert zu denken – in dem Augenblick, wo diese subjektiven Momente so angewachsen sind wie heute, sie dann auch objektive Bedeutung haben, die dann auf die Realität zurückwirkt. Sie alle kennen den zu Tode gejagten Satz von Friedrich Engels, daß auch die Theorien zu realen Gewalten werden, wenn sie die Massen ergreifen.[101] Es gilt aber nun ganz sicherlich nach Adam Riese auch das Umgekehrte, das heißt, dort, wo ein Bewußtsein der Arbeiter von ihrer objektiven Stellung im gesellschaftlichen Prozeß – und nichts anderes bedeutet ja der berühmte Ausdruck Klassenbewußtsein – einfach abwesend ist, nicht existent ist, hat das auch deshalb eine objektive Bedeutung, weil ja dann von vornherein das Potential des Widerstandes vollkommen verändert ist. Nur darf man diese objektive Bedeutung der subjektiven Faktoren auch wieder nicht überschätzen, sondern es bedarf in diesen Dingen, wie übrigens in dem ganzen Komplex, mit dem wir uns im Augenblick modellartig befassen, einer außerordentlichen Differenziertheit. Es ist ja überhaupt das Kunststück, die Quadratur des Zirkels, die gerade ein gesellschaftlich Denkender zu vollbringen hat, daß man gleichzeitig nicht durch Differenzierungen und durch Nuancen sich die Strukturen zudecken darf – also nicht etwa sagen darf: ›Arbeiter gibt's überhaupt nicht, sondern es gibt nur Arbeiter der und der und der Kategorie, und der Begriff des Arbeiters selber hat keinen Sinn‹, das wäre eine falsche Differenziertheit –, daß man aber trotzdem die Strukturprobleme selbst so differenziert und so komplex denkt, wie sie in der Realität sich darbieten, auch auf die Gefahr hin, daß dadurch das, was man vielleicht die Handlichkeit der Theorien nennen könnte, in einem erheblichen Maß herabgesetzt wird. Es ist also so, daß auch diese Momente trotz allem keine absolute Bedeutung haben. Ralf Dahrendorf – den ich mehrfach hier schon zitiert habe und der sich mit diesen Fragen beschäftigt im Sinn eines positivistischen Denkers, der aber die Intention hat, trotz dieses Positivismus, die Differenzen realer Macht, die von dem subjektiv gerichteten Positivismus im allgemeinen unterschlagen werden, doch gegenüber den bloß klassifikatorischen Systemen der Soziologie stärker zur Geltung zu bringen – hat neulich einen Satz zitiert, in einem recht viel beachteten Aufsatz, von einem Autor namens Thomas[102], des Sinnes, daß wofür ein Mensch sich hält, daß er das auch tatsächlich sei. Dieser Satz hat ein Moment von Wahrheit in sich, das heißt: Also ein Proletarier etwa, der an nichts, aber auch an gar nichts seiner eigenen Existenz merkt, daß er ein Proletarier ist, für den würde das Klassenbewußtsein zu einem Mythos werden. Auf der anderen Seite aber wissen wir ja alle – und Schopenhauer hat daraus bekanntlich eine sehr geistreiche systematische Konstruktion gemacht –, daß die Ansicht, die die Menschen über sich selbst hegen, die Ansicht, die andere über sie hegen, und schließlich das, was man die Objektivität ihres Daseins nennen mag, gar nicht koinzidieren. Es ist eines der größten Verdienste von Hegel, dem Antipoden von Schopenhauer, gerade in dieser Hinsicht, und übrigens auch von Goethe, mit dem größten Nachdruck darauf hingewiesen zu haben, daß das bloße Selbstbewußtsein der Menschen von sich selbst, soweit es nicht in irgendeiner Weise auch in die gesellschaftliche Realität eingeht, oder wie Hegel das nannte, sich entäußert[103], in Gefahr ist, zu einer bloßen Ideologie zu werden. Und zu einer solchen Ideologie ist in der Tat der mit der ›Philosophie der Innerlichkeit‹[104] zusammenhängende Glaube weithin geworden, daß die Menschen sich durch ihr Bewußtsein von sich selbst allein bestimmen, und nicht durch das, was sie in der Realität sind. Wenn in einem Gedicht von Rilke, den man geradezu als Chefideologen der kleinbürgerlichen Elitetheorie bezeichnen könnte, ein Vers steht – hören Sie nur erst den Vers an und dann zischen Sie, meine Damen und Herren –, der heißt: ›Bettler können dir Bruder sagen, und du kannst dennoch ein König sein‹[105], das ist ein schöner Vers, dann würde ich also sagen, zeigt sich die Möglichkeit des Übergangs der sogenannten Selbstachtung der Menschen in die Ideologie der Würde, von der Karl Kraus gesagt hat, daß sie manchen Menschen aufs Gehirn geschlagen, in der allerdrastischsten und unverkennbarsten Weise. Man muß dem nur allerdings hinzufügen, daß die Entäußerung, also der Gedanke, daß man sich wesentlich nun in dieser antagonistischen Welt durch das bestimmt, was man in ihr ist oder was man in ihr darstellt, ganz genausogut zur Ideologie werden kann; und niemand anders als Goethe, der ja die Entsagung und Entäußerung gepredigt hat, hat diese Einsicht gehabt in einem Satz, der wohl in den »Reflexionen und Maximen« steht, und der lautet, daß die meisten unserer öffentlichen Tätigkeiten nichts anderes seien als verkappte Philisterei[106].

Ich glaube, nur wenn man diesen Satz von Goethe auf der einen Seite und die Schmach der Rilke-Verse auf der anderen Seite zusammennimmt, dann bekommt man so ein bißchen einen Geschmack von dem, wie diese Dinge nun also tatsächlich aussehen. Sicher gehört eine starke Verschiebung dazu, von Proletariat zu reden etwa in Amerika in einer Lage, wo wirklich, jedenfalls heutzutage, kaum ein Proletarier das Bewußtsein von sich selber mehr haben wird. Aber es ist dabei doch auch daran zu denken, daß es eine Verschiebung des sozialen Drucks gibt, die mit der Abschaffung des sozialen Drucks keineswegs identisch ist. Das zeigt sich im Augenblick wahrscheinlich so, daß – in einem Sinn, den ich jetzt nicht näher zu präzisieren brauche, nach dem, was ich in den letzten Vorlesungen Ihnen gesagt habe – diejenigen, die überhaupt im Arbeitsprozeß und besonders im sogenannten Produktionsprozeß stehen, wirklich so ein sogenanntes integriertes oder elitäres Bewußtsein haben, aber daß dadurch keineswegs der Druck verschwunden ist. Ich erinnere dabei nur etwa an die Ergebnisse der jüngsten Erhebungen über Armut in den Vereinigten Staaten, die den konventionellen Vorstellungen eines universalen Wohlstands ins Gesicht schlagen; ich erinnere an die Zustände in den Entwicklungsländern, aber ich erinnere auch an gewisse Gruppen bei uns, wie etwa die ganze Gruppe der Sozialrentner und etwa ungezählte Witwen, die gerade so an der Grenze überhaupt dessen existieren, was man in Amerika mit ›marginal existence‹ bezeichnet. Es ist für alle diese Gruppen im übrigen bezeichnend, daß sie, jedenfalls in den hochkapitalistischen Ländern, das haben, was man mit einem recht glücklichen Terminus der amerikanischen Soziologie mit ›low visibility‹ bezeichnet, daß sie also dadurch, daß sie nicht organisiert sind, daß sie nicht in großstädtischen Zentren geballt auftreten, sondern oft in sogenannten Notstandsgebieten verstreut leben und durch eine Reihe anderer Umstände der gleichen Art, viel weniger ins Gesichtsfeld fallen als etwa die ausgesperrten Arbeiter, von denen in »Germinal« von Zola noch gehandelt worden ist.

Ich sagte, die Theorie muß also in diesen Dingen sehr differenziert sein und muß diese Dinge einbegreifen, aber gerade einbegreifen, um deshalb trotzdem nicht strukturelle Unterschiede sich nominalistisch abhandeln zu lassen. Derselbe Nominalismus, also dieselbe Tendenz, die Wirklichkeit der Begriffe zu bestreiten, die einmal der Aufklärung gedient hat, hat ja seine Funktion weitgehend geändert und dient heute wesentlich überhaupt dazu, so etwas wie objektive Bestimmungen von sozialen Phänomenen jenseits der Subjektivität, der mit diesen Bestimmungen gemeinten und auch der erkennenden Subjektivität, womöglich zu verhindern. Die Funktion des ›Ach, das gibt's ja alles nicht‹ hat sich völlig geändert. Wenn einem heute Menschen von irgendeinem Begriff sagen: ›Ach, das gibt's ja nicht, das ist ein veralteter, ein völlig überholter Begriff‹, da können Sie – wenn Sie mir diese pädagogische Erinnerung gestatten, meine Damen und Herren – im allgemeinen das Mißtrauen hegen, daß da der Begriff geleugnet wird, weil man in Wirklichkeit gerne die Sache leugnen möchte, die der Begriff bezeichnet und die man dann sozusagen als ein Amateurerkenntnistheoretiker aus der Welt diskutiert. Erkenntnistheorie ist ja überhaupt nicht immer nur ein Mittel der Aufklärung, sondern unter Umständen geradezu auch ein Mittel, der aufklärenden Reflexion sich zu entziehen. Es gibt nichts in der Welt, auch etwas scheinbar so Objektives wie die Erkenntnistheorie, was nicht gegebenenfalls einen sozialen Stellenwert, eine Funktion in der Gesellschaft annehmen könnte, die es in das Gegenteil dessen verwandelt, als was es sich selbst ursprünglich einmal gewußt hat.

Ich bitte Sie, wegen dieser Strukturprobleme das, was ich gesagt habe, mit Hinsicht auf die Frage des subjektiven Zustands der Arbeiter nicht etwa zu mißdeuten. Selbstverständlich sind alle Verbesserungen, die innerhalb des Arbeitsprozesses vollzogen werden, also alles das, was sich auch in jenem Alltag des gewerkschaftlichen Kampfes konstituiert, von dem ich Ihnen neulich gesprochen habe, ein Gutes und Positives und sind zu befürworten, so sehr es überhaupt nur geht, und dazu gehört auch selbstverständlich das Betriebsklima. Jemand, der sozusagen um der Reinheit von Klassenverhältnissen willen diese Dinge hintertreiben wollte, wäre ein Narr und ein Reaktionär zugleich, und zwar ein Reaktionär einfach deshalb, weil ja jede Art von selbständiger Einsicht und von Autonomie gebunden ist an eine gewisse Art der Freiheit von den dringendsten täglichen Nöten, die eben auf dem Weg dieser Verbesserungen herbeizuführen ist. Es ist sicher ein verhängnisvoller Irrtum von Rosa Luxemburg gewesen, die angesichts der Strukturveränderungen der Arbeiterschaft geglaubt hat, nun gerade also auf die Menschen sich stützen zu sollen, die von dem äußersten Elend ergriffen sind, daß sie dabei eben dieses Moment verkannt hat. Auch dies ist ein Moment, das in die Theorie einzugehen hat.

Aber, meine Damen und Herren, Sie müssen sich darüber klar sein – und damit bezeichne ich zunächst einmal vor Ihnen wirklich die Schwierigkeit einer Theorie der Gesellschaft, denn man kann ja an diese Dinge überhaupt nur herankommen, wenn man von ihren außerordentlichen Schwierigkeiten ganz rückhaltlos und ohne irgend etwas vorzumachen, sich Rechenschaft gibt –, es verliert durch diese Art der Differenzierung, auf deren Notwendigkeit ich Sie verwiesen habe, die Theorie der Gesellschaft jene Eindeutigkeit, die sie einmal empfohlen hat, vor allem dadurch, daß das subjektive Moment einfach durch das quantitative Anwachsen der subjektiven sogenannten Integrationsfaktoren eine viel größere Bedeutung angenommen hat, als es früher zu besitzen schien, und dadurch wird natürlich zunächst einmal der streng objektive Charakter der Theorie außerordentlich kompromittiert, nämlich das Plausible eines ungebrochenen ökonomischen Objektivismus. Ich glaube, es ist für alles, was wir weiter über die Möglichkeit einer neuen Formulierung von Gesellschaftstheorie zu sagen haben, zunächst einmal wichtig, daß Sie sich diese fundamentale Schwierigkeit klarmachen, die darin besteht, daß man eigentlich zu wählen hat auf der einen Seite zwischen etwas, was zwar Theorie ist, aber dogmatisch erstarrt und der Differenzierung nicht mehr gerecht wird, und auf der anderen Seite zwischen einer Art von Nominalismus und Faktengläubigkeit, der schließlich von dem begriffslosen Positivismus überhaupt nicht mehr sich unterscheidet und in etwas wie bloßen Empirismus übergeht.

Nun, meine Damen und Herren, ich erwarte von Ihnen den Einwand – und ich glaube, manche haben diesen Einwand für sich selbst auch schon gedacht –, daß in dem, was ich sage, doch zunächst einmal etwas sehr wenig Einleuchtendes sei. Man könnte doch denken, daß, wenn man von einer zunehmenden Integration der Gesellschaft so spricht, wie ich es in der letzten, und vor allem der vorletzten Stunde getan habe, daß dann diese Gesellschaft, insofern sie eben integriert, insofern sie in sich selbst eine Einheit ist, um so vollkommener auch der theoretischen Durchdringung sich leihen müsse, daß also, je integraler ein Phänomen ist, wie die gegenwärtige Gesellschaft, man es um so eher auch auf seinen eigenen Begriff müsse bringen können, welcher ja mit dieser Integration der Sache selbst identisch sei. Ich glaube, darauf gibt es zunächst einmal gar keine andere Antwort, als daß das, was man Integration nennt, und wovon ich Ihnen gesprochen habe in einer gewissen Anlehnung an Tendenzen der gegenwärtigen Soziologie, die man bestreiten, aber nicht ignorieren kann, daß das eben in Wahrheit und im Ernst doch ein bloßer gesellschaftlicher Schein sei. Es ist aus Ihrem Kreis an mich die Forderung herangebracht worden, man müsse, wenn man überhaupt von Integration reden wolle, doch zunächst einmal differenzieren in dem Sinn einer Präzisierung der Fragestellung: Integration, in bezug worauf? Ich glaube, es ließe zunächst einmal sozusagen für den Hausgebrauch auf diese Frage so sich antworten, daß man sagen kann: Die Integration der Gesellschaft ist angewachsen im Sinn einer zunehmenden Vergesellschaftung; das gesellschaftliche Netz ist immer enger gesponnen worden, es gibt immer weniger Bereiche, immer weniger Sphären der sogenannten Subjektivität, die nicht ganz unmittelbar von der Gesellschaft mehr oder minder beschlagnahmt werden, die nicht in diesem, freilich mit Sozialismus nicht zu verwechselnden Sinne sozialisiert wären. Wenn ich Sie etwa hier, nur um Ihnen ein Stichwort zu geben, erinnere an die vielfach bemerkte Ersetzung der Familie, die ja bis zu einem gewissen Grad das Reservat oder wenigstens der Bildungsraum des sogenannten Individuums gewesen ist, durch Kollektive, die die Menschen unmittelbar ergreifen und unmittelbar formieren, dann gebe ich Ihnen einen Hinweis dessen, was man etwa in dem fortgeschrittensten kapitalistischen Land, in Amerika, täglich erfahren kann, wo es ja buchstäblich, auch außerhalb der beruflichen Arbeit, die außerordentlich weitgehend in ihrer Organisation die Menschen beschlagnahmt, schon überhaupt kaum mehr irgend etwas gibt, was nicht durch den Begriff der sogenannten ›social activities‹ gedeckt wäre. Das Privatleben, die Zone der Individualität wird in Amerika von sogenannten social activities in einer Weise absorbiert und dadurch ebenfalls nach den ›patterns‹, nach den Schemata der Gesellschaft geformt, von denen wir uns in Deutschland im allgemeinen doch noch kaum etwas träumen lassen, teils weil wir in bezug auf die kapitalistische Gesamtentwicklung hinter Amerika noch zurückgeblieben sind, teils aber weil auch aus einer längeren vorkapitalistischen Vorgeschichte in Europa gegen diese totale Sozialisierung auch der sogenannten individuellen und intimen Bereiche eben doch viel stärkere Resistenz herrscht. Sie brauchen in diesem Zusammenhang sich nur einmal die »Lonely Crowd« von Riesman[107] anzusehen, und Sie werden eine Phänomenologie der Dinge, von denen ich Ihnen spreche, mit einem sehr reichen Material illustriert finden. Die ganze Unterscheidung der ›inner-directed‹ und ›outer-directed‹ Person[108], die ist ja eigentlich nichts anderes als der Ausdruck dafür, daß mit radikal sich durchsetzendem Tauschprinzip, mit einer radikalen Kapitalisierung aller zwischenmenschlichen Beziehungen eben die Sphäre der Individualität, die scheinbar dieses ganze Getriebe in Gang setzt, immer mehr herabgesetzt wird, daß in den unablässig geforderten sozialen Anpassungsprozessen von dem sogenannten Individuum am Ende wirklich nicht mehr viel anderes übrig bleibt als seine Ideologie, nämlich, daß das Individuum der höchste Wert sei, ohne daß diese abstrakte Vorstellung vom Individuum ihrerseits noch eine wirklich konkrete Korrespondenz findet. Nun steht dieser anwachsenden Vergesellschaftung auf der anderen Seite aber das entgegen, daß nach wie vor in dieser Gesellschaft etwas wie Einigkeit der Interessen, Versöhnung des Interesses der Totalität der Gesellschaft und der Interessen der einzelnen Menschen sich nicht realisiert hat, und unter diesem Gesichtspunkt ist die Gesellschaft sicherlich von der Vorstellung der Integration, die sie ja heute selbst weitgehend als eine Ideologie benutzt, himmelweit entfernt. Also ich glaube, daß durch diese vordeutende Präzisierung zunächst einmal der Geltungsbereich dieses Integrationsbegriffs eingeschränkt ist, ohne daß wir dabei in den Fehler verfallen wären, nun die Phänomene der Integration selber einfach zu bestreiten. Ich meine aber, man müßte sich nun bei dieser Differenzierung, die ich versucht habe vorzulegen, nicht bescheiden, sondern müßte doch versuchen, auch die Frage der Integration so anzufassen, daß man nicht den Begriff einfach differenziert, sondern, daß man ihn als Ausdruck einer gesellschaftlichen Realität auf seinen eigenen, ihm immanenten Widerspruch bringt, und da würde ich allerdings sagen – unter Variation und unter Radikalisierung eines Satzes, den Sie bereits in gewisser Weise angedeutet finden bei Herbert Spencer –, daß die soziale Integration gleichermaßen anwächst mit den gesellschaftlichen Widersprüchen, mit den gesellschaftlichen Antagonismen[109]. Ich kann das vielleicht Ihnen etwas faßlicher ausdrücken, wenn ich sage, daß die Gesellschaft sich integriert nicht durch die Einzelspontaneitäten der einzelnen Individuen von sich aus, so wie es die klassische liberale Theorie noch postuliert hat, sondern daß das, was heute Integration genannt wird, von oben her sich vollzieht, und zwar durch die technologisch gesetzten Methoden der Standardisierung im Arbeitsprozeß ebenso wie in den Massenkommunikationen, wie zusätzlich doch auch durch weitgehende Planungen der mächtigsten Gruppen, die da in so ungeheuer einflußreichen Sphären wie denen der Reklame und der Propaganda – und ich halte die Unterscheidung von Reklame und Propaganda für pure Ideologie – eben in einer so außerordentlich drastischen Weise sich durchsetzen. Ich möchte sogar andeuten, daß mir die Möglichkeit gegeben erscheint, daß subkutan, unter der Oberfläche, trotz der von uns zu beobachtenden zunehmenden Integration der Gesellschaft etwas wie Desintegration sich abzeichnet. Das heißt, daß, während diese Gesellschaft in ihren ›patterns of behaviour‹, in ihren Sitten und Gebräuchen, sich bis zur Ununterscheidbarkeit in den verschiedenen Gruppen einander annähert – fahren Sie einmal aufs Land, und Sie werden etwa kaum mehr einen Unterschied zwischen ländlicher und städtischer Tracht beobachten, um Ihnen auch dafür nur ein ganz simples Modell zu geben – dabei in Wirklichkeit gerade dadurch, daß die Gesellschaft vermöge des Monopolisierungsprozesses und seiner organisatorischen Reflexionsformen von wenigen, sehr starken Machtgruppen beherrscht wird, die Kämpfe, die Auseinandersetzungen, die in dieser Gesellschaft statthaben, sich mehr und mehr reduzieren auf Kämpfe zwischen den mächtigsten Gruppen, oder – muß man wohl schon beinahe sagen – auf pure Cliquenkämpfe; während die Sphäre des Politischen etwa, die so etwas wie die selbständige, autonome und spontane Willensbildung des Demos voraussetzt, demgegenüber weitgehend ein bloßer Schein oder eine bloße Reflexbewegung ist und etwas Substantielles überhaupt gar nicht mehr darstellt.

Man konnte das besonders beobachten, dieses Phänomen einer latenten Desintegration der Gesellschaft, die sich von sich aus gar nicht mehr zusammenfaßt, sondern nur gleichsam mit einer eisernen Klammer zusammengehalten wird, unter dem Faschismus, wo ja tatsächlich die sozialen Kämpfe, die weitergingen und die unter Umständen einen äußerst blutigen Charakter angenommen haben, sich von der Basis der realen Interessen der Menschen unendlich weit entfernt haben und schließlich also herausgelaufen sind darauf, daß verschiedene Cliquen etwa, wie es in Südamerika alltäglich ist, sich gegenseitig die Hälse abgeschnitten haben. Inwieweit nicht auch darin der Faschismus nur sozusagen der Springinsfeld war, der der Gesellschaft auf eine etwas übermütige und gewalttätige Weise das vorgemacht hat, wohin ihr eigener objektiver Geist von sich aus sich zu bewegen scheint, das möchte ich im Augenblick offenlassen. Jedenfalls, um hier ein bißchen aus dem Bereich der Spekulation herauszukommen, obwohl ich nicht einsehe, warum man über diese Fragen nicht soll spekulieren dürfen, wir wissen immerhin, daß im Bereich der individuellen Psychologie, die durch einen immer mehr und bis ins Maßlose gesteigerten sozialen Druck gesteigerte Integration einer Desintegration der Person außerordentlich verwandt ist. Die Phänomene, die man neuerdings als solche kollektiver Schizophrenie zu bezeichnen sich angewöhnt hat, dürften mit diesen Fragen aufs allerengste zusammenhängen. Ich habe vor vielen Jahren einmal davon gesprochen – unter Analogie zu einem Begriff von Marx[10] –, daß im Individuum selbst dessen organische Zusammensetzung anwächst – dieses ›organisch‹ ist dabei ein lucus a non lucendo. Ich habe damit nichts anderes sagen wollen, als daß die Menschen sich selbst in immer zunehmendem Maß Instrumente, Mittel ihrer Selbsterhaltung werden auf Kosten des Sektors, wenn Sie mir die quantitative Redeweise verzeihen, auf Kosten der Teile ihrer Person, zu deren Gunsten eigentlich jene Instrumente, zu denen sie sich machen, arbeiten sollten.[111] Mit anderen Worten also: Die zunehmende Rationalisierung der Menschen selber, durch die sich die Menschen in ihre eigenen Produktionsmittel verwandeln und immer realitätsgerechter werden, tritt in Gegensatz zu ihrem eigenen Realitätsprinzip, weil nichts mehr eigentlich übrig ist, wofür diese Mittel dann eigentlich arbeiten würden. Sie werden dann in den Menschen Selbstzweck, sie werden damit irrational, sie sind gar nicht mehr für etwas, sondern das, was für etwas sein sollte, wird zu einem ›Ansich‹, und damit nähert diese Rationalität sich der Irrationalität und schließlich sogar etwas wie einem Wahnsystem immer mehr sich an.

Man steht hier in diesem Problem vor folgender Alternative: Glaubt man der Gesellschaft ihre Integration, so, wie sie es ihrem objektiven Geist nach von uns verlangt, und so, wie es die herrschende Ideologie in unzähligen Bereichen des Lebens und fast die gesamte öffentliche Meinung hindurch von uns verlangt, mit anderen Worten also, faßt man sie in umfangslogischen, möglichst bruchlos mit ineinander aufgehenden Begriffen zusammen, so verfällt man dabei einem Schein. Das heißt, das System, das man sich dann als Theoretiker von der Gesellschaft bildet, verdeckt dann eben durch die Einstimmigkeit, die Glätte, die Identität und Widerspruchslosigkeit, die es annimmt, das Fortbestehen der Antagonismen, und das, meine Damen und Herren, diese verdeckende Funktion des Systems, die ist eigentlich das, was ich gegen die herkömmliche systematische Gestalt der Theoriebildung in der Soziologie eigentlich einzuwenden habe; und das bedingt zugleich die Schwierigkeit, eine Theorie der Gesellschaft zu formulieren, die gleichzeitig das Wesen trifft, aber jenes schlecht, falsch systematischen Charakters sich entäußert, von dem ich hoffe, Ihnen wenigstens eine Vorstellung zu geben. Die Antagonismen bestehen fort, zwar nicht unmittelbar sichtbar oder oft nicht unmittelbar sichtbar als Gegensätze der Lebenshaltung oder als Gegensätze furchtbarer Armut und üppigen Reichtums, aber sie bestehen fort in Gestalt eines bis ins Extrem angewachsenen Antagonismus der gesellschaftlichen Macht und der gesellschaftlichen Ohnmacht, und – das ist nun das dialektische Salz, das ist der Punkt, weshalb ich Ihnen vorhin angekündigt habe, ich wollte versuchen, das Problem der sogenannten Integration nicht einfach zu differenzieren, sondern zu dialektisieren – dieser Gegensatz von Macht und Ohnmacht setzt sich heute gerade vermöge der zusetzenden Integration der Gesamtgesellschaft durch.

Tendenziell ist das weiß Gott nichts Neues, wie ja alle diese Dinge immer schon so waren, aber es gehört auch das zu der Kunst des gesellschaftlichen Denkens dazu, daß man davon, daß etwas immer schon so war, sich nicht dagegen verblenden läßt, daß durch das Anwachsen bestimmter Quantitäten oder Qualitäten auch das alt Gewesene und immer so Gewesene eine neue Qualität annimmt. Es ist deshalb immer so gewesen, weil in der Gesellschaft, die zusammengehalten war durch den freien und gerechten Tausch und die im Namen des Tauschprinzips immer schon integriert worden ist, durch den Tausch die verschiedenen Funktionen auf einen Generalnenner, also wirklich auf Eines gebracht worden sind. Dieser Begriff des Tausches oder diese Wirklichkeit des Tausches ist zugleich das Medium gewesen, durch das hindurch die Klassenbildung sich vollzogen, und wenn nicht ursprünglich vollzogen, so doch jedenfalls verstärkt hat, so daß Sie also das Modell einer solchen Desintegration oder einer Steigerung des Antagonismus durch die Integration schon aus alten Zeiten besitzen. Heute aber hat sich das so gesteigert, daß – um es Ihnen ganz einfach klarzumachen, meine Damen und Herren – je integrierter die Gesellschaft ist, je weniger im buchstäblichen und übertragenen Sinn draußen bleiben, desto mehr jeder von uns mit Haut und Haaren von dieser Gesellschaft gefressen wird; und je mehr wir auch unserer eigenen Struktur nach durch diese Zwangsbeschaffenheit der Gesellschaft selber gemodelt werden, desto ohnmächtiger ist notwendigerweise ein jeder von uns diesem Ganzen gegenüber, und das ist eben jene Bestimmung der Zunahme des Antagonismus oder der, wenn Sie wollen, der Desintegration durch die anwachsende Integration hindurch, die ich Ihnen habe zeigen wollen.

Wenn die große klassische deutsche Philosophie in Kant schon und dann vor allem in Hegel als das Telos der Geschichte die Identität des Allgemeinen und Besonderen gelehrt hat, dann kann man sagen, daß die Welt, in der wir leben, heute so etwas wie eine falsche Identität des Allgemeinen und Besonderen erreicht hat, das heißt, das Besondere ist vielfach schon von sich aus bereits so verstümmelt, wie das Allgemeine es erst zu verstümmeln wünscht. Karl Kraus etwa – ich darf vielleicht noch einmal an ihn erinnern, weil ich gerade in diesen Tagen mich wieder sehr intensiv mit ihm beschäftige[112] – hat das an einem Nervenpunkt nachgewiesen, nämlich an jenen Bewußtseinsphänomenen oder Reaktionsformen, die er vor 60 Jahren unter Frauen beobachtet hat, die nicht etwa gegen ihre eigene Unterdrückung in der patriarchalischen Gesellschaft aufbegehren – und auch noch womöglich im Namen der beruflichen Emanzipation –, sondern diese ihre Unterdrückung zu ihrer eigenen Sache machen und etwa an moralischer Entrüstung über jegliche Art erotischer Freiheit, wie sie ihnen etwa zugemutet werden könnte, in ihren eigenen Sittlichkeitskongressen womöglich die Polizeiorgane noch überboten haben. Das ist eine sehr spezielle Sphäre. Ich würde denken, daß es sogar noch ungerecht wäre, die Frauen dafür verantwortlich zu machen, weil sie ja die sind, die immer wieder die Zeche zu bezahlen haben und eben deshalb auch dieser Reaktionsweise von ihnen innerhalb des antagonistischen Ganzen ein Moment von Wahrheit zukommt. Ganz fraglos aber ist es, daß ungezählte Menschen heute in ihren eigenen primären Reaktionsweisen, und zwar aus dem unbewußten Wissen von der Hoffnungslosigkeit des Widerstandes und aus dem Bedürfnis, es sich leichter zu machen, das tun, was die psychoanalytische Theorie mit der »Identifikation mit dem Angreifer«[113] bezeichnet hat, also von sich aus die Formen der Repression noch einmal bestätigen und suchen, die ihnen von außen her angetan werden. Und dadurch kommt dann wirklich jene grauenvolle Parodie einer Identität des objektiv herrschenden Zustands oder der objektiv den Menschen aufgezwungenen Bedingungen und ihres eigenen Bewußtseins zutage, wie sie etwa in dem Buch »Brave New World« von Aldous Huxley vor nun 34 Jahren zum ersten Mal entworfen worden ist. Ich möchte damit schließen, daß ich sagen möchte, das Argument, das hier erhoben werden könnte, daß nämlich, wenn eine solche Identität herrsche, ganz gleich, wie sie zustande gekommen sei und ganz gleich, was für einen Inhalt sie habe, ›everyone is happy nowadays‹, wie es in jenem Roman von Huxley heißt, daß mir dieses Argument sophistisch und deshalb untriftig erscheint, weil eben doch an unzähligen Stellen diese falsche Identität sich als brüchig erweist, und weil sie sofort mit Neurose, mit Leiden, mit allen möglichen Verstümmelungsphänomenen bezahlt wird, sobald man nur ein bißchen unter die Oberfläche des glücklichen Einverständnisses [blickt][114].

9. Vorlesung
30. 6. 1964

Meine Damen und Herren,

[ich habe Sie in der vorletzten Stunde] auf das sehr schwierige gesellschaftstheoretische Problem, ob es einen Primat der Herrschaftsverhältnisse gegenüber der Ökonomie oder der Ökonomie gegenüber den Herrschaftsverhältnissen gibt, aufmerksam gemacht und auf den Terminus ›Löwenvertrag‹, den ich interpretiert habe im Sinn dessen, daß die gesellschaftliche Macht bereits in dem Tauschkontrakt, der dem Arbeitsverhältnis zugrunde liegt, sich geltend macht. Ich sagte Ihnen aber, daß ich nicht wüßte, wo das herrührt, ich hatte es völlig vergessen. Liebenswürdigerweise ist nun aus Ihrem Kreis mir mitgeteilt worden, daß das Motiv des Löwenvertrags von Äsop stammt, dem alten griechischen Fabeldichter, und von Phädrus, einem hellenistischen Fabeldichter aus der Zeit des Kaisers Augustus, wieder aufgenommen worden ist. Das ist also die Quelle der Rede; ich freue mich, das nachtragen zu können.

Nun zu der Sache, bei der wir gestanden haben. Sie werden sich erinnern, daß ich das letzte Mal davon gesprochen hatte, daß etwas wie eine falsche Identität des Allgemeinen und Besonderen sich herzustellen beginnt, das heißt, daß in sehr vielen Bereichen des Lebens das Besondere bereits von sich aus so deformiert scheint, nämlich die ihm zugemutete Deformation in einem solchen Maß sich zu eigen gemacht, sie verinnerlicht hat, daß der Bruch zwischen dem Allgemeinen und dem Besonderen gar nicht mehr recht sichtbar wird. Und ich hatte gesprochen von einer negativen Einheit der Gesellschaft in der allgemeinen Unfreiheit – wenn man sehr boshaft und mokant sein wollte, so könnte man wohl fast sprechen davon, daß man eine Parodie der klassenlosen Gesellschaft erreicht hat –, und ich hatte Sie noch darauf aufmerksam gemacht, daß an unzähligen Konflikten, Beschädigungen der einzelnen Menschen eben doch immer wieder hervortritt, daß diese Einheit, die uns zu versichern und als Positivum einzubläuen eines der wesentlichsten Anliegen – wie man so schön sagt – der herrschenden Ideologie ist, daß die eben tatsächlich ein Schein, daß diese Integration nicht wahr ist. Ich möchte hier nur hinzufügen, daß dieses Moment keineswegs bloß, nachdem wir uns bis jetzt ja weitgehend mit der Frage der Arbeiter beschäftigt hatten, eine Sache der Unterklasse oder der Unterklassen ist, sondern daß sich das Phänomen, das ich Ihnen hier bezeichnen möchte, also das des Scheines der Freiheit, der erweckt wird nur durch eine gewisse sichtbare Befriedigung von Bedürfnissen, ohne daß an der eigentlichen Stellung im Produktionsprozeß sich etwas ändert, daß sich das ebenso auch in der natürlich relativ ungemein schmalen herrschenden Schicht manifestiert, nämlich ganz einfach daran, daß auch die Angehörigen der herrschenden Schicht unendlich viel weniger Entscheidungsfreiheit haben und im übrigen auch unendlich viel weniger dazu kommen, ihren Besitz und ihre Unabhängigkeit zu genießen, als man sich das vorstellt. Ich habe mich schon als junger Mensch oft darüber gewundert, wie wenig die reichsten Leute, die ich Gelegenheit hatte zu studieren, eigentlich von ihrem Reichtum im Sinn ihres eigenen Vergnügens Gebrauch gemacht haben, und schon das hat damals neben dem Moment der Verinnerlichung der puritanischen Arbeitsmoral auch einen ganz handfesten sozialen Grund gehabt, nämlich ganz einfach die Angst aufzufallen. Es ist heute sicherlich in einem unendlich weiten Maß so, daß eine unausdrückliche soziale Kontrolle in dem Sinn herrscht, daß jeder, der etwa hemmungslos von seinem Reichtum Gebrauch macht, dadurch der Sphäre einer, lassen Sie mich sagen, spießbürgerlichen Kontrolle sich aussetzt, die nicht nur die Freude verdirbt, die er sonst vielleicht hätte, sondern darüber hinaus noch, und das ist etwas viel Wesentlicheres, ihm auch alle möglichen geschäftlichen Nachteile bringen könnte. Er würde dann sofort als Playboy verdächtigt, als unseriös bezweifelt werden, und das Vergnügen, das er sich leistet, [schmälerte] sofort seinen Kredit und möglicherweise damit die materielle Basis eben der Freiheit, deren er sich nicht recht erfreuen kann.

Das verweist bereits auf ein objektives Moment in diesem Sachverhalt, nämlich daß – und das ist im übrigen etwas, was Marx bereits mit aller Deutlichkeit erkannt hat und was einer der Gründe dafür ist, daß bei aller schneidenden Kritik sein Haß sich viel mehr gegen Ideologen als nun tatsächlich gegen die Angehörigen der herrschenden Klasse als Personen richtet – innerhalb eines Systems, das durch den Zwang zur Akkumulation und zur Verwertung des Kapitals definiert wird, die einzelnen Menschen eben in einem kaum vorstellbaren Maß lediglich als »Charaktermasken«[115] oder, einfacher gesagt, als Funktionäre des Kapitalverhältnisses in Erscheinung treten, das ihre Entscheidungen allesamt bestimmt und das selbstverständlich im Konfliktsfall ihr Privatleben, soweit es sich mit einem dünnen Schein von dem Berufsleben immer noch unterscheidet, dann eben notwendig, sei es beschränkt oder vollkommen, auch in sich hineinzieht. Also auch hier kann man sagen, daß die Nivellierung, die scheinbare Nivellierung, die sich in der Lebensführung zwischen denen oben und denen unten auch soweit ankündigt, wie es uns [...] geht, ein Schein ist, hinter dem selber Zwang und Unterdrückung und zwangshafte Anpassung stehen. Vielleicht darf ich an dieser Stelle sagen, daß die Bedeutung der Erforschung und Kritik von Ideologien mir wesentlich darin zu bestehen scheint, daß man an den Ideologien in einem sehr weiten Maß genau das nachweisen kann, wovon ich Ihnen eben rede, nämlich den Schein der Freiheit der Gesellschaft. Man kann durch die Analyse der Ideologien, die heute verbreitet werden, vor allem also derer, wie die Kulturindustrie sie liefert, sehen, wie sehr die Antagonismen trotz des Scheins der Nivellierung fortleben, ganz einfach durch jene Anstrengungen, immerzu die Antagonismen vergessen zu machen, durch jene Absicht, die sich offenbar unter dem Druck eben der Realität der Antagonismen bemerkbar macht und die infolgedessen, wie es im »Tasso« heißt, wie jede Absicht, die man merkt, eben verstimmt[116]. Aber bei dieser Verstimmung braucht es nicht zu bleiben, sondern man kann sie zum Begriff erheben, das heißt, man kann bis in Details hinein zeigen, daß die Ideologie, und zwar vor allem dort, wo sie mit einer Art von Pseudo-Realismus den Menschen scheinbar nur ein Abbild ihrer eigenen Wirklichkeit bietet, diese Wirklichkeit dadurch verfälscht, daß sie die tragenden Antagonismen verschwinden läßt und an deren Stelle lediglich private Konflikte zeigt, die nun allemal dadurch sich auszeichnen, daß sie in der Sphäre des Privaten verbleiben und privat sich schlichten lassen. Allemal ist übrigens übertrieben: Es gibt natürlich auch in der Kulturindustrie eine ganze Menge Produkte, die es scheinbar mit sogenannten sozialen Fragen zu tun haben, aber gerade da werden die Fälschungen, auf die ich hindeute, am allerabgefeimtesten verübt; und es wäre beinahe noch wichtiger, den Schein sogenannter sozialer Schnulzen – Sozialschnulzen hat man sie mit Recht getauft – aufzudecken, als die schon ein bißchen fadenscheinigen Privatideologien, die den Ladenmädchen einreden, daß der Chef nur darauf wartet, sie zu heiraten. Ich rede von diesen Dingen deshalb, um Ihnen dadurch vielleicht, da wir ja hier von einer Theorie der Gesellschaft und deswegen auch von dem Stellenwert einzelner soziologischer Interessen zu reden haben, begreiflich zu machen, warum in meiner eigenen Arbeit die Analyse von Produkten der Massenkultur, der Kulturindustrie oder der Ideologie in einem weitesten Sinn eine immerhin erhebliche Rolle gespielt hat. Es ist heute nun so, daß diese Ideologie gar nicht mehr so sehr darin besteht, den Menschen Komplementär-Vorstellungen zu liefern, die von dem abweichen, was ist, und sie trösten, weil eben dieses ideologische Verfahren angesichts der durch die Technik und Kommunikation immer gewitzigteren Menschheit offenbar nicht mehr genug Erfolg verspricht, sondern es sieht so aus, als ob heute die Ideologie in einem immer stärkeren Maß verschmilzt mit dem Bild der Realität, so wie sie tatsächlich ist, daß also, um noch einmal Max Weber zu bemühen, die ›entzauberte Welt‹[117] auch noch – zu allem anderen – zu ihrem eigenen Sinn oder zu ihrer eigenen Ideologie verklärt wird. Verklärt deshalb, weil die Präsentation dieser Welt den Anschein erweckt, als müsse es so sein, als könne es nicht anders sein und als sei das auch noch besonders tief.

Wenn ich hier im Zusammenhang einer wissenschaftstheoretischen Argumentation immer wieder Gelegenheit habe oder den Zwang verspüre, die herrschende positivistische Gesinnung in den Sozialwissenschaften zu kritisieren, dann finden Sie wahrscheinlich in dem, was ich Ihnen eben gesagt habe, ich möchte Ihnen weiß Gott nichts vormachen, das wahre Motiv, das mich dabei inspiriert: Nämlich das, daß ich glaube, daß der Positivismus selber eine Gestalt der Ideologie heute ist und eine besonders gefährliche darum, weil die positivistische Gesinnung sich als die ideologiefeindliche, nüchterne, sachliche schlechthin deklariert, weil sie aber eben dadurch, daß sie überhaupt nichts zuläßt als das, was Tatsache ist, durch diese Exklusivität des Tatsächlichen der Tatsächlichkeit eine Aura verleiht, die sie im allgemeinen von eben jener Metaphysik bezieht, die von dem herrschenden Positivismus mit einem so krassen Tabu bedacht wird. Und darum glaube ich also, wenn ich gegen den Positivismus polemisiere – um einmal daran bei Ihnen jeden Zweifel zu zerstreuen, um diesen Punkt bei Ihnen einmal ganz klarzumachen –, so ist meine Absicht dabei nicht etwa, für die gesellschaftliche Realität, in der wir leben, im Gegensatz zum Positivismus etwas wie einen positiven Sinn, dessen, was ist, als ein Vorhandenes zu retten, sondern im Gegenteil: Die Kritik an dem positivistischen Verfahren hat zum Gehalt in Wahrheit gerade das, daß sie verhindern will, daß faute de mieux die Abspiegelung von bloß bestehenden Tatsachen, die noch dazu nicht einmal an einer Theorie in ihrer eigenen Falschheit gemessen würden, ihrerseits jenen Sinn erschleicht, von dessen Nichtexistenz eben diese Theoreme soviel handeln.

Ich darf Sie dabei vielleicht etwas hinweisen auf die Bedeutung, die der Begriff ›der Mensch‹ heute spielt, und über die ich gesprochen habe in einer Abhandlung, dem »Jargon der Eigentlichkeit«, die vor einiger Zeit in der »Neuen Rundschau« erschienen ist, und aus der ich ein Buch gemacht habe,

»Jargon der Eigentlichkeit«, mit dem Untertitel »Zur deutschen Ideologie«, das im November in der »edition suhrkamp«[118] erscheinen wird, und in dem ich glaube, jedenfalls etwas einlösen zu können, nämlich den Zusammenhang immanent philosophischer und gesellschaftlicher Analyse mit Ideologiekritik. Ich habe in diesem Buch – und ich sage Ihnen das nur, um Ihnen daran die spezifische Gestalt von Ideologie heute und gleichzeitig die Aufgaben einer Ideologiekritik wenigstens zu illustrieren – mir den Begriff des Menschen vorgenommen, auf den es allein ankommt, und habe – Sie selber müssen darüber richten, ob es mir gelungen ist oder ob es mir nicht gelungen ist – jedenfalls versucht zu zeigen, daß diese Beteuerung, daß es immer um den Menschen und um nichts anderes gehe und auf ihn ankomme, das ist, was man, wenn man etwa einmal eine Typologie von Ideologien entwerfen könnte, nun eine Komplementärideologie nennen könnte: Nämlich gerade weil es in der vollkommen durch die gesellschaftliche Objektivität beherrschten Welt auf den Menschen, das heißt auf das Einzelsubjekt, gar nicht ankommt, deshalb wird, und zwar allein durch die Sprache, durch den Tonfall, in den in den sprachlichen Konfigurationen ein Wort wie das Wort Mensch hineingerät, der Anschein des Gegenteils erweckt, daß das Getriebe, in dem wir in Wirklichkeit als nichts anderes denn als prospektive Kunden betrachtet werden, daß das wirklich um unseretwillen da wäre, und als ob hier eigentlich der Zweck des Ganzen wäre. Wobei aber nun das Interessante ist, daß man solche Dinge, wenn man sie im Ernst durchführt, außerordentlich differenziert anfassen muß. Gerade die brutalsten Phänomene kann man überhaupt nur durch ein außerordentliches Maß an Sensibilität und an Differenzierung überhaupt richtig ergreifen, wobei, sage ich, das Wichtige und das Bezeichnende mir genau darin zu liegen scheint, daß nun, wenn der Mensch als ein Sinnvolles ausgegeben wird, dabei diesem Begriff Mensch selber eine jede sinnhafte Beziehung entzogen wird, und es so erscheint, als ob man nur ›ein Mensch‹ zu sagen brauche und dazu sozusagen sprachlich die

Augen zu verdrehen, und schon die Sinnhaftigkeit des Menschen unter Beweis gestellt wäre, aus dem einfachen Grund, weil nämlich die Ideologen in dem Augenblick, wo sie nun irgendwelche positive Transzendenz von diesem Menschenwesen behaupten würden, sie eben dadurch sofort mit der herrschenden Aufgeklärtheit oder besser Abgebrühtheit ihrer Konsumenten in Widerspruch gerieten, so daß sie also ihre Tabuworte, ihre heiligen Worte überhaupt gar nicht anders mehr denn als heilige Worte exerzieren können, weil nämlich ein jeder Versuch, ihnen irgendeine inhaltliche Bestimmung zu geben, sogleich so in die offene Lüge übergehen müßte, daß das ganze Vergnügen ein rasches Ende hätte; woran Sie im übrigen erkennen mögen, daß eine sehr merkwürdige Dialektik in dem Sinn vorliegt daß, indem heute wirklich das Bestehende tel quel, so wie es ist, zur Ideologie seiner selbst gemacht wird, ohne daß es eigentlich noch sinnhafte Ideologien gäbe, die Ideologie der Wahrheit außerordentlich nahe rückt, so daß der Anschein entsteht, man bräuchte nur ein bißchen zu zupfen, und der ideologische Schleier würde fallen. Aber es scheint auch das mir ein soziologisches Gesetz zu sein, daß je dünner der Schleier zwischen der Realität und der Ideologie wird, es proportional dazu immer schwieriger wird, diesen Schleier zu zerstören, und daß sozusagen, wenn schon gar keine Ideologie mehr da ist, dann das ideologische, nämlich das verdinglichte Bewußtsein seine allerhöchste Höhe erreicht hat. Genau mit diesen Phänomenen dürfte es zusammenhängen, daß, wenn ich mich nicht täusche, Ideologiekritik heute vor allem und wesentlich zur Sprachkritik werden muß, und zwar in einem Maß, das Karl Kraus als Künstler bereits visiert und in Angriff genommen hat, das aber bei ihm von dem theoretischen Bewußtsein von der Gesellschaft noch getrennt gewesen ist, und das nun allerdings auf den Stand eines expliziten Bewußtseins von der Gesellschaft gebracht werden muß, wenn anders es wirklich fruchtbar werden soll. Die Antagonismen, von denen ich gesprochen habe, und das möchte ich doch wiederholen, werden heute, jedenfalls in den fortgeschrittensten Ländern, nicht mehr unmittelbar als solche von Besitz und Mangel sichtbar, obwohl es, wie ich Ihnen sagte, an diesem, wie soll man sagen, entscheidenden Beleg für antagonistische Zustände auch heute nicht fehlt, sondern sie zeigen sich durch das Anwachsen der Extreme von gesellschaftlicher Macht und gesellschaftlicher Ohnmacht, die eben jene Menschen, auf die es der Ideologie zufolge allein ankommt, in Wirklichkeit in einer vollkommenen Nichtigkeit lassen; wie denn der Gedanke vom ›Nichts‹ den Ideologien vom Menschen, oder wie sie sich vornehmer nennen, vom Dasein, im allgemeinen beigesellt zu sein pflegt. Aber ich kann diese Kritik jetzt nicht ausführen. Ich verzichte darauf mit um so besserem Gewissen, als Sie ja in ein paar Monaten Gelegenheit haben werden, das nachzulesen, und zwar demonstriert sozusagen an dem philosophisch anspruchsvollsten Träger, den es für diese Art Ideologie, jedenfalls im deutschen Sprachbereich, heute gibt.[119]

Wenn man aber so, wie ich es Ihnen eben versucht habe zu entfalten, die gesellschaftlichen Antagonismen als nach wie vor existent und als außerordentlich wirksam unterstellt, dann gerät man sofort in die Versuchung, daß man, eben um ihrer Wesentlichkeit willen, den Finger darauflegt, daß man sie als ein unmittelbar Vorhandenes, als Tatsachen ihrerseits akzeptiert. Das wäre nun aber – und ich halte es für meine Pflicht, Ihnen an dieser Zentralstelle so, wie soll man sagen, so unideologisch und aufrichtig gegenüberzutreten, wie man das überhaupt nur vermag – auf seine Weise genau so falsch, wie wenn man den Fehler begeht, den ich kritisiert habe und dessen Sinn Ideologiekritik ist, nämlich wenn man die Existenz der Antagonismen leugnen und es so darstellen wollte, als habe man es nun so herrlich weit, nämlich vermöge der Technologie, gebracht, daß die Widersprüche nicht mehr bestehen, ohne daß die Menschen dabei viel darüber nachdächten, wie eigentlich die Technologie allein das fertigbringen soll, ohne daß sie die Verhältnisse der gesellschaftlichen Produktion dabei wesentlich tangiert. Auf der anderen Seite besteht also das, was man als die Gefahr einer Mythologisierung der Antagonismen bezeichnen könnte, wie sie etwa ausgesprochen sich finden in jenen im Ostbereich vor noch nicht langen Jahren kurrenten Vorstellungen, daß in den kapitalistischen Ländern, zum Beispiel in Chicago, nach dem Krieg die hungernden Arbeitslosen vor den Toren der Fabriken herumlungern oder auf den Straßen liegen würden. Diese Dinge sind ja im Ostbereich soweit gegangen, daß der bedeutende ökonomische Analytiker Eugen Varga[120], der im Gegensatz zu der im Osten offiziellen Theorie dem kapitalistischen System eine zunächst ganz unbegrenzte Lebensfähigkeit attestiert hat, eben wegen dieser unterdessen völlig bestätigten Prognose aus seinem Amt verjagt und verbannt wurde und dann, wenn ich recht unterrichtet bin, erst als sehr alter Mann nach dem Tod von Stalin und nach den Ihnen allen bekannten Veränderungen in Rußland wieder zurückgeholt worden ist. Genau parallel zu diesen Deformationen, die man im Osten beobachten kann, gehören dann solche Konstruktionen drüben, wie die, daß die offensichtlich virulenten gesellschaftlichen Antagonismen, wie sie zum Beispiel in China sich zeigen, so behandelt werden, als ob es überhaupt keine Antagonismen, sondern, und das Wort allein verdient ausgestellt zu werden, ›nicht-antagonistische‹ Widersprüche wären. Dieses Wort, meine Damen und Herren, habe ich nicht erfunden. Aus dem, was ich Ihnen hier sage, hat man nun für die sehr grundsätzlichen Fragen, mit denen wir uns hier abgeben, doch wohl eine Folgerung zu ziehen: Nämlich die, daß man eine Theorie den Menschen gegen ihre Erfahrung denn doch nicht einhämmern kann, und daß, sobald zwischen der Theorie und der Erfahrung derartige Brüche sich herstellen wie die, auf die ich Sie eben verwiesen habe, wenn die Lehre von den Antagonismen Amok läuft, daß dann an der Theorie selber in ihrer jedenfalls herrschenden und den Menschen oktroyierten Gestalt etwas nicht stimmt.

Es ist die Aufgabe einer Theorie der Gesellschaft heute – und damit, glaube ich, komme ich an eine der zentralen Schwierigkeiten, die dem Denken und der Formulierung einer solchen

Theorie der Gesellschaft heute entgegenstehen –, daß sie noch das ihr Konträre, das aus ihr Herausfallende in sich hineinnehmen muß, und wenn man von dieser Stelle aus[geht], kann man von hier aus einen neuen Weg zum Begriff der Dialektik bahnen, als einer Theorie, die fähig ist, noch die Momente, die ihr selber theoretisch zunächst konträr sind, in sich hineinzunehmen. Das wäre noch nicht die schlechteste Definition von Dialektik, wenn anders man auf einer solchen Definition beharrt, wobei übrigens in diesem Augenblick der Begriff der Dialektik subjektiv, nämlich im Sinn einer Theorie der Gesellschaft gemeint wird, während natürlich der Begriff der Dialektik ebenso auch eine objektive Bedeutung, nämlich den antagonistischen Prozeß der Gesellschaft selber hat, woran ich Sie erinnern möchte. Mit anderen Worten also: Man muß auch den Bruch von Theorie und Erfahrung theoretisch begreifen – an die Theorie eine sehr erhebliche Zumutung. In der Struktur des Ostens, die ich Ihnen beschrieben habe und in die ja wohl auch jene Phänomene hineingehören, die man immer wieder hört, daß nämlich der naive Bürger der Sowjetunion etwa glaubt, daß das Radio oder die Untergrundbahn in Rußland erfunden worden wären, und daß die Moskauer Untergrundbahn die erste ihres Zeichens sei, da ist das ja noch verhältnismäßig einfach, das heißt, hier kann man einfach sagen, daß die Fetischisierung der Theorie gegenüber der Erfahrung und gegenüber den Tatsachen einfach dem Herrschaftsbedürfnis der herrschenden Clique entspreche und also eine Verdunkelungsideologie, eine Verklärungsideologie in dem allereinfachsten und handgreiflichsten Sinn sei. Aber mit so unschuldigen und, ich möchte sagen, klotzigen Erklärungen kommt man in dem Bereich, von dem ich Ihnen eben spreche, nämlich dem Bruch von Theorie und Erfahrung, nicht durch, sondern man muß wohl sagen, daß auf der einen Seite die Menschen, enttäuscht und skeptisch dagegen, daß die Theorien Ideologien aufschwatzen möchten, der Theoriebildung gegenüber überhaupt mißtrauisch sind, daß sie aber andererseits subjektiv, anthropologisch zur Erfahrung immer weniger fähig sind, daß die Fähigkeit, primär etwas zu erfahren, bei ihnen immer mehr abstirbt, und daß sie deshalb bereit sind, mit Erfahrungssurrogaten vorlieb zu nehmen, die ihnen dann die Konfrontation dessen, was sie für Erfahrung halten, mit dem, was nun der Fall ist, gar nicht mehr [möglich machen].

Über diesen Erfahrungsverlust, diesen drohenden Erfahrungsverlust, haben die paar Menschen, von denen Sie ja auch wissen, daß sie durch theoretische Überzeugungen verbunden sind, wie Horkheimer, Herbert Marcuse und ich, im übrigen ja auch so viel und so Eingehendes theoretisch entwickelt, daß ich mich hier damit begnügen kann, abermals Ihnen nur den Stellenwert solcher Erkenntnisse innerhalb einer theoretischen Gesamtkonzeption der Gesellschaft zu bezeichnen, ohne daß ich Ihnen im einzelnen die Gründe für diesen Erfahrungsverlust wiederholen möchte. Nur eine Kuriosität kann ich mir nicht versagen, Ihnen zu berichten: Ein italienischer Philosoph, der Graf Castelli, der sehr stark von der deutschen Existentialontologie beeinflußt ist und ganz sicher nicht von den gesellschaftstheoretischen Erwägungen ausgeht, mit denen ich Sie hier belästige, hat in einem Buch über den Zeitbegriff die These entwickelt, daß eigentlich die Menschen heute zu so etwas wie der Erfahrung von Zeit überhaupt gar nicht mehr recht fähig sind.[121] Man ist sogar soweit gegangen, die Blüte von Zeitmetaphysiken heute ebenfalls als eine Art von Komplement zu dieser Unfähigkeit abzuleiten, also zu sagen: Die Menschen denken heute so viel über die Zeit nach und halten deshalb die Zeit für den Schlüssel des Seins, weil im Grunde ihnen die Zeit problematisch geworden ist, und das Denken auf sich zieht, deshalb, weil die Kontinuität der Zeiterfahrung zerfallen ist; eine These der ich durchaus zustimmen würde, nur freilich in der Gestalt, daß ich glaube, daß schließlich dieses [Zerfallen] der Zeiterfahrung zurückdeutet auf die Gestalt, die der Arbeitsprozeß heute angenommen hat. Es ist natürlich ein starkes Stück, wie ich es tue, von der Theorie zu verlangen, daß sie diese Momente, also die fast unabwendbaren Abweichungen von jeder in sich geschlossenen, durchgebildeten Theorie, so muß es jedenfalls zunächst scheinen, noch in sich hineinnehmen muß, und das geht auf Kosten der Plausibilität der Theorien selber und nötigt uns nun allerdings dazu, auf den Begriff der Theorie selber und im Zusammenhang damit vor allem auch auf den Begriff der Theorie als System im Ernst einzugehen. Auf der anderen Seite aber ist demgegenüber zu sagen, daß – und das ist doch vielleicht wieder eine Rechtfertigung einer solchen Theorie, die dem traditionellen Begriff der Theorie so wenig entspricht – ohne eine solche Theorie die außerordentlich komplexe Situation unseres geschichtlichen Augenblicks schon überhaupt nicht mehr sich bewältigen läßt. Und lassen Sie mich zu dem jetzt noch eines hinzufügen, daß eben die Erwägungen, die ich Ihnen während der letzten Stunde hierzu vorgetragen habe und von denen ich mir einbilde, daß sie manchen von Ihnen doch immerhin plausibel und überzeugend gewesen sind, daß die selber eigentlich Stücke aus einer solchen Theorie der Gesellschaft sind, und zwar mit der methodischen Besonderheit, daß in ihnen die Theorie durch kritische Reflexion sich auf sich selbst bezieht.

Wir müssen nun also übergehen – die Zeit ist sehr ungünstig, weil die Vorlesung fast zu Ende ist, und wir nun wirklich mit einem neuen Stück anzufangen haben – zu einer Betrachtung von Begriffen wie Theorie der Gesellschaft, System und all dem, was mit diesen Dingen zusammenhängt. Wenn Sie sich eine Sekunde lang an das erinnern, was ich Ihnen eben gesagt habe über den Zwang der Theorie, das Nichtaufgehende in sich hineinzunehmen, das worin sie qua Theorie sich nicht erschöpft, so kann man dem auch die Wendung geben, daß Theorie heute in die Zwangslage versetzt wird, ebenso System wie Nicht-System zu sein, System insofern, als sie die Geschlossenheit der Gesellschaft, der wir uns gegenüberfinden, jedenfalls als einem Potential gegenüberfinden, und auf die ich Sie hingewiesen habe, als sie diese Geschlossenheit und Einheit ausdrücken muß, auf der anderen Seite aber auch

Nicht-System insofern, als sich gezeigt hat, daß diese Geschlossenheit ihrerseits durch sich selbst die Antagonismen reproduziert, sich also gezeigt hat, daß diese Einheit selber in ihrer Absolutheit gerade die Entzweiung aus sich heraus produziert. Man kann das auch so ausdrücken, daß man sagt, daß eine Theorie der Gesellschaft selber rational sein muß in dem doppelten Sinn, daß sie auf der einen Seite die Rationalität der Gesellschaft nachzeichnet, wie ja in dieser Gesellschaft tatsächlich alles nach rechten Dingen, nach ihren Spielregeln zugeht, auf der anderen Seite aber auch rational in dem Sinn, daß sie die Momente der Irrationalität, welche die Gesellschaft in ungezählten ihrer Momente offenbart, nicht nur korrektiv zugesteht – das bliebe genau jenes Flickwerk einer Theorie, mit dem wir uns nicht bescheiden können –, sondern, jedenfalls dem Prinzip nach, die Irrationalitäten der herrschenden Gesellschaft aus dem Wesen ihrer eigenen Rationalität heraus selber entwickelt. Das wäre eigentlich also die Idee, oder wenn Sie es lieber haben, das Modell oder das Urbild einer Theorie der Gesellschaft, wie sie mir heute allein möglich und jedenfalls fällig erscheint. Und ich möchte doch bei dieser Gelegenheit sagen, daß diese Forderung von Theorie, die mit der üblichen ganz unvereinbar ist, von Max Weber jedenfalls insofern registriert worden ist, als man das, was er getan hat, und auch seine eigene Wissenschaftslehre mit einiger Freiheit und einiger Loyalität so interpretieren kann, daß er zwar an der Idee der Theorie im Sinn eines rationalen Aufschließens, im Sinn eines ›Verstehens‹[122], wie er es nannte, der Gesellschaft festgehalten hat, aber gleichzeitig darauf verzichtet hat, dem die Gestalt nun eines Systems der Gesellschaft zu geben, und statt dessen lieber versucht hat, das ganze Wesen mikrologisch an einzelnen Modellen zu demonstrieren, die er konstruiert hat. Das wäre sozusagen eine Rettung des Begriffs des Idealtypus im Sinne dessen, was an Erkenntnis heute möglich ist, eine Rettung freilich, von der ich mit Sicherheit weiß, daß Max Weber, lebte er noch, mit Händen und Füßen dagegen sich sträuben würde.

10. Vorlesung
2. 7. 1964

Meine Damen und Herren,

in der letzten Stunde hatten wir begonnen, die mehr oder minder material-soziologischen Betrachtungen, die wir unter dem Aspekt einer Theorie der Gesellschaft angestellt haben, nun in der Weise anzuwenden, daß ich versucht habe zu fragen, was das nun für den Begriff der Theorie bedeutet, und gleichzeitig auch Erwägungen anzustellen, die sich auf den Begriff der Theorie, den traditionellen Begriff der Theorie beziehen. Wir waren dabei dazu gekommen, daß der wesentliche Indifferenzpunkt, der sich uns gegenüber der naiven Vorstellung von Theorie dabei ergeben hat, der ist, daß die Realität, die ja denn doch wohl einer Theorie, die ihrer sich bemächtigen will oder die sie erkennen will, das Gesetz vorschreibt, in sich selbst widerspruchsvoll ist, und daß infolgedessen vorweg theoretische Gebilde, die als ihr oberstes Maß die Widerspruchslosigkeit haben, dadurch in Widerspruch geraten zu dem Gegenstand, den auf diese Weise auch noch mit möglichst logischer Eleganz und Zuverlässigkeit zu bemeistern sie sich schmeicheln. Man kann sagen, daß die Realität selber zugleich logisch und alogisch sei. Das ist nun an sich gar nichts Neues, sondern das ist etwas, was wohl der bürgerlichen Gesellschaft als eine strukturelle Bestimmung innewohnt. Es sieht schon bei Marx so aus, daß die Gesellschaft als eine rationale aufgefaßt wird, daß also ihr eigener Anspruch, es gehe alles mit rechten Dingen zu, Waren würden nach ihren Äquivalenten getauscht, geprüft wird, und – und das ist das dialektische Salz nun gerade der Marxischen Theorie der Gesellschaft – daß gezeigt wird oder zu zeigen versucht wird jedenfalls, daß gerade dadurch, daß es mit rechten Dingen zugeht, das heißt, daß gleich um gleich getauscht wird, es nicht mit rechten Dingen zugeht, daß vermöge des Prinzips der Gleichheit die Ungleichheit sich, sei's herstellt, sei's reproduziert; wobei Sie im übrigen erinnert werden mögen an einen

Gedanken, den ich Ihnen in der letzten Stunde mit mehr oder weniger Glück zu verdeutlichen gesucht habe, daß nämlich gerade vermöge ihrer Integration, und nicht etwa trotz ihrer Integration, die gesellschaftlichen Antagonismen sich durchsetzen, sich also innerhalb der Gesellschaft Herrschaftsverhältnisse perpetuieren und womöglich verfestigen. Nur ist eben in der älteren Gestalt der Theorie dieses Moment, das ich Ihnen eben sage, nicht so scharf hervorgetreten, wie ich glaube, daß es heute hervortreten muß, das heißt, man hat, wie das historisch ja sehr verständlich ist, eben doch allzu lang mit einem Begriff von widerspruchsfreier und einstimmiger Theorie eine in sich widerspruchsvolle und antagonistische Gesellschaft zu bewältigen gesucht. Daß im übrigen die Behauptung von der Verkoppeltheit von Rationalität und Irrationalität, ja von deren Verschränkung, nicht ein nachträglich in die Sache Hineingetragenes sei, können Sie daraus entnehmen, daß bereits in der klassisch rationalen Formulierung einer Theorie der Gesellschaft, nämlich der »Wealth of Nations« von Adam Smith, zusätzlich zu den Tauschgesetzen, die er objektiv bestimmt, als deren Bedingung, das Prinzip – das unterdessen in die Sprache eingedrungen ist, auch in die deutsche Sprache – des fair play eingeführt wird. Das heißt also, daß nur, wenn gewisse, selber nicht weiter ableitbare irrationale moralische Gesetze befolgt werden, die darauf hinauslaufen, daß man sich an die Spielregeln hält, daß nur unter dieser Bedingung das Ganze gilt.

Man kann sagen, daß gerade an dieser Stelle vielleicht einer der wesentlichen Gründe dafür zu suchen ist, warum mit solchen strikt rationalen Modellen nicht länger bei der Erkenntnis der Gesellschaft auszukommen ist, nämlich eben deshalb, weil die Gesellschaft selber in immer wachsendem Maße sich eben an die in ihr definierten rationalen Spielregeln selber nicht mehr hält. Wenn der Hitler etwa, um Ihnen das sehr drastisch zu illustrieren – wir haben diese Dinge ein bißchen in der »Dialektik der Aufklärung« analysiert[123] –, einen Vertrag abschließt, und dann erklärt, er hoffe doch, daß Herr Chamberlain, oder wer es sonst sei, doch vernünftig sei und Vernunft annehme, dann heißt hier Vernunft nicht mehr das Einhalten etwa eines rationalen, nach rationalem Recht geschlossenen Vertrags, sondern, wenn man das analysiert, bedeutet das, daß er einsehen soll, daß er, der Herr Hitler, mehr und stärkere Kanonen hat, jedenfalls in dem Augenblick, in dem er mit solchen Forderungen herausrückt, und daß Chamberlain infolgedessen der Macht sich beuge. Also dieselbe Vernunft, die einmal gerade auf der Einhaltung der Spielregeln bestanden hat, hat sich dann in dieser Phase von der Einhaltung der Spielregeln emanzipiert und wird gerade nun zu dem, was sie in ihren besseren Tagen nicht gewesen war, nämlich zu einem Anerkennen blinder, je bestehender Machtverhältnisse. Wenn ich davon ein bißchen den Rahm für eine philosophische Theorie der Gesellschaft abschöpfen darf, dann würde ich sagen, daß daraus hervorgeht, daß auch eine Kategorie wie die der Vernunft, die ja im Sinn der formallogischen Spielregeln, zum Beispiel von Kant, als eine invariante, als eine immer sich selbst gleiche und ewige Kategorie aufgefaßt war, daß die eben auch mit den Strukturen der Gesellschaft sich verändert. Das heißt also, daß es, wenn man der Schwächere ist, unter einer etablierten und nach außen ungeheuer mächtigen und aggressiven Diktatur dann gerade das Vernünftige ist, so zu handeln, daß das dem Vernunftbegriff entgegengesetzt ist, dem Vernunftbegriff widerspricht, der eigentlich der klassische gewesen ist, worin allerdings auch die Dynamik mitgesetzt ist, die die spezifisch faschistische ist, nämlich daß die Vernunft ihrerseits selber nun in die offenbare Unvernunft übergeht.

Nun, also soviel über das Verhältnis von rationalen und irrationalen Momenten in der Gesellschaft, wobei ich besonderen Wert darauf lege, daß Sie sich darüber klar sind, daß nicht etwa, wie es einer mehr oder minder topographischen Bestandsaufnahme der Gesellschaft erscheinen könnte, rationale und irrationale Momente nebeneinander wohnen in der Gesellschaft; das ist gewiß auch wahr. Also ich meine, daß es auf der einen Seite ein ungeheures Maß an technologischer Rationalisierung gibt, während auf der anderen Seite, sagen wir, in der Organisation der Landwirtschaft, damit die Landwirtschaft überhaupt lebensfähig bleibt, die schwächeren Familienmitglieder, also Frauen und Kinder, in der irrationalsten Weise auf Grund der Tatsache, daß die Familie eben als ein absolutes Gut respektiert wird, ausgebeutet werden, das ist ein Beleg also für dieses Nebeneinander von Rationalität und Irrationalität. Was ich aber meine, das ist etwas viel Eingreifenderes – und ich glaube, gerade daran können Sie sich ein bißchen klarmachen, was ich mir vorstelle, wenn ich von einer philosophischen Theorie der Gesellschaft im Gegensatz etwa zu einer deskriptiven Theorie der Gesellschaft rede –, gemeint ist nämlich damit, daß die Rationalität innerhalb der bestehenden Verhältnisse, also das rationelle Arbeiten, der Kalkül, die Rechnungslegung, bei der für den Stärkeren möglichst viel herauskommt, daß diese Rationalität selber aus sich heraus die irrationalen Momente produziert, oder wenn sie sie nicht direkt produziert, daß es jedenfalls an ihr liegt, daß trotz all der partikularen und partiellen Rationalisierungen, die in unserer Gesellschaft vorliegen, die irrationalen Sektoren erhalten bleiben, zum Zeichen gewissermaßen dessen, daß das Ganze in seiner Rationalität eben doch ein Irrationales geblieben ist.

Daraus, daß die Realität, die von der Theorie zu begreifen ist, eine antagonistische Realität ist, in diesem sehr radikalen, nämlich auf den Begriff ihrer eigenen Vernünftigkeit zurückdatierenden Sinn, daraus eigentlich ist die Forderung einer dialektischen Theorie abzuleiten, denn eine dialektische Theorie der Gesellschaft, die heißt eigentlich gar nichts anderes, als die Gesellschaft so von ihrem Wesen her zu begreifen, daß man auch eben diese Irrationalitäten dabei selber mit aus dem Begriff heraus entwickelt. Sie kommen hier also abermals an dasselbe heran, was ich Ihnen in den letzten Stunden entwickelt habe etwa unter der Forderung, daß es zu den Aufgaben einer Theorie der Gesellschaft und zu den Aufgaben der Soziologie wesentlich dazugehöre, noch die Momente mit zu begreifen, die scheinbar der einheitlichen Theoriebildung entgegengesetzt sind. Und eine Theorie, die fähig ist, eben das zu begreifen, was dem traditionellen Begriff der deduktiven Theorie nicht sich einfügt, ist ja eigentlich genau die Entfaltung dieser Paradoxie, wenn Sie so wollen. Das ist ja eigentlich das, was unter einer dialektischen Theorie überhaupt verlangt werden kann – genau dagegen sträubt sich aber das verbreitete Denken, mit dem wir alle von Haus aus durchtränkt sind –, und die wirkliche Anstrengung, von der ich sagen würde, daß sie Ihnen die Philosophie ebenso wie die Soziologie zumutet. In diesem Punkt, würde ich denken, ist zwischen den beiden Disziplinen in der Tat kein Unterschied – warum, darauf möchte ich jetzt nicht eingehen. Jedenfalls die Aufgabe, mit der Sie und mit der wir konfrontiert sind, ist ganz einfach die, uns freizumachen von der Vorstellung, ganz einfach gesprochen, daß die Theorie die beste, die wahrste, die adäquateste sei, die in sich selber die stimmigste und widerspruchsloseste in einem unmittelbaren Sinn ist, ohne Rücksicht auf die Gestalt eben dessen, was die Realität ist und was die Realität uns zumutet.

Das naive Denken und diese Naivität, meine Damen und Herren, bezieht sich keineswegs bloß auf das vorwissenschaftliche Denken, sondern es ist eine Naivität, von der ich sagen würde, daß sie von dem traditionellen Begriff der Wissenschaft und ihren klassifikatorischen Ordnungen womöglich in uns noch verhärtet und verfestigt wird: die besteht auf einer Art von Alternativen. Es wird uns nämlich mit einem Alles oder Nichts in diesem Sinn entgegengetreten, das heißt, es wird alternativ gedacht. Man verlangt also entweder Theorie im Sinn eines in sich widerspruchslosen, womöglich deduktiven oder zum mindesten in sich widerspruchslos organisierten Systems, oder, wenn man schon darauf stößt, daß es mit diesem System nicht so ohne weiteres seine Richtigkeit hat, daß es damit hapert, wirft man dann das System sofort ganz über Bord und sagt: ›Also, der Glaube an Systeme‹ – von Glauben spricht man da ja besonders gern –, ›der ist erschüttert, infolgedessen muß es also ohne System gehen‹, man muß also nichts anderes tun als, wie man so sagt, vorurteilsfrei, als eine tabula rasa, Fakten sammeln und diese Fakten ordnen. Diese Art des alternativen Denkens ist genau die Form des undialektischen Denkens, das heißt, die Form des Denkens, die zwei einander widersprechende Möglichkeiten einfach unterscheidet und gewissermaßen zur Auswahl stellt, ohne daß in ihr die Frage gestellt wird, ob nicht gerade die dergestalt voneinander unterschiedenen Extreme sich gegenseitig bedingen oder, wie man das nun wirklich in der Sprache der Dialektik nennt, ob sie nicht durcheinander vermittelt sind. Es scheint mir – und Sie verzeihen, wenn ich nun wirklich ein bißchen pädagogisch rede, aber andererseits auch wieder nicht pädagogisch, indem ich es Ihnen nämlich selber einfach ganz offen sage –, es scheint mir, daß es gerade heute zu den gefährlichsten Denkgewohnheiten gehört, mit denen die Menschen im allgemeinen an die Theorie herantreten, daß sie der Theorie Forderungen präsentieren, die mehr aus dem Bedürfnis der Fragenden kommen, als daß sie eigentlich der Theorie selber immanent wären, und Forderungen vor allem, von denen a priori gar nicht sich absehen läßt, ob die Theorie sie erfüllt. Zum Beispiel – um diese sehr verbreitete und, ich würde sagen, für die Theoriebildung sehr gefährliche Denkgewohnheit zu charakterisieren –, wenn immer wieder verlangt wird, daß sie uns Anweisungen für das richtige Handeln und womöglich für eine richtige Praxis jetzt und hier liefere, dann wird dabei dogmatisch gesetzt, daß die Theorie das vermag, während doch sehr wohl Situationen denkbar sind, die sich so verhärtet haben, die derartig sind, daß der berühmte unmittelbare Übergang von der Theorie zur Praxis versperrt ist, und daß infolgedessen die Theorie also nicht ohne weiteres zu Konsequenzen führt, außer zu der, daß es einem dann im Leben ein bißchen unbehaglicher wird, weil man sieht, wie alle Ausgänge verrammelt sind, ohne daß die Theorie einem nun einen Schlüssel dazu an die Hand gäbe. Und genau daraus folgt dann jene theoriefeindliche Haltung, die sagt: ›Also, wenn uns die Theorie das nicht gibt, dann wollen wir sie lieber gleich ganz wegwerfen.‹ Dadurch wird selbstverständlich die stumpfe Beharrlichkeit innerhalb dessen, was nun einmal so und nicht anders ist, womöglich nur noch gefördert. Genauso ist es damit, daß man etwa an die Theorie herantritt mit dem Bedürfnis nach absoluter Sekurität der Erkenntnis, sei es eine Sekurität, die nun rein nach dem Modell der Mathematik aus dem Begriff herausgesponnen ist, oder sei es eine Sekurität der absolut unbezweifelbaren Fakten, wobei es für diese ganze Art des Denkens sehr bezeichnend ist, daß es eigentlich immer so mit einem ›Alles oder Nichts‹ operiert: Also entweder soll die Theorie schon auch gleich alles aus sich heraus produzieren, oder, wenn sie das nicht vermag, wenn sozusagen das kleinste Stückchen Wirklichkeit aus der Theorie derartig herausragt, daß es nicht aus ihr selber entwickelt werden kann, dann soll gleich das Ganze überhaupt nichts wert sein. Brecht hat das einmal sehr geistreich allgemein überhaupt für das bürgerliche Denken formuliert in der Form, daß er gesagt hat, radikal sei eigentlich immer nur das bürgerliche Denken, und nicht etwa die Kritik am bürgerlichen Denken, die den Bürgern selber als radikal, so bedenklich und so außerordentlich gefährlich erscheint.[124] Ich glaube, für diese Stellung dem Begriff der Theorie gegenüber gilt das in einem ganz besonderen Maß. Dieses ›Alles oder Nichts‹ – ich deutete das bereits an –, das ist nun gar nichts anderes, als daß die Theorie das Bedürfnis nach absoluter Sekurität der Erkenntnis befriedigen soll, anstatt daß die Erkenntnis sich richten soll nach dem Erkannten, wie immer auch schwierig das zu erreichen ist. Beides, könnte man sagen, sei nach der traditionellen Anschauung sicher ebenso das mathematisch deduzierte System aus dem Begriff oder auf der anderen Seite die reine Faktizität. Demgegenüber ist dieses Denken, das traditionelle Denken, schlechterdings unfähig, sich offen zu verhalten, offen in dem Sinn, daß es nicht das Kriterium der Konsistenz der Theorie oder der Erkenntnis substituiert für die Sache selber, sondern daß es die Sache selber, die natürlich immer auch durch die

Mittel der Erkenntnis uns vermittelt ist, eigentlich als den Terminus ad quem betrachtet und nicht die Methode, die man dabei anwendet.

Ich glaube, wenn ich Ihnen zu charakterisieren hätte, was die heute vorwaltende Stimmung innerhalb der gesamten Sozialwissenschaften ist, und wenn ich gleichzeitig Ihnen aufs prägnanteste den Differenzpunkt zu bezeichnen hätte, an dem das Denken, für das ich einstehe und das ich ja mit einigen anderen, Ihnen ebenfalls vertrauten Menschen, teile, sich unterscheidet von dieser herrschenden Gewohnheit, dann ist es eben das, daß es heute ungezählten Menschen, die im sozialwissenschaftlichen Bereich überhaupt arbeiten, mehr darauf ankommt, daß sie so etwas haben wie eine einstimmige soziologische Theorie, in die man nun womöglich alles unterbringen kann, die Raum bietet so, daß man alle Fakten, die man findet, darin plazieren kann, als daß es ihnen darauf ankommt, nun anstelle einer solchen soziologischen Theorie, die für sich selbst das Maß ihres Wahren oder ihres Falschen sein soll, eine nun allerdings vermutlich nicht derartig in sich einstimmige Theorie der Gesellschaft zu haben, nämlich eine Theorie der Gesellschaft, die das Wesen der Gesellschaft gibt. Diese Verherrlichung der Einstimmigkeit der Erkenntnis auf Kosten der Wahrheit, die nicht einstimmig ist, läuft nun im Grunde heraus auf das, was ich mit der Fetischisierung der Wissenschaft bezeichnen möchte. Der allgemeine Fetischcharakter der Ware, der ja längst auf ungezählte, sogenannte Geistesgüter übergegriffen und eben dadurch die Geistesgüter zu Geistesgütern erniedrigt hat, der hat schließlich sich auch des Begriffs der Wissenschaft bemächtigt, die nun abgelöst wird von dem, worauf sie geht, und im Sinn der Beachtung und des Respekts ihrer eigenen Spielregeln sie als ein Absolutes genommen.

Das ist der Zusammenhang etwa, in den ich Sie bitte – wenn ich nun auch ein kleines bißchen topologisch reden darf – etwa die Dinge zur Kritik des gängigen Wissenschaftsbetriebes zu rücken, wie ich sie in der Arbeit über »Philosophie und Lehrer«[125] und vor allem in der »Notiz über Geisteswissenschaft und Bildung« in den »Eingriffen«[126] skizziert habe. Ich möchte die Dinge, die dort stehen, jetzt nicht entwickeln, möchte aber statt dessen Ihnen doch etwas über diesen Funktionswechsel der Wissenschaft sagen, denn ich glaube, wenn man die Forderung ernst nimmt, die ich vorhin angemeldet habe unter dem Namen des Offenen, dann ist das nur möglich in einer sehr pointierten kritischen Verhaltensweise der Wissenschaft gegenüber, die diese zugleich respektiert, aber eben doch nicht fetischisiert. Lassen Sie mich nur noch hinzufügen, daß der Ausdruck des Offenen, den ich mehr und mehr tendiere, als einen Schlüsselbegriff zu betrachten, daß der – und das ist vielleicht sehr bezeichnend – keineswegs aus der philosophischen Tradition stammt, obwohl es auch Philosophen gibt wie den Amerikaner John Dewey[127], bei denen dieser Begriff vorkommt, sondern daß er, jedenfalls in unserer deutschen Tradition, mit jener Emphase, die ich ihm verleihen möchte, gebraucht worden ist von Hölderlin[128], der ja philosophisch, so würde ich denken, unvergleichlich viel schwerer zu nehmen ist, als diejenigen meinen, die glauben, ihn in das Sonderbereich der Poesie abschieben zu dürfen, aber auch diejenigen, und das ist beinahe noch schlimmer, die glauben, ihn mythologisieren zu dürfen.

Nun also, ad vocem Wissenschaft: Sie müssen sich darüber klar sein, meine Damen und Herren, daß der Begriff der Wissenschaft einen außerordentlichen Funktionswandel erfahren hat, und daß auch diese Kategorie, die wegen ihrer ungeheuren praktischen Erfolge mehr denn je die Tendenz hat, sich als die einzige Gestalt der Wahrheit aufzuspreizen, daß auch diese Kategorie verflochten ist in die Gesamtheit des gesellschaftlichen Lebens und in die Totalität des Bewußtseins, und daß sie darin sehr wechselnde Bedeutung annimmt. Zunächst stand einmal der Begriff der Wissenschaft polemisch gegen die Dogmatik der Kirche und gegen die damit zusammenhängende realistische Philosophie. Sie wollte also sagen, daß man nichts annehmen soll, was nicht der Einzelne, das einzelne denkende, urteilende Individuum clare et distincte eingesehen hätte; und darin sind zu Beginn der Neuzeit die Häupter der beiden seitdem in Fehde miteinander befindlichen Grundrichtungen der Philosophie, nämlich Bacon und Descartes, miteinander ganz einig gewesen. Bei beiden ist der Begriff der Wissenschaft gegen das bloß traditionelle, dogmatisch übernommene Wissen in derselben Weise gerichtet gewesen. Dann hat sich in einem Prozeß, an dem vor allem die immer konsequentere Entwicklung der großen rationalistischen Systeme beteiligt gewesen ist, der Begriff der Wissenschaft als der Produktion der Welt aus reinem Denken heraus in immer radikalerer Weise durchgesetzt und ist also schließlich geworden zu dem Begriff des »absoluten Wissens«[129] als dem absoluten Bewußtsein und der absoluten Realität, die sich aus sich selbst produziert. Das ist im Ansatz natürlich schon in der Idee der mathematischen Deduzierbarkeit der gesamten Philosophie bei Spinoza[130] [enthalten] und vielleicht noch viel exemplarischer und vielleicht überhaupt am krassesten in gewisser Weise in dem Theorem des Leibniz[131], das darauf hinausläuft, daß eigentlich eine jede Monade – und lassen Sie uns hier einmal mit etwas Largesse und nicht allzu nahe am Gegenstand sagen –, daß jedes Individuum eigentlich das ganze Universum in sich trage, ohne es zu wissen, und es gleichsam rein aus sich selbst, nämlich aus seinem eigenen Denken heraus produzieren könne. Man lernt dann solche Dinge wie die prästabilierte Harmonie und wie die Lehre von der Repräsentation des Universums in der Monade bei Leibniz, aber wenn Sie das so, in der gewöhnlichen philosophiehistorischen Weise lernen, dann sind Sie sehr oft sich darüber gar nicht im klaren, daß das eben auf jenen ungeheuren Anspruch hinausläuft, daß eigentlich die Wissenschaft als der Inbegriff des sich aus sich selbst heraus produzierenden Ganzen gleich sein soll mit der absoluten Wahrheit. Infolgedessen steht der Leibnizsche Begriff der ›mathesis universalis‹, also einer rationalen Universalwissenschaft mit der Lehre von der prästabilierten Harmonie und von der produktiven Einbildungskraft der Monade in einem keineswegs bloß äußerlichen Zusammenhang, sondern der innersten Motivation nach sind diese beiden großen Tendenzen in der Philosophie von Leibniz unmittelbar miteinander verbunden. Nun steigert sich das also zu der Lehre von dem absoluten Charakter der Wissenschaft als dem Versuch, aus dem philosophischen Begriff heraus selber die Totalität alles Seienden zu entwickeln, wie sie zunächst formal angezeigt und methodisch mit größter Schärfe ausgeführt worden ist von Fichte und dann in einer nie mehr erreichten Kraft bis ins einzelne durchzuführen versucht [wurde] von Hegel. Wenn Sie Fichte oder Hegel lesen, wenn Sie Worte wie »Wissenschaftslehre«[132] oder die Wissenschaft von dem erscheinenden Bewußtsein bei Hegel[133] lesen, dann können Sie den Begriff Wissenschaft nur verstehen, wenn Sie diese Doppelheit in ihm wahrnehmen, daß er nämlich auf der einen Seite eben sich anschließt an den ungeheuren Fortschritt rationaler Wissenschaft, der in der Neuzeit gemacht worden ist, auf der anderen Seite aber von vornherein fast als ein Selbstverständliches auftritt mit dem Anspruch, daß diese Wissenschaft selber eigentlich das erscheinende Absolute sei; ein Anspruch übrigens, der in gewisser Weise sogar schon in dem ja viel vorsichtigeren und weniger, wie soll man sagen, weniger ausschweifenden Kant gesteckt hat, insofern, als bei Kant zwar alles mögliche bezweifelt und kritisch analysiert, aber die Geltung der Wissenschaft selber nie in Frage gestellt wird.

Ich kann Ihnen hier nicht eine Geschichte des Wissenschaftsbegriffs entwickeln; lassen Sie mich nur soviel sagen, daß mit dem Verfall der großen idealistischen Philosophie von dieser Gleichsetzung der Wissenschaft mit der Wahrheit eigentlich nur noch übrigbleibt die absolute Sicherheit oder Gewißheit der einzelnen Erkenntnisse als deren Wahrheit. Das heißt also, daß das, was dann später sich aus dieser Philosophie an Wissenschaft entwickelt hat, und zwar selbstverständlich ebenso aus der immanenten Entwicklung oder noch viel mehr aus der immanenten Entwicklung der Einzelwissenschaften folgt, schließlich nur darauf geht, daß die wissenschaftliche Methode und ihre Resultate in Ordnung sind, stimmig sind, ohne Rücksicht darauf, wie weit dabei eine Sache begriffen wäre, [und ohne daß] das Bewußtsein sich in Zweifel verwikkelt hätte, wieweit sie als Sache überhaupt selbst und adäquat zu begreifen sei. Man kann das auch so ausdrücken, daß der Fetischismus der Wissenschaft darauf hinausläuft, daß die Arbeitsteilung, die zu der Ablösung einer Sonderbranche, der Wissenschaft, mit ihren festen Methoden geführt hat, zu einem Absoluten gemacht oder daß sie jedenfalls verherrlicht wird, daß die nun einmal ausgebildete Branche der Wissenschaft, aus der ja alle an ihr irgendwie organisatorisch Beteiligten nicht nur ihre materielle Existenz, sondern auch ihre soziale Geltung und ihr Prestige beziehen, daß diese Branche Index sui oder Index veri et falsi sei, ohne daß sie eigentlich sich über ihre eigenen Voraussetzungen besinnt. Und die äußerste Konsequenz daraus ist der moderne Positivismus, der ja, wenn man ihn unter diesem Aspekt charakterisieren sollte, wesentlich darin besteht, daß eigentlich Philosophie überhaupt nichts anderes sein soll als der gar nicht selber wieder reflektierte, sondern nur ausabstrahierte, abdestillierte Inbegriff der wissenschaftlichen Verfahrungsweisen. Man kann sogar sagen, daß die Wissenschaft im Zusammenhang des gesamtnominalistischen Zuges, auf das Auswendige der Dinge zu gehen und jede Einsicht in das Innere als Spekulation zu diffamieren, sich selbst desto mehr zum höchsten Gut, zum summum bonum wird, je mehr sie eigentlich darauf verzichtet, wirklich etwas zu verstehen. Wie denn in den Sozialwissenschaften, um auch das nun in einen spezifisch sozialwissenschaftlichen Zusammenhang zu rücken, es schließlich geradezu von einem der berühmtesten Soziologen der vorigen Generation, nämlich von Emile Durkheim, zum Kriterium der Soziologie gemacht wird, daß sie nicht begreift, sondern daß sie ihre Gegenstände traktiert comme des choses, also von außen und unter lediglich klassifikatorischen Methoden, unter Verzicht auf das Begreifen selber[134], das dabei als eine Art von metaphysischem Vorurteil abgetan wird, so daß also hier die Verfahrensweise der Wissenschaft gegenüber ihrem Terminus ad quem, nämlich dem Aufschließen der Sache selbst, ganz unmittelbar zu der Norm gemacht wird. Man könnte auch sagen, daß die Methode anstelle der Wahrheit sich setzt, während doch in Wirklichkeit die Methode überhaupt nichts anderes als das Mittel für die Erkenntnis der Wahrheit ist. Aber die Tendenz, Mittel anstelle von Zwecken zu setzen, gehört aus sehr tiefen sozialen Gründen so sehr in die Grundschicht des bürgerlichen Denkens überhaupt herein, daß die Gewohnheit, die ich Ihnen eben damit definiert habe, als eine universale Neigung des bürgerlichen Denkens doch wohl angesprochen werden muß.

Nun, meine Damen und Herren, ich bitte Sie, mich hier nicht falsch zu verstehen und vor allem nun nicht aus meiner Kritik, aus meiner sehr grundsätzlichen und vermittelten Kritik an der Wissenschaft, nicht so etwas nun wie die Leugnung von Wissenschaft zugunsten eines Intuitionismus oder irgend derartiger Dinge folgern zu wollen. Ich bilde mir zwar ein, daß durch die Kontinuität dessen, was ich sage, ich bei den freundlich Gesonnenen unter Ihnen vor derartigen Mißverständnissen einigermaßen geschützt bin, aber auf der anderen Seite ist man eben deshalb, weil man nie das Ganze in einem Satz sagen kann, solchen Mißverständnissen doch immer wieder ausgesetzt. Also um diese sehr nötige Korrektur anzubringen: Es ist selbstverständlich nicht so, als ob die Verfahrensweisen der Wissenschaft mit dem Objekt nichts zu tun hätten, sondern das Schleifen der wissenschaftlichen Instrumente, die Verschärfung der Kriterien, die man benutzt, um die Geltung wissenschaftlicher Sätze zu überprüfen, in der setzt sich natürlich auch immer etwas von der Sache durch. Das heißt, daß das, was durch diese Kriterien als unmöglich ausgeschaltet wird, das sind eben doch sehr oft einfach die »Idole«, mit Bacon[135] zu reden, die sich vor unsere Erkenntnis der Gegenstände selber setzen und die uns trügen. Also es wäre nun selber eine abstrakte Trennung von Subjekt und Objekt, von Methode und Sache, wenn ich sagen wollte, daß durch die Ausbildung der Methodologie als solcher nun einfach die Sache verfehlt würde; in gewisser Weise kommt man dadurch, daß man die Methode immer kritischer schärft und immer mehr ausschaltet, was methodisch nicht zutrifft, auch näher an die Sache heran, und deshalb ist es mir völlig fern, etwa der Schärfung des wissenschaftlichen Anspruchs nun durch ein ›Laxerwerden‹ der wissenschaftlichen Normen, der Maßstäbe, der Geltung entgegenzuarbeiten. Aber es ist eben doch ein entscheidender Unterschied, ob die Methode und ob die Konsistenz der Methode, die Stimmigkeit der Methode zu dem summum bonum des wissenschaftlichen Verfahrens gemacht, ob alles an dem Ideal der Wissenschaft gemessen wird, oder ob dabei die Reflexion auf die Sache es unter Umständen auch vermag, die wissenschaftlichen Spielregeln ja nun nicht etwa abzuschaffen, nicht etwa zu suspendieren, aber sie zu einer Reflexion zu bewegen, durch die sich zeigt, daß es Gegenstandsbereiche gibt, in denen mit den von der Wissenschaft etablierten Normen die Realität angemessen gar nicht getroffen werden kann. Wenn man aus dem, was ich Ihnen gesagt habe, nämlich daraus, daß die wissenschaftliche Methode ja doch durch ihre eigene kritische Reinigung, wenn ich es so ausdrücken darf, auch der Sache näher kommt, wenn man daraus einfach und ungebrochen ableitet, daß je reiner die wissenschaftliche Methode als Methode durchgebildet ist, man dadurch ohne weiteres bruchlos nun in die Sache selber komme, dann liegt genau an dieser Stelle eigentlich der falsche Übergang, der dann dazu führt, daß die Wissenschaft sich vor die Wahrheit stellt. Und das, was nun eigentlich mich dazu bewegt, den heute vorherrschenden sozialwissenschaftlichen Ambitionen vor allem sozialwissenschaftlicher Systeme zu opponieren, das ist eigentlich dieser Punkt, daß sie nämlich darauf hinauslaufen, daß die möglichst – man muß den Ausdruck hier mathematisch verstehen – elegante Durchbildung der wissenschaftlichen Apparatur einem höheren Grade von Wahrheit entspreche, während überall dort, wo man auf diese Art der Eleganz more mathematico verzichtet, dadurch die Wahrheit des Gedachten selber wesentlich betroffen würde.

Meine Damen und Herren, ich bin mir dessen bewußt, daß ich Ihnen das jetzt nur wirklich formal habe anzeigen können. Ich weiß auch, daß ich Ihnen nun wirklich schuldig bin, diesen Punkt, der für die Frage einer Theorie der Gesellschaft zentral ist, doch wenigstens an einem konkreten Modell darzustellen. Ich werde das in der nächsten Stunde tun, und zwar werde ich mich dabei beziehen auf die Lehre von Talcott Parsons, die ja, wie Sie vielleicht wissen, als eines ihrer wesentlichsten methodologischen Momente das Bestreben hat, die sogenannten Wissenschaften vom Menschen in einer bestimmten Kontinuität aus einem bestimmten Minimum von Kategorien heraus zu entwickeln; und ich werde versuchen, an einem zentralen Punkt das nächste Mal nun Ihnen zu zeigen, daß das nicht geht und warum es nicht geht.

11 Vorlesung
7. 7. 1964

Meine Damen und Herren,

ich möchte zunächst versuchen, das Problem, das ich heute mit Ihnen erörtern möchte, Ihnen so prägnant herauszuarbeiten, wie es nur möglich ist, weil mir daran gelegen ist, daß Sie wirklich sehr genau das verstehen, was ich Ihnen dabei gerne übermitteln möchte. Ich möchte Ihnen zeigen, daß das Ideal der wissenschaftlichen Methode, wie Sie es von den positiven Wissenschaften und insbesondere von den Naturwissenschaften her gewöhnt sind, im gesellschaftlichen Bereich nicht etwa die Wahrheit befördert, sondern der Wahrheit in einem bestimmbaren Sinn entgegen sein kann deshalb, weil die Struktur dieses Bereiches der Struktur dessen nicht entspricht, was das traditionelle, das heißt, das nicht in sich selber philosophische Wissenschaftsideal fordert.

Ich möchte dazu kurz rekurrieren auf die Tradition der Philosophie. In den »Discours de la Méthode« von Descartes[136], der ja doch trotz aller Veränderungen in gewisser Weise kanonisch geblieben ist für das wissenschaftlich orientierte philosophische Denken, lautet der dritte der Grundsätze, die dritte Regel, ›daß man der Ordnung nach seinen Gedanken leiten soll‹, also bei den einfachsten und am leichtesten zu erkennenden Gegenständen beginnen, um nach und nach, sozusagen gradweise bis zur Erkenntnis der zusammengesetztesten aufzusteigen, ›wobei ich selbst unter denen Ordnung voraussetzte, die nicht in der natürlichen Weise aufeinander folgen‹.[137] Es ist sehr interessant, und ich mache Sie en passant darauf aufmerksam, daß es dem Descartes bei diesem Grundsatz offenbar selbst nicht wohl zumute war, indem er gesagt hat, daß er diese Ordnung, also diesen stufenweisen Gang in der Sache selbst auch dort voraussetzt, wo natürlicherweise, das heißt in der Sache selbst, eine solche Art von graduellem Aufstieg gar nicht supponiert werden kann. Wenn man einen solchen Text wie den »Discours de la méthode« von Descartes durchs Vergrößerungsglas liest, und ich glaube, die einzige fruchtbare Art, überhaupt philosophische Texte zu lesen, ist, daß man sie außerordentlich nah und in einer bestimmten Art von Versenkung liest, dann kann man in diesem unscheinbaren Satz eigentlich bereits das entdecken, worüber wir uns heute Rechenschaft geben möchten, nämlich eben das Problem, zwischen den Postulaten wissenschaftlicher Methode auf der einen Seite und der Struktur der Sache auf der anderen Seite. Dieses Problem ist bei den nachfolgenden Rationalisten dann einfach eskamotiert worden. Bei Spinoza in der dogmatischen Behauptung, daß die Ordnung der Ideen und die Ordnung der Sachen dieselbe sei, bei Leibniz auf eine viel raffiniertere und differenziertere Weise durch die Lehre von der Kontinuität, durch die Lehre, daß die Natur keine Sprünge macht, und daß infolgedessen diese Sprunglosigkeit der Sachen selber einem sprunglosen Denken entspreche. Und dann verlangt als nächste Regel Descartes, daß ›überall so vollständige Aufzählungen anzustellen seien, daß ich sicher wäre, nichts auszulassen‹[138]. Es ist also das Postulat des graduellen Fortgangs, der keine Sprünge macht, unter dem Gesichtspunkt einer möglichst zu erreichenden Vollständigkeit [...]. Und Leibniz hat das dann in der Weise verfeinert, daß er, wie es den Fortschritten der Mathematik entspricht, anstelle einer solchen gestuften, noch halb, ich möchte sagen, mittelalterlich hierarchischen Folge der Gegenstandsbereiche infinitesimale Übergänge gesetzt hat anstelle der graduellen, also unendlich kleine Grenzübergänge, die es tatsächlich gestatten sollen, vollkommen lükkenlos vom einen zum anderen überzugehen. Ich lasse dabei jetzt zunächst einmal ein Problem außer acht, das uns dann noch sehr zentral befassen wird, nämlich das Problem, daß davon ausgegangen wird, daß das Erste gleichzeitig das Einfachste sei, oder anders ausgedrückt, daß die wesenhaften Momente, von denen aus zu den Epiphänomenen fortzuschreiten wäre, gleichzeitig die einfachsten sind, aus denen alles andere folgt. Vielleicht haben Sie bemerkt, daß das dogmatische, willkürlich Gesetzte bei Descartes mit der Offenheit der ersten großen Entdeckungen noch ganz unverschleiert hervortritt. Aber ich möchte mich um so mehr bekümmern um die Forderung der Sprunglosigkeit oder die Forderung der Kontinuität, der infinitesimalen Kontinuität bei Leibniz. Während nämlich diese Philosophien selbst durch die Kritik, durch die Humesche[139], durch die Kantische, dann durch die des gesamten Positivismus des neunzehnten und zwanzigsten Jahrhunderts, als Philosophien kaum mehr für den einzelwissenschaftlichen Betrieb als verbindlich anerkannt werden, ist es doch merkwürdigerweise so, daß ein derartiges Postulat wie das, das ich Ihnen eben daraus herausgeklaubt habe, innerhalb der Wissenschaften und vor allem innerhalb der Organisation der Wissenschaften nach wie vor und verhältnismäßig unangefochten in Geltung ist. Es ist eine merkwürdige Sache, daß während auf der einen Seite das spezifisch wissenschaftliche Pathos, wenn man das Pathos nennen will, der Nachdruck auf Wissenschaftlichkeit im spezifischen Sinn etwas so Antiphilosophisches hat, daß viele positivistische Wissenschaftler es nachgerade als eine Beschimpfung erachten, wenn sie einen Philosophen Philosophen nennen – mir selber ist das in der letzten Zeit verschiedentlich widerfahren, ich rede also aus eigener Erfahrung –, es auf der anderen Seite so ist, daß gerade diese positiven Wissenschaften, weil sie von der fortschreitenden philosophischen Reflexion allzusehr sich entfernt oder sich ihr entfremdet haben, dann unbesehen, und man muß nun schon wirklich sagen dogmatisch, allen möglichen Ballast aus eben der Philosophie mit sich schleppen, die sie zum alten Eisen geworfen haben, aber Ballast, der dann in Wirklichkeit nun die Sache selbst behindert. Es gilt also innerhalb des sozialwissenschaftlichen Wissenschaftsbetriebes, wie er heute maßgebend ist, mehr oder minder ausdrücklich die Forderung, daß die sogenannten Wissenschaften vom Menschen – wie man das so nennt mit einem übrigens sehr problematischen Ausdruck – sich möglichst sprunglos zusammenfassen, zusammenfügen, daß sie selber eine Art von Kontinuum bilden sollen, was zunächst ja eine handgreifliche Stütze eben an diesem

Ausdruck Wissenschaft vom Menschen zu haben scheint, weil diesen Wissenschaften eben eine Grundkategorie gemeinsam zu sein scheint, eben die des Menschen, der, so wird ja dann wohl gefolgert, sowohl als Substrat der Biologie wie der Psychologie wie etwa auch der Sozialwissenschaften, der Soziologie, der Ökonomie dasselbe sei. Das bedeutet nun zugleich ebenfalls im Sinn der gängigen Wissenschaftslogik, daß, soweit wie nur irgend möglich, in all diesen sogenannten Wissenschaften dieselben Kategorien vorkommen sollen, und, so würde man mathematisierend fortfahren, daß die wissenschaftliche Dignität dieses ganzen Komplexes ›Wissenschaften vom Mensch‹ um so höher sein soll, je geringer die Anzahl der dabei jeweils verwandten Grundkategorien ist.

Dieses Ideal, das ich Ihnen eben skizziert habe, ist nun expressis verbis formuliert worden in einer der wirksamsten, in wahrscheinlich der wirksamsten systematischen Darstellung der Soziologie, die heute existiert, nämlich in der von Parsons[140], von der Sie ja alle wenigstens etwas gehört haben und mit der wahrscheinlich viele der spezifisch mit Soziologie befaßten unter Ihnen sich wohl auch schon näher abgegeben haben. Parsons hat in zwei Arbeiten – die er in Kollaboration mit dem sehr stark erkenntnistheoretisch gerichteten amerikanischen, das heißt ursprünglich österreichischen, Psychoanalytiker Heinz Hartmann herausgegeben hat[141] – diese Forderung eines solchen einheitlichen Begriffssystems, und zwar ebenso für die Tiefenpsychologie wie für die Soziologie, geradezu postuliert. Sie haben hier also sehr deutlich und sehr klar die Forderungen einer über verschiedene Teilgebiete hindurch einheitlichen Methode, die durch einheitliche Kategorien der Begriffsbildung charakterisiert wird. Der springende Punkt nun dessen, worauf ich Sie aufmerksam machen möchte, ist der, daß in einer Gesellschaft, in der, wie in der unseren, das Individuum und die Gesellschaft nicht nur in keiner unmittelbaren Harmonie stehen, sondern in ihren Interessen, und man kann darüber hinaus sagen, in ihrer inneren Zusammensetzung so sehr sich widersprechen, wie es in unserer Gesellschaft der Fall ist, daß da diese Forderung nach einem wissenschaftlichen Kontinuum mit einheitlicher Begriffsbildung nicht etwa näher an die Sache heranführt, oder richtiger ausgedrückt, nicht etwa tiefer in die Sache hineinführt, sondern daß sie an beiden Polen, nämlich an dem Pol der Psychologie und an dem Pol der Soziologie um so oberflächlicher gerät, je mehr sie diesem Parsonsschen Postulat dabei sich anbequemt. Zunächst möchte ich Ihnen das noch logisch auf die einfache Form bringen, daß, wenn die Parsonssche Forderung von der Sache her jedenfalls gerechtfertigt wäre, es ja so sein müßte, daß sich die Grundkategorien der Gesellschaft und die gesellschaftliche Betrachtungsweise unmittelbar als die produktivste erweisen müßte für die Psychologie, und umgekehrt die psychologischen Kategorien gleichermaßen produktiv sein müßten für die Soziologie.

Meine Absicht ist nicht etwa, es bei der formalen Behauptung zu belassen, daß das nicht der Fall ist, sondern Ihnen doch wenigstens kurz zu zeigen, inwiefern das nicht der Fall ist, und Ihnen dadurch wirklich einmal ein bißchen eine konkrete Vorstellung davon zu geben, was nun die Nötigung zur Dialektik bedeutet im Verhältnis der einzelnen wissenschaftlichen Disziplinen zueinander. Ich darf mich dabei eben deshalb, weil ich mich auch hier kurz fassen muß und dem nur eben seine Stelle in diesen etwas zusammenfassenden Betrachtungen über Gesellschaftstheorie verleihen möchte, beziehen auf die Arbeit über das gegenwärtige »Verhältnis von Psychologie und Soziologie«, die in dem Band »Sociologica I«[142], der Festschrift für Horkheimer, erschienen ist, aber auch auf die Arbeit über die Revision der Psychoanalyse, die sich findet in dem Band »Sociologica II«[143]. Diejenigen von Ihnen also, die an einer weiteren und konkreten Analyse dieser Verhältnisse interessiert sind, mögen diese Texte nachlesen. Das, worauf es mir nun ankommt, ist ganz einfach das, daß die Psychologie desto tiefer in die Struktur des Individuums hineinführt, je mehr sie dabei zunächst von dem absieht, was man in einem oberflächlichen Sinn als soziale Momente in der individuellen

Psychologie bezeichnen könnte. Wir nennen das in der Sprache der analytischen Psychologie die ›Ich-Psychologie‹. Das Ich ist ja nach der Freudschen Theorie diejenige Instanz in dem Aufbau der Gesamtpsyche, die im wesentlichen dem Bewußtsein entspricht und deren Funktion im Lebensprozeß der Einzelnen es wesentlich ist, wie man es genannt hat, die Realität zu prüfen, also zu unterscheiden, was realitätsgerecht sei und was nicht realitätsgerecht sei. Nach der Freudschen, sehr plausibel demonstrierten Theorie ist nun diese Zone des Ichs, die gleichzeitig in einer einsichtigen und unmittelbar konstatierbaren Weise auf soziale Reize reagiert, indem sie die Instanz ist, die die Anpassung des Individuums an die Gesellschaft überwacht, nun aber eine außerordentlich dünne Schicht, während die gesamte Gewalt des Trieblebens, die gesamte libidinöse Energie, von der die Ich-Energie psychogenetisch bloß abgezweigt ist, darunter liegt und mit dieser Realitätsprüfung sich gar nicht so recht einläßt. Nun hat man also tatsächlich versucht – und das war vor allem die Leistung der verschiedenen sogenannten revisionistischen Schulen in der Psychoanalyse, zum Beispiel auch die von Karen Horney[144] und die meines früheren Kollegen Erich Fromm[145], oder auch schon von Alfred Adler[146], wenn Sie so wollen, der mit dieser Art Revisionismus angefangen hat –, anstelle der Analyse des Unbewußten und damit der eigentlich tragenden libidinösen Momente und der frühkindlichen Entwicklung sich mehr an die sozialpsychologische Schicht zu halten und die sozialpsychologischen Determinanten, und hat damit in der therapeutischen Praxis auch tatsächlich gewisse rasche Heilerfolge erzielt. Aber es hat sich dabei gezeigt, daß die eigentlich tiefen Konflikte, also das, was im Innern der Individuen wirklich unbewußt sich abspielt, nicht erreicht worden sind, und daß die Wirkungen einer solchen Therapie tatsächlich auch mehr die einer Art von Massage gewesen sind, daß man also auf diese Weise die Menschen einigermaßen arbeits- und aktionsfähig gemacht hat, ohne daß man jedoch an die wirklich tiefen Konflikte gerührt hat, die in ihnen drin sind. Mit anderen

Worten: Man kann bis ins einzelne zeigen, daß der Versuch einer unmittelbaren Soziologisierung der Psychologie daran gescheitert ist, daß die Individuen in ihrer individuellen Formation weitgehend archaisch sind und gar nicht so unmittelbar der sozialpsychologischen Reizsituation, der sie ausgesetzt sind, entsprechen, wie es im übrigen übereinstimmt mit der längst vor dieser Kontroverse von Freud formulierten These von dem wesentlich archaischen und, wenn Sie so wollen, statischen Charakter des Unbewußten. Diese Abspaltung des Individuums von der Gesellschaft, daß das Individuum und seine Triebenergie so archaisch geblieben ist, daß es gewissermaßen nicht mitgekommen ist, wird selber gesellschaftliche Gründe haben, nämlich eben jenen Mechanismus der universalen Versagung durch die Kultur, der den Menschen ihre nicht nur ontogenetisch, sondern auch phylogenetisch archaische Schicht immer wieder zugemutet hat.

Nun ist es so, meine Damen und Herren – ich bitte Sie, darauf wohl zu achten und mich nicht im Sinn eines primitiven Individualismus etwa mißzuverstehen –, daß selbstverständlich diese Tiefenschicht des Individuums ebenfalls gesellschaftlicher Natur ist, das heißt, daß die Bilder, die imagines, und die grundlegenden Konstellationen, auf die man im Unbewußten stößt, selbst ihrerseits auch zurückverweisen auf gesellschaftliche Konflikte. Aber diese gesellschaftlichen Konflikte, wie sie vermittelt sind durch die Vaterfigur, sind etwas vollkommen Verschiedenes, etwas viel Älteres, etwas auch viel weniger Plastisches als die unmittelbaren Ich-Konflikte, in die man etwa gerät, wenn man narzißtische Schädigungen erfährt, oder wenn man sonst also die sogenannten Ich-Neurosen durchmacht, an denen die Menschen heute so vielfach leiden, und wie sie Ihnen allen etwa unter dem Slogan ›Minderwertigkeitsgefühle‹, wenn nicht aus eigener Anschauung, so wenigstens durch die Phraseologie geläufig sind. Mit anderen Worten also: Das, was sich wirklich bei der Versenkung in die Psychologie als kollektiv, als gesellschaftlich erweist, ist nicht etwa die unmittelbare Einwirkung der Gesellschaft jetzt und hier auf das Unbewußte, sondern eine schon aufgespeicherte, sedimentierte Form von sozialem Druck und sozialer Kontrolle, die eben deshalb viel tiefer ist, viel weniger leicht wegzunehmen, die aber auch gar nicht ohne weiteres einer Veränderung von sozialen Situationen zugänglich ist. Daraus wäre zu folgern, daß also, wenn man nun etwa unmittelbar die Kategorien unserer gegenwärtigen Gesellschaft – wie es etwa Frau Horney versucht hat – zur Erklärung von psychologischen Konflikten anwenden würde, daß man dabei tatsächlich nur Außenkonflikte erreicht und die darunterliegenden spezifisch individuellen, unter denen die eigentlich kollektiven stecken, eben nicht erreicht, womit von der Seite der Psychologie bewiesen wäre, daß eine solche einheitliche Begriffsbildung zwischen Psychologie und Soziologie nicht [...]. Auf der anderen Seite gilt aber nun das Umgekehrte genauso auch für die Soziologie. Wenn man nämlich versucht, wie es ja immer wieder geschehen ist, und wie es die große Illusion von Freud selber gewesen ist, die Soziologie als eine Art angewandter Psychologie zu betreiben, also die Soziologie so zu verstehen, als ob sie nichts anderes wäre als die Anwendung gewisser psychologischer Grundkategorien auf die Formen und den Inhalt der Vergesellschaftung, so kann man dabei im einzelnen recht produktive und schöne Dinge feststellen, wie es zum Beispiel in der genialen Schrift von Freud über »Massenpsychologie und Ich-Analyse«[147] geschehen ist, die sicher viele von Ihnen gelesen haben, in denen Freud zeigt, daß eine ganze Reihe von Verhaltensweisen, nämlich die von Gustave Le Bon in der »Psychologie des Foules«[148] beschriebenen, tatsächlich aus Mechanismen der individuellen Psychologie ganz adäquat erklärt werden können. Aber ohne im mindesten die Bedeutung dieser Funde von Le Bon und Freud verkleinern zu wollen und durchaus zugestehend, daß sie etwa zum Verständnis faschistischer Massenbewegungen Außerordentliches beitragen, beziehen sie sich doch alle nur auf ein relativ beschränktes Bereich der Vergesellschaftung, nämlich auf das Bereich, wo es tatsächlich um so etwas wie unbewußte Reaktionen oder vorbewußte Reaktionen von Menschen unter ganz bestimmten Konstellationen [geht], in denen nun gerade das außer [...] gesetzt ist, was im allgemeinen das soziale Handeln der Menschen entscheidet, nämlich der Druck der sozialen Objektivität, der vermittelt ist zu dem Bewußtsein der Menschen durch ihre eigene Ratio. Mit anderen Worten also: Da, wo wir von Sozialem im spezifischen Sinn reden können, und wo allein eigentlich überhaupt die Konstitution so eines Sondergebietes von Sozialwissenschaft sich rechtfertigt, da sieht es immer so aus – und zwar eben vermöge einer gesellschaftlichen Gesamtverfassung, in der die Interessen der einzelnen Menschen und die Konstruktion des Ganzen auseinander weisen –, daß die einzelnen Menschen auch sogar dort noch, wo sie als psychologische Menschen zu agieren meinen, wo sie glauben, sie selber zu sein, frei zu handeln, mit sich identisch zu sein, eben weitgehend Charaktermasken sind, also, daß sie nichts anderes tun als das, was ihnen ihre Funktion, ihre objektive Funktion innerhalb der Gesellschaft zuweist. Nebenbei bemerkt ist das der eigentliche Grund für das Phänomen, das heute unter dem Namen der »Rolle«[149] so außerordentlich in Mode gekommen ist, nur daß der Rollenbegriff deshalb so problematisch ist, weil hier etwas [hypostasiert wird], was selber aus der Gesellschaftsstruktur abzuleiten ist, nämlich, daß die Menschen etwas tun müssen in dieser Gesellschaft, was sie eigentlich gar nicht selber sind – und eine Rolle spielen heißt ja zunächst im buchstäblichen Sinn das, daß man was tun muß und sich als etwas verstellen muß, was man an sich gar nicht ist[150] –, wenn man von diesem Moment absieht, ist der Begriff der Rolle überhaupt ganz sinnlos. Dieser Rollenbegriff, der also sich überhaupt erst erklärt eigentlich daraus, daß die Menschen von der gesellschaftlichen Totalität dazu verhalten werden, in einer bestimmten Weise anders zu agieren, als sie von sich aus bestimmt sind, dieser, sage ich, durchaus von konkreten gesellschaftlichen Momenten abhängige Begriff der Rolle wird hypostasiert in einer solchen Weise, als ob es sich in der Rolle um eine Art von Urqualität des gesellschaftlichen Wesens überhaupt handelte, was ungefähr so ist, wie wenn man aus dem Theater die Ontologie der Wirklichkeit unvermittelt ableiten wollte.

Aber über dieses Problem möchte ich heute nichts weiter sagen. Ich möchte Ihnen nur in diesem Zusammenhang zeigen, daß, wenn man solche Reflexionen anstellt wie die, mit denen wir heute befaßt sind, also solche eingängigen Schlüsselbegriffe, mit denen man nun glaubt, wirklich alles wie ein Geldschrankknacker aufknacken zu können, wie das mit dem Begriff der Rolle der Fall ist, daß es mit denen also auch so eine problematische Bewandtnis hat. Jedenfalls ist es so, daß an das entscheidende gesellschaftlich relevante Handeln, das wirtschaftliche nämlich, die individuelle Psychologie nicht heranreicht. Und es ist immerhin merkwürdig und ein sehr deutlicher Gegensatz zu Parsons, daß bedeutende Theoretiker der Gesellschaft, die sonst aufs äußerste in ihren Anschauungen divergiert haben, darin, in diesem Entscheidenden, eben doch miteinander übereinstimmen, ohne daß mein hochgeschätzter Harvarder Kollege Parsons, soviel mir das jedenfalls bekannt ist, das bis jetzt zur Notiz genommen hätte. Also: Ebenso wird bei Marx ja jeder Versuch der subjektiven oder psychologischen Reduktion der gesellschaftlichen Prozesse abgelehnt und sie werden entwickelt aus dem, wovon die Menschen tatsächlich ein Anhang sind, nämlich dem Tauschverhältnis; noch etwa läßt jemand wie Durkheim, der nun ein vollkommen anders orientierter, und zwar ein durchaus positivistisch orientierter Soziologe gewesen ist, die psychologische Betrachtungsweise gelten, sondern definiert geradezu, da steckt bei Durkheim etwas sehr Geniales drin, das Soziale als das Moment der »contrainte sociale«[151], also als das Zwangsmoment, an dem die Gesellschaft uns als Fremdes, Vergegenständlichtes, Verdinglichtes gegenübertritt, über das wir eigentlich keine Macht haben, was bei ihm bereits in ausdrücklichen Gegensatz zu jeder Idee des Verstehens gesellschaftlicher Motivationen und damit in ausdrücklichen Gegensatz zu jeder Psychologie gerückt wird. Sein ganzes Bemühen, die ganze

Anstrengung von Durkheim und der früheren Durkheim-Schule, wie sie um die »L'Année Sociologique«[152] gruppiert waren, liegt ja genau darin, soziologisch relevante Tatsachen immer aus der gesellschaftlichen Objektivität, die bei ihm nun ihrerseits zu einem Kollektivbewußtsein vergegenständlicht wird, abzuleiten, und nicht etwa aus der individuellen Psyche der einzelnen, sozial handelnden Menschen.

Ich möchte gerade in diesem Zusammenhang auch noch ein Wort einfügen über die Stellung Max Webers zu diesem Problem, die besonders instruktiv ist. Max Weber hat sich ja – und zwar aus dem sehr hoch zu achtenden Motiv heraus, daß es die Aufgabe der Soziologie sei, soziales Handeln nun gerade zu verstehen und nicht einfach es zu registrieren – in einen sehr scharfen Gegensatz zu der These von Durkheim gesetzt, die ich Ihnen eben entwickelt habe, und er hat geradezu den Begriff einer verstehenden Soziologie inauguriert, der in einem gewissen Sinn ja nun doch, dem gesamten Zug des positivistischen Zeitalters folgend, versucht, die Tatsachen der Vergesellschaftung vom Subjekt her zu verstehen, ganz ähnlich, wie das auch Pareto[153] getan hat und ganz ähnlich, wie vor allem die sogenannte subjektive Ökonomie, die Grenznutzentheorie[154] versucht hat, das ganze wirtschaftliche Getriebe durch die subjektiven Bedürfnisse der Menschen und damit in letzter Instanz durch ihre Psychologie zu erklären. Insofern könnten Sie also zunächst einmal oberflächlich denken, daß die Soziologie von Weber dem widerspricht, was ich Ihnen entwickelt habe. Wenn Sie aber näher zusehen, dann ist dem nicht so. Es wird Ihnen allen bekannt sein, daß der eigentliche Schlüsselbegriff von Max Weber der der ›Rationalität‹ ist. Ich möchte auf die sehr verzweigte Problematik dieses Begriffs jetzt nicht eingehen, sondern ich möchte Ihnen nur einen Aspekt bezeichnen, der in die Problematik fällt, mit der wir uns in dieser Vorlesungsstunde beschäftigt haben. Rationalität nämlich ist durchaus identisch mit dem, was ich Ihnen vorher, als ich von der Psychoanalyse sprach, mit der Ich-Instanz oder der Instanz der Realitätsprüfung bezeichnet habe, und die Rationalität war – wenn Sie mir den Vulgarismus verzeihen – für Max Weber ein gefundenes Fressen, denn sie hat zwei herrliche Eigenschaften miteinander vereint, die für sein methodologisches Ansinnen geradezu unersetzlich gewesen sind. Auf der einen Seite ist nämlich rationales Verhalten verstehbar. Wir können also, soweit sich ein Mensch rational benimmt, seine Motivationen, die Bahn, die sein Verhalten nimmt, nachkonstruieren. Wenn also jemand, was weiß ich, eine Stelle angeboten bekommt und die Stelle dann nicht annimmt auf Grund rationaler Überlegungen, und wir mit den Umständen einigermaßen vertraut sind, dann können wir dieselben Überlegungen auch anstellen, und wenn wir dann dem Betreffenden etwa einen Rat erteilen und ihm sagen: ›Es ist besser, du nimmst die Stelle nicht an‹, dann werden wir im allgemeinen zu unserer Beschämung erfahren – denn in diesen Dingen sind die Menschen äußerst fix –, daß der Betreffende alle die Erwägungen, die man ihm etwa in einem solchen wohlgemeinten Rat anbieten kann, selber bereits auch angestellt hat, und da er unmittelbar betroffen ist, wahrscheinlich viel konsequenter und viel rationaler, als es selbst so würdige Soziologen tun können, wie ich einer bin. Also insofern repräsentiert die Rationalität durchaus die Sphäre eines Verstehbaren. Auf der anderen Seite aber ist ja rationales soziales Verhalten immer und durchaus das Verhalten, das, wie ich Ihnen sagte, als realitätsgerechtes eben mehr oder minder vollkommen den jeweils vorliegenden objektiven sozialen Gegebenheiten sich anmißt. Man verhält sich also rational im allgemeinen genau so weit und nur so weit, dadurch, daß man sein Ich-Prinzip und nicht sein Triebleben und auch nicht sein Über-Ich, sein Gewissen [so] herrschen läßt, wie die objektiv soziale Struktur, mit anderen Worten, wie die herrschenden Verhältnisse der gesellschaftlichen Produktion es von einem verlangen. Also das, was durch diese so schön subjektiv verstehbare Rationalität eigentlich vermittelt wird, das ist eigentlich gar nichts anderes als eben jene Vormacht der gesellschaftlichen Objektivität über das subjektive Triebleben und über die unmittelbaren subjektiven

Impulse, die von so objektiven Theoretikern der Gesellschaft wie von Marx und dem in diesem einen Punkt, nur in diesem Punkt mit ihm übereinstimmenden Emile Durkheim so sehr hervorgehoben worden ist. Und es ist unter diesem Aspekt auch sicher kein Zufall, daß Max Weber, trotzdem er den Begriff des Verstehens mit einem so durchaus psychologisch angelegten Denker wie Dilthey[155] geteilt hat, und zwar gerade eben im Namen der objektiven Einsichtigkeit des Rationalen, seine Art Soziologie von der Psychologie energisch abgegrenzt hat.

Nun also, quod erat demonstrandum, das ist also nun dieses, daß sich durch diese nähere Betrachtung von der Problematik der Psychologie und der Soziologie gezeigt hat, daß sie keineswegs jenes Kontinuum, jenes unmittelbare Kontinuum bilden, daß also durch dieselben Kategorien unmittelbar psychologische und soziologische Tatsachen zu verstehen seien, sondern daß geradezu das Gegenteil der Fall ist: daß die Kategorien, die hier gelten, dort außer Aktion gesetzt werden. Indem ich nun das Letzte sage, ist dabei zu bemerken, daß in diesem Gegensatz natürlich doch die gleichen Kategorien, wenn Sie so wollen, vorkommen, aber jeweils wird die Kategorie, die als positive in der einen [Wissenschaft] erscheint, in der anderen negiert, und insofern kann man also in aller Schlichtheit sagen, daß von der Sache her hier ein wirkliches dialektisches Verhältnis vorliegt, und daß auf der anderen Seite der Versuch von Parsons, hier eine Art von Einheitswissenschaft und Einheitskontinuum herauszupräparieren oder uns zu oktroyieren, eigentlich zu nichts anderem führt, als daß dann eine Art von Glättung der sozialen und psychologischen Verhältnisse stattfindet, daß also der Gegensatz, das antagonistische Verhältnis von Individuum und Gesellschaft, das auch in der Konstitution der einschlägigen Wissenschaften sich widerspiegelt, auf diese Weise einfach eskamotiert wird; daß es so aussieht, als ob die Welt von Individuum und Gesellschaft in sich identisch, eine einheitliche Welt wäre, und daß also durch die Vorherrschaft der wissenschaftlichen Systematik, der einstimmigen wissenschaftlichen Begriffsbildung, das an der Sache Entscheidende, nämlich ihr eigener antagonistischer Charakter, unterschlagen wird.

Ich hoffe, meine Damen und Herren, daß ich damit meine These eingelöst habe, daß die sogenannten methodologischen Fragen nicht etwa für die Sache gleichgültig sind, daß nicht jeder Weg nach Rom führt, daß man nicht von der Psychologie zur Soziologie und von der Soziologie zur Psychologie ohne weiteres kommen kann, sondern daß eben, damit man das Verhältnis auch dieser Disziplinen richtig bedenkt, man sie in einer Weise reflektieren muß, in der man sich über den Schein ihrer Einheitlichkeit erhebt und noch in der Wissenschaftsstruktur die Antagonismen wiederfindet, die in Wirklichkeit selbstverständlich aus der Sache selbst stammen. Mit anderen Worten also, und damit möchte ich resümieren, was ich Ihnen heute gesagt habe: Indem die Methode sich zum Selbstzweck wird, indem die von Descartes und Leibniz abgeleiteten wissenschaftlichen methodologischen Forderungen zu Kriterien einer Wissenschaft erhoben werden, tritt dadurch eben diese Methode in einen greifbaren and tangibeln Gegensatz zur Sache, und man wird dadurch eben genötigt, ja nun nicht etwa unmethodisch sich zu verhalten, aber den Begriff der Methode selber kritisch zu reflektieren.

12. Vorlesung

9. 7. 1964

Meine Damen und Herren,

wir hatten in der letzten Stunde uns beschäftigt mit dem Verhältnis von wissenschaftlicher Methodologie zu der Sache selbst, und ich habe versucht, wenn ich das noch einmal rekapitulieren darf, Ihnen die These zu konkretisieren, daß die Fetischisierung der Methodologie anstelle der Einsicht in die Sache tritt, indem ich nachgewiesen habe – oder wenigstens Ihnen den allgemeinen Gedankengang entwickelt habe, den man natürlich nicht als einen durchgeführten Nachweis betrachten darf, denn ein solcher Nachweis muß ja ins Detail gehen –, daß der Versuch, um der Einheit der Methode willen, in den sogenannten Wissenschaften vom Menschen etwas wie ein Kontinuum der Begriffe herzustellen, notwendig scheitert.

Nun ist damit selbstverständlich das Problem der Methode nicht erledigt, und ich glaube, es ist, nachdem ich an dieser Stelle in Sie sozusagen Unruhe gebracht habe, notwendig, daß ich nun dafür sorge, daß die Motive, die ich angemeldet habe, nicht ihrerseits von Ihnen isoliert werden, und daß Sie mich nicht so mißverstehen, als ob ich die Methode überhaupt zum alten Eisen werfen wollte. Methode heißt ja zunächst einmal nichts anderes, als daß man die Formen der Logik, die Formen, die sich in der Logik selbst auskristallisiert haben, also die Formen der korrekten Begriffsbildung, des angemessenen Urteils und vor allem auch des korrekt gezogenen Schlusses, zu allgemeinen Prinzipien macht nicht nur der Einzelerkenntnisse, die jeweils in diesen logischen Formen sich vollziehen, sondern auch zu Forderungen gegenüber dem Ganzen der Erkenntnis oder gegenüber dem Ideal der Wissenschaft. Da ja Wissenschaft oder Erkenntnis überhaupt nicht anders als durch Denken möglich ist, so ist es selbstverständlich, daß die Formen, unter denen das Denken sich vollzieht, ebenso für jene einzelnen logischen Operationen, die ich Ihnen eben aufgeführt habe, wie auch für den Zusammenhang in Geltung bleiben. Ohne das würde tatsächlich das Denken zurückfallen in die bloße Willkür des Reagierens, in den bloßen Einfall oder in das, was Kant an einer Stelle, wo er ausgerechnet gegen den Aristoteles polemisiert, der doch methodisch genug gewesen ist und von dem der ganze Kult [um die] Methode eigentlich herrührt, mit ›rhapsodistischem‹ Denken[156] bezeichnet hat. Ein solcher Rückfall ist zu vermeiden, er würde tatsächlich bedeuten, daß der Gedanke aufhört, eigentlich Gedanke überhaupt zu sein. Nun wird dieses Motiv gerade in der gängigen Anschauung von der Wissenschaft sehr häufig so mißbraucht, um jede isolierte, oder wie die logischen Positivisten das zu nennen sich gewöhnt haben, jede unverbundene Einsicht eben deshalb, weil sie den Makel dieses Rhapsodistischen, dieses Prälogischen und Prämethodischen an sich trägt, abzuwerten. Ich will gar nicht leugnen, daß es solche völlig willkürlichen Erkenntnisse gibt, aber ich glaube, der Fehler, der hier gemacht wird, ist der, daß das unverbundene Auftreten dieser Erkenntnisse, also der Modus ihrer Hervorbringung, die Art, in der sie erscheinen, mit ihrer objektiven Struktur, ihrem Wahrheitsgehalt ohne weiteres gleichgesetzt wird. Ich würde sagen, daß bei einem Denken, das seiner selbst mächtig ist, das also wirklich als Denken sowohl in sich wie der Sache gegenüber sich ausweist, die sogenannten Einfälle, von denen man dann immer gesagt bekommt, daß sie sich nicht lernen ließen, nicht jenes Geschenk vom Himmel sind, als das sie vor allem durch die Intuitionstheorien[157] und auf der anderen Seite durch deren Diffamierung durch die Wissenschaftstheorien immer vorgestellt worden sind, sondern, daß im allgemeinen, wenn einem, wie man so sagt, etwas einfällt, dabei irgendwelche Denkprozesse oft von sehr langer Hand, die unbewußt stattgefunden haben, plötzlich, wie etwa ein Gewässer gelegentlich das zu tun pflegt, an die Oberfläche treten und sichtbar werden. Und ich würde nun eigentlich sagen, daß ein Denken überhaupt sich eigentlich seiner Qualität nach, seinem Karat nach, dadurch ausweist, ob das Unwillkürliche eben doch so unwillkürlich ist, oder ob es in sich selber die Einheit des Willkürlichen und des Unwillkürlichen darstellt, das heißt, ob es jene Qualität der Spontaneität des plötzlich Hervortretenden besitzt, aber doch aus einer unbewußten Kontinuität resultiert. Ich möchte also beinahe sagen, je intensiver ein Denken ist, je nachdrücklicher man über etwas nachdenkt, um so größer ist, wenn ich das wieder einmal sehr vulgär, fast materialistisch ausdrücken darf, die Chance, daß einem dann auch etwas einfällt, das heißt die Einfälle sind dann gewissermaßen die Früchte der unterirdisch fortarbeitenden und dabei gar nicht ihrer selbst bewußten Gedanken. Ohne dieses Moment des plötzlich und unbewußt Hervortretenden, das ja im allgemeinen das Neue eines Gedankens zu sein pflegt, gibt es so etwas wie produktives Denken überhaupt nicht, aber andererseits, wenn es nicht in dieser Kontinuität auch drinsteht, dann ist es ganz wertlos; nur will es mir eben scheinen, daß überall dort, wo diese sogenannten plötzlichen Einfälle wirklich von großem Gewicht sind, daß sie dann gewissermaßen die Kraft unbewußt weiterlaufender Denkprozesse in sich aufgespeichert haben. Also, mit anderen Worten: Es gibt so etwas wie eine Einheit des von der Logik her gelenkten und methodischen Denkens und jenes anderen Moments, das ich nach seiner subjektiven Seite als den Einfall charakterisiert habe und das man vielleicht seiner Objektivität nach besser als das jäh hervortretende Inhaltliche der Einsicht charakterisieren dürfte.

Trotzdem ist aber, glaube ich, durch die Überlegung, die wir angestellt haben, zwar nicht etwa die Methode außer Kraft gesetzt oder entwertet, aber in einem bestimmten Sinn eingegrenzt. Es gibt in der »Kritik der reinen Vernunft« eine Unterscheidung – die ich, ich muß das ganz offen gestehen, viele Jahre, ja, Jahrzehnte lang für eine ganz äußerliche Unterscheidung, für eine bloß der Architektonik sich verdankende Unterscheidung gehalten habe, an denen ja die Kantische Vernunftkritik recht reich ist –, nämlich die Unterscheidung zwischen der sogenannten formalen Logik und der transzendentalen Logik. Man könnte nämlich dagegen sehr handfest einwenden und diese Unterscheidung deshalb als äußerlich abtun, [daß] ja bei Kant die Einheit des ganzen Systems in dem Begriff der Vernunft eigentlich steckt, die Vernunft und damit auch die Logik überall [...] die gleiche ist, und infolgedessen also auch die Grundkategorien der Vernunft überall dieselben sein müssen, wie Kant selber es ja im übrigen dadurch hervorgehoben hat, daß bei ihm die Anordnung der rein logischen Kategorien und die Anordnung der auf Gegenstände bezogenen Kategorien eigentlich die gleiche ist. Man könnte also im Sinn dieser Überlegung sagen, daß diese ganze Unterscheidung etwas Gekünsteltes und etwas Untriftiges an sich habe. Aber es ist so – und ich gebe Ihnen damit zugleich einen Hinweis darauf, wie Sie vielleicht mit einiger Fruchtbarkeit Kant lesen sollen, und versuche, den Weg Ihnen abzukürzen, den ich selber durchgemacht habe, bis ich wirklich nach vielen Jahrzehnten eigentlich überhaupt angefangen habe, wirklich Kant zu verstehen, nämlich das zu verstehen, was an Erfahrungen, an geistigen Erfahrungen unterhalb der Oberfläche der Vernunftkritik angemeldet ist –, [daß] sich hier ein sehr wesentlicher Unterschied eben doch anmeldet, nämlich der, ob das Denken tatsächlich auf Sachen bezogen ist oder ob es bei sich selbst verbleibt. Und das Tiefe, was Kant hier gesehen hat – und ich möchte sagen, was seiner eigenen Vernunftlehre widerspricht, was man aber um so nachhaltiger hervorheben müßte, weil er es gerade gegenüber der Konstruktion seiner totalen Philosophie selber eigentlich entdeckt hat –, das scheint mir das zu sein, und das steckt in gewisser Weise auch in der »Kritik der reinen Vernunft« drin, daß der Charakter der Vernunft selber sich ändert danach, ob die Vernunft in ihrem Fortgang wesentlich beherrscht wird von ihrem eigenen Mechanismus, also von der zur Methode erweiterten formalen Logik, oder ob dieser Fortgang der Vernunft sich seinerseits konfrontiert mit den Momenten der Sachen, mit dem, worauf sie bezogen wird, wovon ja von vornherein a priori in gar keiner Weise feststeht, ob es seinerseits nun tatsächlich diesen Spielregeln der Logik und ihrer Erweiterung zur Methode eigentlich entspricht. Ich weiß nicht, ob es mir gelungen ist, das richtig auszudrücken; wenn man die gängige Wissenschaftslogik betrachtet, so wie ich sie Ihnen in der letzten Stunde an Parsons inhaltlich demonstriert habe, dann kann man sagen, daß hier natürlich auch eine gewisse Beziehung zwischen der Methode oder der erweiterten formalen Logik und den sachhaltigen Dingen herrscht insofern, als die formal logischen Kategorien und die methodologischen Forderungen, zum Beispiel die Einheit des methodischen Fortgangs oder das Minimum der je zu verwendenden Begriffe, dann zu dem Ordnungsprinzip der Sachen werden. Aber – und das ist scheinbar eine bloße Nuance, meine Damen und Herren – die Philosophie ist so, daß die größten Dinge in Nuancen stecken, und daß also wirklich der liebe Gott im Detail und nur im Detail steckt. Es ist ein Unterschied, ein entscheidender, wenn auch nuancenhafter Unterschied, ob nun die Gesetze der formalen Logik und der Methode als Ordnungsschema dem Erfahrenen aufgeprägt werden oder ob ihre Geltung, ihre Anwendbarkeit ihrerseits dauernd konfrontiert wird mit dem, was die Sachen selbst sagen.

Um also noch einmal auf das zurückzukommen, was ich Ihnen in der letzten Stunde entfaltet hatte, und es, wenn möglich, für die Betrachtung fruchtbar zu machen, an der wir jetzt stehen: Die Forderung der formalen Logik und die der Methode ist die der Widerspruchslosigkeit. Nun ist es ein entscheidender Unterschied, ob man diese Forderung der Widerspruchslosigkeit einfach anwendet zur Organisation des Materials telquel, ohne Sorge darum, wie das Material als solches beschaffen ist, oder ob man diese Sorge um Widerspruchslosigkeit dort suspendiert, wo sich herausstellt, daß die Phänomene selber einander so widersprechen, wie ich versucht habe, Ihnen zu zeigen, daß das individuelle menschliche Dasein und das gesellschaftliche menschliche Dasein einander widersprechen. Die Logik aber, und die Methode, kommt nun trotzdem zu Ehren insofern, als dieselbe die Verpflichtung hat, dann diese Differenz, diesen logischen Widerspruch, diese Unanwendbarkeit identisch festgehaltener Kategorien auf ein mannigfaltiges Material ihrerseits wieder methodisch oder logisch zu begreifen, das heißt, soweit wie nur möglich unter einen Gesichtspunkt zu bringen, durch den diese Alogizität ihrerseits wieder verständlich gemacht wird. Wenn Sie mich fragen, was ich eigentlich unter Methode hier verstehe – und wahrscheinlich wird vielen von Ihnen nach dieser Vorlesung doch diese Frage schon gekommen sein –, dann würde ich sagen, daß die Methode genau darin besteht, daß man zwar auf der einen Seite die alogischen oder antilogischen einander widersprechenden Momente der Realität [...], also nicht etwa unmittelbar so ordnet, wie es den Kategorien der formalen Logik entspricht, daß man aber andererseits doch wieder denkend diese Widersprüche oder Abweichungen von der formalen Logik zu begreifen sucht, und indem ich sage, sie denkend zu begreifen sucht, ist man dabei doch wieder auf eine Art höhere Widerspruchslosigkeit verwiesen, weil wir ja gewissermaßen in den Mechanismus unseres eigenen Denkens so eingespannt sind, etwa wie ein Nashorn eingespannt ist in diese unförmigen Auswüchse und Panzer, mit denen es umgeben ist und aus denen es schlechterdings nicht heraus kann. Nun, ein bißchen solche Nashörner oder gepanzerte Dinosaurier sind wir selber ja auch, und vielleicht ist gerade dieses Moment ein archaisches Moment an uns, vielleicht gelingt es eines Tages doch noch, daß wir daraus herauskommen; solche Versuche, wie etwa die Relativitätstheorie oder die moderne Quantenmechanik, sind ja Versuche eines solchen Ausbruchs aus dem Nashörnerpanzer, könnte man wohl sagen. Aber solange wir jedenfalls noch drin sind, bleibt uns gar nichts anderes übrig, als die Widerspruchshaftigkeit, die sich zwischen dem Denken und den Fakten ergibt, ihrerseits doch wieder unters Denken zu bringen, das heißt, doch tendenziell wenigstens im Gedanken so zu erledigen, daß diese Widersprüche zwar als solche der Realität erscheinen, daß sie aber nicht die einfache Widersprüchlichkeit des Gedankens selber sind. Und wenn die dialektische Philosophie auf den Begriff der Totalität oder der Einheit einen so großen Wert gelegt hat, dann ist an dieser Stelle zu sagen, daß das nicht nur das wildgewordene, Amok laufende Identitätsprinzip ist, das nun also glaubt, alles, was da überhaupt ist, in seinen Zwang, in den Zwang des Begriffsmechanismus hineinnehmen zu dürfen, sondern daß darin eben auch jener Zwang steckt, daß zwar auf der einen Seite das Denken nicht aufgeht in den Fakten und die Fakten nicht aufgehen in dem Denken, daß aber auf der anderen Seite das Denken selbst eben als ein logisches etwas anderes als den Versuch, beides zur Deckung zu bringen, gar nicht zuläßt. Und der Versuch, diese sehr tiefe und gar nicht ohne weiteres auflösliche Paradoxie eben doch zu bewältigen, dieser Versuch ist der der dialektischen Philosophie gewesen, und von ihm würde ich sagen, daß er eigentlich das sei, was der spezifische Stellenwert von Theorie heute überhaupt zu sein hat. Mit anderen Worten also: Die Theorie bedarf einer Selbstbesinnung in dem Sinn, daß weder auf die logische Einheit verzichtet wird im Sinn der bloß willkürlichen Registrierung einzelner Erfahrungen oder Beobachtungen, noch auf der anderen Seite die Ordnung der Gedanken dogmatisch wie im alten Rationalismus unterschoben wird für die Ordnung der Dinge selbst, wie es klassisch bei Spinoza geschehen ist, der ja buchstäblich gelehrt hat, daß die Ordnung der Dinge und die Ordnung der Ideen dieselbe sei, sondern daß diese beiden Momente einer ständigen Reflexion unterworfen werden. So komisch es ist: Gerade diese Reflexion ist im Bereich der Methode und der Theorie im allgemeinen, und ich muß sagen, bis auf die eine und darin heute noch exemplarische Ausnahme von Hegel, eigentlich unterblieben, und wenn ich sagen sollte, was das nicht naive, das in einem höheren Sinn wissenschaftliche Moment an Denken oder Theorie überhaupt gegenüber dem naiven Vollzug gedanklicher und beobachtender Operationen ist, dann würde ich sagen, daß es eben in dieser Reflexion besteht, von der ich versucht habe, Ihnen anzuzeigen, was sie ist.

Aber es ist das deshalb so schwer, weil der Gedanke von der

absoluten Vorherrschaft der Methode so tief verkoppelt ist mit dem Gedanken der prima philosophia, wie ja nicht umsonst bei Descartes der Gedanke an eine rationale, aus dem cogito, dem Denken, herauszuspinnende Philosophie mit dem Gedanken der methodischen Einheit unmittelbar verkoppelt auftritt[158]. Historisch ist das so, wenn ich das gerade andeuten darf, daß das Bedürfnis der Methode, als das, von dem Einfacheren zu dem Komplizierten fortzuschreiten und damit das Einfache als den Grund und das Komplizierte als die Folge aufzufassen, zurückgeht auf das Bedürfnis der Didaxe, das Bedürfnis der Lehre, und zwar in einem spezifischen Sinn auf die Lehrmethode der Pandekten[159], also auf die Lehrmethode, in der das römische Recht als ein System dargestellt worden ist, obwohl die Spannung zwischen dem didaktischen Bedürfnis und dem Bedürfnis, die Sache selbst auszudrücken, bereits in den beiden Fassungen der *πρώτη οὐσία*, des ersten Seins, bei Aristoteles, in der »Metaphysik« des Aristoteles[160] zum Ausdruck kommt, der ja da auch sagt, daß im didaktischen Sinn, also im Sinn des Aufbaus einer Lehre, das unmittelbar Gegebene, die sinnlichen Anschauungen die *πρώτη οὐσία* seien, während von der Sache her, also durchreflektiert eben doch diese *πρώτη οὐσία* die obersten metaphysischen Wesenheiten oder Kategorien bei ihm sein sollen. Es ist, um von diesen sehr spekulativen Gedanken ein bißchen wegzukommen, in der gesellschaftlichen Realität aber keineswegs so, daß sich das Komplexe ohne weiteres aus dem Einfachen immer erklären läßt. Der Kapitalismus ist gar nichts Einfaches, sondern der Kapitalismus ist etwas ungemein Kompliziertes und etwas ungemein Komplexes, und wenn man glaubt, der Methode zuliebe ihn sozusagen auf seine allereinfachsten und stimmigsten Begriffe reduzieren zu dürfen und von da aus die Welt zu begreifen, dann verfälscht man eben der Ordnung der Darstellung, also der Didaxe, im Grunde der Lehre zuliebe tatsächlich die Verhältnisse, wie sie in der Sache drinstecken. Die Forderung der Methode ist nicht, lassen Sie mich besser sagen, ist nicht nur jene Erweiterung der Ansprüche der formalen Logik auf das Ganze einer Wissenschaft oder auf das Ganze wissenschaftlicher Operationen und Prozeduren, sondern es steckt – dadurch, daß die Methode sich verselbständigt, und daß sie in dieser Verselbständigung dann als eine bereits verselbständigte wieder auf die Gegensätze zurückprojiziert, zurückübertragen wird – darin im Grunde eben, daß von den angeblich letzten Voraussetzungen des Denkens aus, nämlich eben den logischen Grundsätzen, die Sache sich enthüllen soll, während eben gar nicht sicher, gar nicht ausgemacht ist, ob die Sache ihnen entspricht. Insofern also ist das berühmte methodische Denken gerade das, was es doch gegenüber dem rhapsodistischen oder aphoristischen Denken am allerletzten sein möchte, nämlich es ist in einem gewissen Sinn gerade dogmatisch, indem es von der Sache weg sich zurückbegibt in die subjektive Vernunft. Man kann sagen, daß das absolut Erste eine Fiktion ist, und wenn Sie unter dem Gesichtspunkt der Dinge, die wir heute betrachtet haben, sich die Mühe machen, die zehn oder zwölf Seiten der Einleitung zur Hegelschen »Phänomenologie« einmal durchzulesen – der Einleitung, nicht etwa der Vorrede –, dann werden Sie [finden, daß] im Grunde unter der Verschalung des idealistischen Systems von Hegel äußerst drastisch eben die Überlegungen gegen eine Erkenntnistheorie oder Methode als den Rekurs auf das Abstrakteste und Einfachste, als das Allererste und Ursprünglichste, großartig durchgeführt sind. Im übrigen, wenn ich gesagt habe, der Kapitalismus ist kompliziert, und es ist falsch, wenn man den Kapitalismus nun als ein ganz einfaches Modell betrachtet und von diesem einfachen Modell aus entwickelt, so steht das allerdings in einem gewissen Widerspruch zu dem Verfahren von Marx, welches ja, wie vielen von Ihnen bekannt sein wird, von einer relativ elementaren und relativ einfachen Analyse, nämlich der Analyse des Tauschverhältnisses ausgeht, und versucht, nun eigentlich aus der Analyse des Tauschvorgangs nicht nur das Ganze der Ökonomie, sondern überhaupt das Ganze des gesellschaftlichen Zusammenhangs, das heißt auch die Herrschaftsverhältnisse, herauszuspinnen.

Aber, meine Damen und Herren, bei Marx ist das auch nicht so einfach, wie es denjenigen erscheinen mag, die – und ich habe den Verdacht, daß das immer noch die meisten Leser von Marx sind – sich mit der Lektüre des ersten Bandes des »Kapitals« begnügen. Mein alter Lehrer Grossmann[161] hat die Marxische Methode, und ich glaube, marxphilologisch ganz angemessen, als eine Methode der fortschreitenden Differenzierung oder der fortschreitenden Selbstkorrektur bezeichnet, und das hat den exakten Sinn, daß also schließlich die Kategorien des zirkulierenden Kapitals, des Zirkulationsprozesses, und des Gesamtprozesses des Kapitals ihrerseits auch auf die Kategorien der Produktion des Kapitals, den kapitalistischen Produktionsprozeß, zurückwirken. Wenn man einmal dieses Moment an dem Marxischen Verfahren eine Sekunde lang erkenntnistheoretisch oder philosophisch, also unter dem Gesichtspunkt einer Theorie der Gesellschaft betrachtet, dann heißt das etwas ganz ähnliches wie das, was ich Ihnen eben unter dem Gesichtspunkt der Didaxe auseinandergesetzt habe, nämlich, daß diese Theorie eben dann doch das, was um der Darstellung willen mit dem Einfachsten beginnt, als das nicht absolut Erste erkennt, denn wenn es schon die Voraussetzung und die in vielen Stücken von Marx mit einer fast dogmatischen und gewalttätigen Härte verfochtene Voraussetzung des ganzen Kapitals ist, daß die Phänomene innerhalb der Produktionssphäre der Schlüssel zu allem anderen sind, zum Beispiel auch der Schlüssel zu all den Vorgängen, die man landläufigerweise in der Konkurrenzsphäre beheimatet und die die Vulgärökonomie im Gegensatz zur Marxischen für die primären hält, dann steckt ja in dieser Berichtigung eigentlich so viel drin – wenn Sie das nun anwenden, was ich Ihnen heute gesagt habe –, daß das Erste und Einfache in Wirklichkeit gar nichts Erstes ist, denn wenn dieses Erste, der Produktionsprozeß, selber tangiert wird von den komplizierteren Prozessen des zweiten und dritten Bands, dann hört ja damit der Charakter einer Art von prima philosophia oder eines Systems notwendigerweise auf. Also es steckt im Marx durchaus auch dieses drin, daß man nicht wie mit einer naiven wissenschaftlichen Methode, und wie es etwa jenseits der östlichen Grenzen gelehrt wird, in einer ganz simplen und eindeutigen Systematik nun aus dem Tausch die ganze Welt herausspinnen kann. Wenn ich übrigens so von der Lehre im Osten rede, dann ist das noch zu optimistisch, denn soweit ich das übersehen kann, wird dort nicht einmal die Lehre von dem Vorrang der Produktionssphäre überhaupt mehr richtig gelehrt, sondern es bleiben dort von Marx also wirklich nur Brocken übrig, daß einem Hören und Sehen vergeht; aber das nur nebenbei.

Nun möchte ich aber doch sagen, diese methodische Situation bei Marx, die ich Ihnen eben dargestellt habe, hat etwas Unbefriedigendes, hat durchaus etwas Zwitterhaftes, denn es ist natürlich nicht einzusehen, warum erst Marx ein Erstes und Schlüsselhaftes lehrt und es dann nachträglich modifiziert. Er hat damit eben doch – und das gilt für die ganze Struktur des Marxischen Systems, wenn man diesen Ausdruck auf Marx einmal anwenden darf – der gängigen Wissenschaftslogik seiner Zeit die Konzession gemacht sozusagen einer einheitlichen Methode, die vom Einfachen zum Komplizierten fortschreitet, und wenn er gesagt hat, er habe mit der dialektischen Methode kokettiert, so hat er, wie es mit der Koketterie in der Welt oft zu gehen pflegt, zu wenig und nicht zu viel kokettiert.[162] Das heißt, er ist darin längst nicht weit genug gegangen, sonst hätte er diese selber ja ganz logische und vordialektische Ansicht, auf der einen Seite also primitive Kategorien, aus denen alles deduktiv herausgesponnen wird, und auf der anderen ihre nachträgliche Korrektur, nicht so unverbunden gegeneinander stehen lassen, sondern hätte diese Kategorien von Anfang an so miteinander vereinigen müssen, daß sie auch in dem Sinn dialektisch gewesen wären, daß dieser absolute Primat der Produktionssphäre dadurch aufgehört hätte, was allerdings dann die politische Wirksamkeit der Theorie, die ja unter anderem eben doch auch eine Theodizee des Proletariats sein sollte, oder wenigstens dazu geworden ist, sicherlich sehr beeinträchtigt hätte. Also das möchte ich sagen sozusagen zur Strukturfrage des theoretischen Modells, wie es bei Marx vorliegt.

Ich möchte sagen, daß der Begriff der Methodologie, wie wir ihn behandelt haben, nun so, wie er heute im allgemeinen sich darstellt, sich in dem Sinn überschlägt, daß er tatsächlich kaum mehr an die Sachen selber herankommt, [auch weil] er die Sachen ad infinitum verschiebt und immer sagt: ›Ja, soweit sind wir noch nicht, das können wir noch nicht‹. Es wird immer vertagt, eines Tages soll es dann sein. Aber nachdem dieses Vertagen, das schon in Comte kodifiziert ist, nun hundertfünfzig Jahre dauert, wird kein Vernünftiger mehr glauben, daß diese Art wissenschaftlicher Begriffsbildung es je mehr einholt. Auf der anderen Seite aber ist es so, daß dieser Primat der Methode als einer verselbständigten innerhalb der tatsächlichen Übung der empirischen Sozialwissenschaft nun heute eine außerordentlich verhängnisvolle Konsequenz hat, auf die ich Sie doch hinweisen möchte, und die im übrigen von den einsichtigeren unter den empirischen Soziologen in Amerika zugestanden wird, daß nämlich bereits die Auswahl der Untersuchungsthemata, und daß die Anlage von Untersuchungen selbst sich nach der Verfügbarkeit von Methoden richtet, und daß das methodologische Interesse, also das Interesse, eine Methode als verwendbar zu verifizieren oder zu falsifizieren und womöglich die Methode zu differenzieren, gegenüber dem inhaltlichen Interesse an dem zu Erkennenden, nämlich an der Gesellschaft, einen außerordentlichen Vorrang hat. Das ist, nebenbei bemerkt, die Erklärung der Tatsache, daß in Amerika so unzählige empirische Untersuchungen dupliziert und immer wieder und mit etwas veränderten Instrumenten vorgenommen werden, und wenn die gute, alte »Authoritarian Personality«[163] ein gewisses Verdienst hat innerhalb des Gesamten [...] der empirischen Sozialforschung, dann ist es ganz sicher das gewesen, daß sie, obwohl sie einen bestimmten methodischen Gesichtspunkt sehr energisch geltend gemacht hat, sich eben mehr hat leiten lassen von dem Interesse an der Sache, die dabei zu erkennen war, nämlich des Zusammenhangs von Charakterstruktur und Gesellschaftsstruktur, als daß sie nun rein auf ihre Methode sich hat vereidigen lassen.

Nun, meine Damen und Herren, das ist also sozusagen die praktische Konsequenz, die aus dem Kultus der Methode per se folgt. Ich möchte hinzufügen, daß der Begriff der Methode gerade im Bereich der Sozialwissenschaften zwei verschiedene Bedeutungen hat, die Sie gut daran tun, zunächst einmal etwas auseinanderzuhalten. Methodologie in der deutschen Sozialwissenschaft entspricht ja ungefähr so dem, was Sie in dem Band wissenschaftstheoretischer Schriften von Max Weber[164] vereint finden, also sozusagen Gesinnungen, wie man sie vielleicht wissenschaftsorganisatorisch bezeichnen könnte als spezielle Erkenntnistheorie, also Erkenntnistheorie, die nun nicht mehr in den obersten Allgemeinheiten der sogenannten Konstitutionsprobleme von Gegenständen überhaupt bleibt, sondern die sich zuwendet den Konstitutionsfragen oder den erkenntniskritischen Fragen der Erkennbarkeit von Gegenständen in einem Bereich, gegenständlich konstituierten Bereich, wie also etwa dem zwischenmenschlichen Verhaltens und all dieser Dinge, die die traditionelle Soziologie zu ihrem Gegenstand macht. Demgegenüber gibt es nun einen, wie soll man sagen, erkenntnispraktischen Begriff von Methodologie, der besonders in Amerika hoch entwickelt ist. Wenn einen jemand in Amerika fragt, wenn man über eine Studie sich unterhält: ›What is your methodology?‹, dann meint er damit eigentlich soviel wie: ›What is your method?‹, das heißt, er meint damit eigentlich: ›How do you go about?‹, wie fangen Sie die ganze Sache an, wie verfahren Sie? Also, dieser zweite Begriff von Methodologie, den könnte man vielleicht als den technologischen Begriff der Methodologie bezeichnen, der orientiert ist an dem Know-how, also an dem ›Wie kann ich etwas lernen, wie kann ich etwas herausbekommen?‹. Es ist interessant, daß nun gerade in der amerikanischen Soziologie, die doch scheinbar so empiristisch und so down to earth, so terre à terre ist, gerade dieser zweite Begriff eine so merkwürdige Präponderanz erlangt hat. Mir hat einer der allerberühmtesten amerikanischen empirischen Sozialforscher, wirklich einer der allerberühmtesten, wenn nicht der berühmteste, einmal in einem Gespräch gesagt, er interessiere sich eigentlich als Soziologe überhaupt nicht für irgendeinen bestimmten Gegenstand, sondern er interessiere sich nur dafür, wie man etwas herausfindet. Ich glaube, eine vernichtendere Kritik des an der Methodologie ausschließlich orientierten Denkens als diese, die also schließlich einbekennt, daß sie eigentlich nur noch auf die Techniken geht und gar nicht mehr auf die Sache selbst, ließe sich überhaupt nicht finden, und ich glaube, dieses Wort, für dessen Authentizität ich mich verbürge, enthebt mich eigentlich, wenn Sie es nach dem, was ich Ihnen analysiert habe, richtig verstehen, der ganzen Kritik, die ich Ihnen nun durchgeführt habe. Ich möchte aber doch der Fairneß zuliebe sagen, daß die beiden Begriffe von Methodologie, die ich jetzt also im Interesse der Klarstellung gerade in bezug auf die Soziologie voneinander unterschieden habe, in Wirklichkeit einander außerordentlich ähnlich sind in ihrem Resultat: Nämlich, daß beide Male eigentlich die Methode die Sache vorschreibt und nicht umgekehrt. Wenn bei Max Weber schließlich die verschiedenen Gegebenheiten gemessen werden am Idealtypus, dann wird ja allein dadurch und durch das ungeheure Gewicht, das diese methodologische Veranstaltung der Idealtypen bei ihm gewinnt, eigentlich die Adäquanz oder Inadäquanz der Fakten an dem je vorliegenden Idealtypus wichtiger als nun die Einsicht in die Fakten selber. Es geht dann eigentlich mehr darum, ob sie ordnungsgemäß ihrem Idealtypus entsprechen, als daß es darum geht, wie nun die Strukturen an sich eigentlich beschaffen sind. Die Verbaldefinitionen behaupten also, obwohl immer wieder ausdrücklich gesagt wird, daß es nur Definitionen und willkürliche Festsetzungen seien, gegenüber der Einsicht in die Wesensgesetze der Sache selbst den Vorrang, das heißt, von solchen Wesensgesetzen würde ja bereits ein Denker wie Max Weber aller Wahrscheinlichkeit nach geleugnet haben, daß sie überhaupt existieren. Hinzufügen möchte ich noch, daß die Bedeutung der Methode natürlich geschichtlich variiert, daß die Methode, als sie also zu der Zeit von Bacon und Descartes aufkam, natürlich als das schrittweise und in sich selbst geregelte Verfahren der Erkenntnis unendlich produktiv war, daß sie aber wie alle Momente, die in den bürgerlichen Produktionsprozeß verflochten sind, unterdessen selber zu einem Fetisch geworden ist und dadurch dann auch gegenüber dem, was sie vor dreihundertfünfzig Jahren war, ihrer Funktion nach sich vollkommen verändert hat. Aber darüber das nächste Mal mehr.

13. Vorlesung[165]
14. 7. 1964

Meine Damen und Herren,

vielleicht hat es manchen von Ihnen erstaunt, daß ich auf diesem Unterschied der Methode als Selbstzweck oder des primär an Methodologie orientierten gesellschaftlichen Denkens gegenüber dem, das die Methode durch die Reflexion auf die Sache korrigiert, so sehr herumreite, und es sind vielleicht manche unter Ihnen gewesen, die geglaubt haben, daß es sich dabei um eine Art von fixer Idee handele, daß ich da also eine überwertige Bedeutung einer im Grunde nur mehr oder minder partikularen Sache zumesse. Ich darf vielleicht sagen, daß an dem Punkt, auf dem ich mich so festgebissen habe, wenn ich mich nicht irre, wirklich die gesamte gegenwärtige gesellschaftstheoretische Kontroverse sich zentriert. Um diese Sache, also um die Frage auf der einen Seite der sogenannten einwandfreien, hieb- und stichfesten Methode, bei der der Begriff der Wissenschaft sich Selbstzweck wird, und auf der anderen Seite dem Versuch, die Sache zu ergreifen auch für den Fall, daß die Sache, eben weil sie in sich kontradiktorisch ist, der widerspruchsfreien Logik und dem totalen Fundierungszusammenhang sich entzieht, darum geht eigentlich der gesamte Streit, der zwischen dem in einem allerweitesten Sinn positivistischen Denken in der Sozialwissenschaft auf der einen Seite herrscht und auf der anderen Seite also den sozialwissenschaftlichen Positionen, die Sie in Gottes Namen nun einmal hier gerade in Frankfurt von unseren Soziologen und Philosophen vertreten finden.

Es ist also hier wirklich der Punkt eigentlich, an dem sich überhaupt das sozialwissenschaftliche Interesse heute unterscheidet. Ich würde immerhin sagen, daß heute, und übrigens schon vor fünfzig Jahren, das Interesse an Methode oder Methodologie derartig gefährlich präponderiert, daß eine gewisse Unmittelbarkeit zur Sache ohne alle die erkenntniskritischen oder gar empiristisch experimentellen Veranstaltungen produktiver ist als die sogenannte methodologische Sauberkeit. Schon Hegel hat das gewußt, indem er – ich glaube, ich machte Sie darauf aufmerksam – in der Einleitung zur »Phänomenologie des Geistes« die abgelöste, verselbständigte, der Methode gegenüber unabhängige Erkenntnistheorie, und zwar auch in ihrer höchsten, das heißt in ihrer Kantischen Gestalt als formalistisch kritisiert hat und ihr das Sprichwort entgegengehalten hat, daß man durchs Schmieden Schmied wird.[166] Wenn ich heute ein Wort sagen darf zu Ihnen, das sich auf Ihre eigene Ausbildung in den Sozialwissenschaften bezieht, dann möchte ich beinahe die Paradoxie wagen, daß es die Aufgabe ist, die Aufgabe nicht nur von Professoren, sondern vor allem auch Ihre eigene Aufgabe, soweit Sie an sich selbst, wie man das so nennt, kritisch arbeiten, sich Naivität zu erwerben. Man sollte doch eigentlich denken, daß es gerade umgekehrt ist, daß man also zunächst, sagen wir also, mit Naivität, das heißt mit einer Fülle von Anschauungen, Ideen, Einfällen, auch vorgefaßten Urteilen, allem möglichen an die Universität kommt, und daß dann diese Naivität durch die Reflexion auf die richtige Weise des Erkennens, also durch die intentio obliqua, durch die Rückbeziehung des Denkens auf sich selber, diszipliniert wird. Es ist aber in Wirklichkeit genau umgekehrt: Das heißt, das, was ich Wissenschaftsfetischismus nenne, also die Vorherrschaft der für sich selbst zu einem Wert erklärten und kultivierten Methode, ist so ungeheuer stark, daß die Naivität in dem Sinn, in dem ich sie hier meine, eigentlich den Menschen am allerschwersten fällt, und daß sie das ist, was sie sich eigentlich erst erwerben müssen. Ich mache tatsächlich auch, etwa in Prüfungen oder bei denjenigen Studenten und Studentinnen – es sind ja leider allzu wenige aus Ihrem Kreis –, die ich in ihrer eigenen Entwicklung ein bißchen näher beobachten kann, immer wieder die Erfahrung, daß es ihnen im Grunde am schwersten fällt, daß man sie dazu am meisten ermutigen muß, Einfälle zu haben, sich unreglementiert der Sache selber zu überlassen und zu einer primären Anschauung zunächst einmal sich zu stellen, sondern, daß sie schon vorweg, wie wenn sie unter einem Bann stünden, nämlich eben dem Bann der in der Universität organisierten Wissenschaft, sich den unreglementierten Einfall und vor allem den unmittelbaren Blick auf die Sache eigentlich verbieten. Und ich würde sagen, das zeigt sich etwa daran, daß es viel schwerer ist, wie sich gezeigt hat, wenn man etwa in einem Seminar eine sogenannte ›Content Analysis‹[167] durchführt, also die soziologische Analyse irgendwelchen gedruckten, sagen wir, propagandistischen Materials, daß es dann im allgemeinen den Studierenden viel schwerer fällt, dazu nun alle möglichen Einfälle und Gedanken zu produzieren, was dahinter steckt, was das bedeutet, als es ihnen fällt, nun methodisch eine Untersuchung anzulegen oder Material methodisch-statistisch etwa auszuwerten oder alle diese Dinge zu machen. Es ist ein höchst sonderbarer Verblendungsmechanismus, durch den – und ich würde Sie wirklich ganz praktisch als eine Konsequenz aus dieser höchst theoretischen Vorlesung bitten, sich selber darin einmal zu kontrollieren, über sich selber darin einmal nachzudenken, über dieses sonderbare ›Hysteron-Proteron‹ – das, was eigentlich zu organisieren wäre, später und schwächer ist als die Formen der geistigen Organisation, die an dessen Stelle sich schieben. Daran ist natürlich dieser fast unausgesprochene Bann schuld, der von dem gesamten Universitätswesen ausgeht und der, wie ich ausdrücklich sagen möchte, sich keineswegs auf die Naturwissenschaften, die exakten Wissenschaften beschränkt, in denen man ja von einem Primat der Methode, also ich denke vor allem an die reine Mathematik [...], sondern der etwa auch in dem Vorrang gewisser philologischer Gesichtspunkte in den Geisteswissenschaften sich geltend [macht und] verhindert, daß man eine primäre Beziehung zu der Sache selbst gewinnt, daß man in die Organisation etwa eines Kunstwerks selbst eindringt, [anstatt] daß man also, sagen wir, die Bedingungen seiner Hervorbringung oder die Bedingungen, unter denen es historisch gestanden hat oder alle möglichen, der Sache selbst zunächst doch äußerlichen Dinge [pflegt]. Ich würde sagen, es ist wirklich so ein bißchen wie die Geschichte, die ich der Wahrheit gemäß von meinem Freund Horkheimer Ihnen berichten darf, der einmal in die Situation gekommen ist, einem Hund, der ihm gehört hat, der sich krampfhaft geweigert hat zu bellen, das Bellen beizubringen. Wir müssen Sie eigentlich das Bellen lehren, anstatt, wie es sonst also wohl bei der Abrichtung von Hunden – und ich hoffe, daß niemand über diesen kreatürlichen Vergleich von Ihnen beleidigt sein wird, ich würde mich gern mit einem Hund identifizieren, lieber als mit den meisten Menschen, ja, ich kann mir nicht helfen, ich habe Ihnen das ja nicht zugemutet, ich habe nur von mir gesprochen, meine Damen und Herren –, ich würde Ihnen also wirklich dringend raten, daß Sie an dieser Stelle sich kontrollieren, denn die Sterilität, die wir in unserem ganzen geistigen Leben doch heute beobachten können und die wahrscheinlich fast allen von Ihnen in irgendeiner Weise auch aufgefallen ist und unter der Sie leiden, [habe ich] jedenfalls in dem als Wissenschaft zu bezeichnenden Bereich wesentlich an dem Hysteron-Proteron, [...] versucht zu charakterisieren.

Nun, meine Damen und Herren, es gibt dabei eine höchst sonderbare weitere, ja, wie soll man sagen, [...] eine weitere Verkehrung der zunächst einmal gegebenen Sachverhalte, nämlich man sollte doch denken, daß die Konzentration auf die Methode zu einer immerwährenden Schärfung und Intensivierung des Bewußtseins gegenüber dem undisziplinierten Denken führt, daß die Denkkraft dadurch, daß sie sich gewissermaßen spezialisiert, daß sie sich trainiert als eine selbständige Fähigkeit, in einer ähnlichen Weise sich kräftigt, wie etwa bestimmte Muskeln. [...] Hugo von Hofmannsthal hat einmal bei irgendeiner Gelegenheit gesagt, daß der Scharfsinn eine besonders gefährliche Form der Dummheit sei[168], [...] nämlich der Scharfsinn, der sich zum Selbstzweck wird, in dem also die Denkprozesse gewissermaßen automatisiert werden, von selber ablaufen, ohne daß sie unterbrochen werden [...] Diese Denkprozesse nehmen dadurch etwas Mechanisches an und führen schließlich dazu, daß die Beziehung zu der Sache selbst, die durch den Vorrang der Methode abgewertet [wird], dann einem solchen Denken auch in immer zunehmendem Maße wirklich verloren geht. Es ist also bereits so, daß die Konzentration auf immer geschliffenere und immer, wenn ich so sagen darf, abgefeimtere Methoden soweit führt, daß schließlich etwas wie ein Verdummungseffekt dabei eintritt. Wenn Sie gewisse empirische Studien analysieren, wie Sie sie etwa im »American Journal of Sociology« lesen können, wird [sich] Ihnen die ungeheure Geschliffenheit des methodischen Apparats, der sich der fortgeschrittensten mathematischen Apparatur bedient, bei völliger Dürftigkeit und Irrelevanz der dabei herausschauenden Resultate geradezu aufdrängen. Das heißt, die Konzentration auf die Methode führt dann wirklich dazu, daß die Sache selber überhaupt gar nicht mehr begriffen werden kann, und daraus wird dann, meine Damen und Herren, in der herrschenden positivistischen Gesinnung auch noch eine Ideologie, nämlich jene stolze, die da, sobald sie einem gedanklichen Gebilde begegnet, das primär von der Beziehung zur Sache sich leiten läßt, sofort mit mehr oder minder heftigem Achselzucken erklärt: ›Ja, das verstehe ich nicht‹, wobei das Nicht-Verstehen aber zugleich zum Index veri wird: Es steht nämlich dahinter – wenn man dieses ›Das verstehe ich nicht‹ analysiert –, daß wenn Ich etwas nicht verstehe, Ich, hinter dem sozusagen geschlossen die Phalanx der ganzen Wissenschaft steht, ja, dann kann's doch schon von vornherein überhaupt nichts sein, und infolgedessen ist es dann eben erledigt.

Ich benutze die Gelegenheit, Sie mißtrauisch zu machen, Sie aufzuhetzen gegen alle Äußerungen, in denen ein Mensch mit besonderem Stolz [auftritt], dann ist das immer eine äußerst bedenkliche Sache. Ich möchte diesen Punkt hier nur andeuten und demgegenüber sagen, daß eine wahre Methode – und ich habe Ihnen ja das letzte Mal gesagt, daß ich alles andere als ein Verächter der Methode bin – darin zu bestehen hätte, daß sie unablässig auch auf sich selbst, kraft der Beziehung zu der Sache, der sie gegenübersteht, reflektiert.

Ich möchte hier noch einmal ein Wort sagen über Max Weber, so wie ich Ihnen versprochen hatte, daß wir wenigstens kursorisch gewisse Grundpositionen von Max Weber, dem Methodologen Max Weber jedenfalls, hier immer wieder streifen wollen. Es gibt ein Wort von Weber, in dem er mit einer gewissen Gehässigkeit gleichermaßen sich gegen den bloßen »Stoffhuber« wendet und gegen die Stoffhuberei und mit einem Neologismus ebenso auch gegen die Geisthuberei.[169] Daß allein der Geist darin dem bloßen Ansammeln von Stoff durch die sprachliche Bildung gleichgesetzt wird, ist selbst bereits Ausdruck einer gewissen Rancune, in die Weber im übrigen mehr durch seine eigene Position gedrängt worden ist, als daß er der geistigen Qualität nach dazu verhalten gewesen wäre, denn daß es ihm an Geist, daß es ihm an primärer Anschauung der Sache also gefehlt hätte, das kann man ja nun wirklich beim besten Willen Max Weber nicht nachsagen. Er hat dabei nur etwas übersehen, daß nämlich die Stoffhuberei auf der einen Seite und der Kultus der Methodologie auf der anderen in einer genauen Korrelation zueinander stehen. Das heißt, daß, wo die Methode sich Selbstzweck und wo sie darüber zu einem mehr oder minder Formalen [...], sie als Korrektiv gleichsam oder um über ihr schlechtes Gewissen sich hinwegzutragen, dazu tendiert, möglichst Unendlichkeiten von Stoffmengen anzusammeln, die dann ihrerseits wieder in dem berühmten Gehäuse untergebracht werden sollen. Das Wort Geisthuberei ist deshalb dabei so außerordentlich ungerecht, weil der Geist genau die Verhaltensweise des Bewußtseins, des wissenschaftlichen und philosophischen Bewußtseins ist, die sich jener Trennung der instrumentellen, bloß werkzeughaften Vernunft auf der einen Seite und der qualitätslosen, einzusammelnden und zu klassifizierenden Stoffe nicht beugt, und zwischen beiden eine bestimmte Relation herzustellen trachtet.

Im übrigen ist genau dieses Moment der Instrumentalisierung der Vernunft, also die Abtrennung der Methode von der Sache und der Dialektik mit ihr, seinerseits, durchaus ein gesellschaftliches Phänomen, nämlich aufs tiefste verflochten mit dem bürgerlichen Geist, an dessen Anfang ja eben – und mit einer Reihe von Grundgesetzen, die zwar modifiziert, aber doch in Wahrheit verbindlich geblieben sind – ein ›Diskurs [über die] Methode‹ steht. Es steckt darin also eigentlich, wenn man das auf die gesellschaftlichen Kategorien bringen soll, die darin sich widerspiegeln, es steckt in der Vorherrschaft der Methode über die Sache, gesellschaftlich gesehen, gar nichts anderes als das Grundprinzip der bürgerlichen Gesellschaft selber, nämlich die Abstraktion von den spezifischen Gebrauchswerten, den spezifischen Qualitäten, die die Dinge an sich und im Umgang der Menschen mit ihnen entwickeln zugunsten ihrer allgemeinen Äquivalenzform, ihres Wertes, [der] dann abstrahiert wird. Und so, wie in Wirklichkeit alles, was in unserer Gesellschaft nach diesem von der Sache selbst abgelösten, abstrakten Prinzip des Wertes beurteilt wird, so wird dann auch in Wissenschaften und in Philosophie dieses Abstrakte, das von dem spezifisch Qualitativen der Sachen einfach abgespalten ist, zu einer Qualität an sich gemacht. Es ist wohl ein allgemeines Gesetz der bürgerlichen Gesellschaft überhaupt, das schließlich damit zusammenhängt, daß die bürgerliche Gesellschaft zwar rational ist, aber nur partikular rational, also nur in der Verfolgung begrenzter Einzelinteressen, und nicht rational durchsichtig als ganze, daß so etwas wie eine Vorherrschaft der Mittel über die Zwecke sich herausbildet. Und diese allgemeine Vorherrschaft der Mittel über die Zwecke, die ist dann zu dem geworden, was man heutzutage als Wissenschaftsfetischismus, wenn nicht gar als Wissenschaftsreligion beobachten kann. Diese Dinge reichen im übrigen außerordentlich tief bis in die anthropologischen Verhaltensweisen hinein: Also etwa das Verhältnis unzähliger Menschen zur Technik, die also von vornherein mehr daran interessiert sind, wie irgendein Werkzeug funktioniert, die von allem Technischen an sich angezogen werden, ohne daß dabei die Beziehung auf das, was diese Technik nun tun soll, noch wesentlich eingeht. Eine übrigens wahrscheinlich infantile Verhaltensweise – also die des Kindes, das nicht eher ruht, bis die Uhr aufgemacht ist und es sehen kann, wie die Rädchen darin funktionieren –, diese im Grunde infantile und zurückgestaute Verhaltensweise, die die Mittel anstelle der Zwecke setzt, weil die Zwecke schließlich den Menschen versagt sind in der Welt, in der wir leben, ist wohl der innerste, dialektisch-anthropologische Grund für diesen Fetischismus, den ich versucht habe, Ihnen zu bezeichnen.

Ich meine aber, diese Frage, von der ich spreche, ist deshalb so ernst, weil diese instrumentelle Gesinnung, also die Einheitsfront von Stoffansammlung und Methodologie, ja zu so etwas wie einer allgemeinen Diffamierung des Geistes in der Wissenschaft überhaupt geführt hat, und ich glaube, daß es wichtig ist, daß Sie in Ihrer wissenschaftlichen Bildung diesen bildungssoziologischen oder wissenssoziologischen Tatbestand der Diffamierung des Geistes sich selber klarmachen. Der Geist wird zwar dort anerkannt, wo er durch große Namen bereits gedeckt ist und eine große Geltung hat – also da nun einmal der Hölderlin und der Goethe Geist gehabt haben, so kann man halt nichts dagegen machen –, aber schon wenn man sich ihnen gegenüber nun wirklich auch als ein Gleiches durch Gleiches Erkennender verhielte, so würde einem sofort gesagt, das sei unwissenschaftlich, und es würde versucht werden, daß man dann in seine Schranken, das heißt nicht in die Schranken des Einzelnen, sondern selbstverständlich in die Schranken der strengen asketischen, nur der Sache verpflichteten Wissenschaft gewiesen würde, auch wenn diese Verpflichtung auf die Sache der Sache selbst, nämlich dem Geist, dabei geradezu entgegengesetzt ist. Wenn ich Ihnen sage, daß mir selbst in einem wissenschaftlichen Gremium es einmal passiert ist, daß mir, als ich gegen eine besonders geistlose Arbeit eines Menschen eben ihren Mangel an Niveau einwandte, darauf entgegengehalten wurde: ›Ja, das Niveau steckt eben in der Arbeit selbst‹ – das heißt darin, daß in dieser Arbeit eben soviel Material sich findet und nicht etwa in dem, was nun an Einsicht aus diesem Material gewonnen worden ist –, dann werden Sie mir glauben, daß ich, wenn ich auf diese Dinge Sie aufmerksam mache, nicht rede wie ein Blinder von der Farbe.

Immerhin möchte ich aber doch sagen, und ich glaube, das ist notwendig, denn man kommt ja, ich möchte sagen, aus der geistesstrategischen Lage, in der man jeweils sich befindet, sehr leicht dazu, in diesen Dingen dann in einem strengen Sinn einseitig und undialektisch zu formulieren, und deshalb möchte ich das doch sehr unterstreichen: Verwechseln Sie nun um Gottes willen nicht, daß der Begriff des Geistes, den ich ja nun versucht habe, gerade dem Begriff der Methode, also dem bloß formalen Scharfsinn ebenso entgegenzustellen wie dem blinden Stoff, daß ich diesen Begriff des Geistes verwechseln würde mit einem Leerlaufen des Denkmechanismus in sich selber, der sich gleichsam an sich selbst dann auch befriedigt. Ich habe gerade versucht, vorhin wenigstens stichworthaft, Ihnen zu zeigen, daß der Geist eben das ist, was versucht, die Trennung des Gedankens als Mittel und der Sache als des von diesem Mittel zu bearbeitenden Materials zu überwinden durch eine Art von immerwährender Selbstprüfung am Material, und ich möchte darin noch weitergehen: Es gibt nämlich nichts, was für den Geist so heilsam wäre, wie, daß er sich dem Stoff als einem Blinden, Intentionslosen, nicht schon nach dem Kulturellen, Starken zugerichteten, eingeordneten und verstümmelten überläßt. Der Geist geht eigentlich am Stoff auf und nicht in der bloßen Besinnung, die er in sich selbst [findet]. Benjamin hat mir einmal gesagt, ich wisse gar nicht – ich war damals noch ein sehr junger Mensch –, welch eine Portion Dummheit dazu gehöre, um einen anständigen Gedanken zu denken; und ich habe später gelernt, daß da auch ein sehr großes Moment von Wahrheit dran ist, daß man sich nämlich dem Stoff überläßt, ohne daß man nun immer schon, nämlich durch die Subsumtion des Stoffs unter bereits geltende, fertig geformte Kategorien, der Erfahrung des Stoffs eigentlich [sich] entzieht. Und wenn ich vorhin von Naivität gesprochen habe, dann meine ich damit nicht nur, daß einem zu dem Stoff was einfällt – nämlich etwas einfallen tut einem leicht –, sondern ich wollte damit sagen, daß man dabei eben auch dem Stoff wirklich so sich überläßt, wie er einem entgegentritt; und daß man die Geduld hat, daß dieser Stoff selber gerade in dem, wodurch er nicht schon in die Kategorien hereinpaßt, worin er nicht schon präformiert ist [...], daß er gerade an diesen Stellen einem nun das gewährt, worauf es eigentlich in der Erkenntnis ankommt. Wenn das nicht der Fall ist, wenn man also diese Fähigkeit des blinden, des ungedeckten Sichüberlassens an den Stoff verloren hat, so ist das genauso schlimm, wie wenn man auf der anderen Seite der leeren und abstrakten Methodologie sich verschreibt, und ich möchte denken, daß beide Verhaltensweisen in Wirklichkeit überhaupt geradezu dasselbe seien.

Sie könnten nun fragen, was der Grund des Wissenschaftsfetischismus ist, den ich Ihnen beschrieben habe, denn es genügt ja wohl nicht, wenn man solche Dinge einfach beschreibt, sondern wenn man wirklich über sie hinaus will, muß man ja auch ein Gefühl bekommen von dem, was sie verursacht hat; man kann sie bewältigen nur, wenn man sie selber auch in ihrer Bewegung begriffen hat. Sie müssen sich klar darüber sein, meine Damen und Herren – und ich bin der letzte, der das Ihnen verschweigen oder der das herabmindern möchte –, daß hinter der Entwicklung, deren Konsequenzen im Sinne der Deformation ich Ihnen vor Augen gestellt habe, ja man muß fast sagen, die ganze Gewalt überhaupt der neuzeitlichen gesellschaftlichen Entwicklung steht. Und ich muß Ihnen infolgedessen auch sagen, daß die Überlegungen, die ich mit Ihnen angestellt habe, wofern Sie diesen Überlegungen folgen, Sie in Gegensatz wirklich zu dem gesamten Komplex dessen setzen, was man so traditionelles Denken oder traditionelle Theorie nennt. Wenn manche der Dinge, die ich Ihnen vorgetragen habe, Ihnen vielleicht plausibel sind, dann lassen Sie sich durch diese Plausibilität nicht darüber täuschen, daß sozusagen die kompakte Majorität, aber die sehr kompakte, gegen die Dinge steht, die Sie hier erfahren haben, und es kann nur dann überhaupt irgend fruchtbar für Sie sein, mit diesen Gedanken sich einzulassen, wenn Sie der Ohnmacht dieser Gedanken in der Realität, in der wir uns befinden, und der fast verzweifelten Isolierung, in die Sie geraten, wenn Sie im Ernst solche Gedanken verfolgen, wenn Sie darüber von Anbeginn an sich ebenso klar sind. Es ist also zunächst zu sagen, daß nach der objektiven Seite hinter diesem Wissenschaftsfetischismus die ungeheuren Triumphe stehen – es fällt einem nicht umsonst eine Phrase wie Triumph in diesem Zusammenhang ein –, die die Wissenschaft ja nun tatsächlich in ihrem Umgang mit der Natur errungen hat. Das, was ich Ihnen hier an der Philosophie und am Umkreis der Sozialwissenschaften als etwas sehr Problematisches gezeigt habe und was in der Soziologie selber bis heute, ich denke, nicht nur bis heute, so ohnmächtig sich erwiesen hat, das ist ja doch in seinem Modell, nämlich in dem Modell der mathematisch-physikalischen Naturwissenschaften unendlich erfolgreich gewesen und hat einen Aufschwung der gesamten technischen Produktivkräfte ergeben, der überhaupt erst die Expansion und die Dynamik der neueren Geschichte ermöglicht hat. Und darauf kann natürlich spielend immer wieder gedeutet werden, wenn man die Einwände geltend macht, die ich Ihnen entwickelt habe. Wir befinden uns daher dabei von vornherein also in der Situation des winzigen, kleinen David gegen den riesigen Goliath. Dazu kommt nun noch etwas anderes, und ich möchte sagen, ein metaphysisches Moment: Ich glaube, daß wir heute uns kaum mehr vorstellen können, von welcher Gewalt der Verlust des *κόσμος νοητικός*, der geschlossenen mittelalterlichen christlichen Welt gewesen sein muß, wie grauenvoll die Erfahrung für die Menschen gewesen sein muß, daß die Welt nicht als ein objektiv Sinnvolles sich über ihnen wölbt, daß sie ihnen nicht die bestimmte Aussicht auf Erlösung und auf eine Art von Wiedergutmachung all des Schrecklichen gewährt, das ihnen im Leben gegenübergestellt wird. Und es hat sich eben doch die Wissenschaft als die Macht wirklich dargestellt, die den alten theologischen Kosmos gestürzt hat und die in sich selbst jene ungeheure, fast unwiderstehliche Stringenz der reinen Methode [...] hat, die anstelle eben dieses Kosmos getreten ist, und es hat einer langen Entwicklung bedurft, die eigentlich erst in Denkern wie Nietzsche und Henri Bergson ganz aktuell geworden ist, um darüber zu belehren, daß das szientifische Denken eben nicht imstande ist, das zu leisten, was man ihm sozusagen als eine Ersatzfunktion gegenüber diesem *κόσμος νοητικός* einmal zugetraut hat.

Andererseits hat aber dieser spezifische Wissenschaftsfetischismus heute nun ohne alle Frage auch subjektive Gründe, das heißt Gründe, die ihrerseits auch wieder auf das Gesellschaftliche zurückverweisen, nämlich die Ich-Schwäche der einzelnen Menschen. Es ist sicherlich so – und das erklärt, wieso dieser Fetischismus sich quasi forterbt, wieso die Menschen immer wieder seine Beute werden, wenn sie nicht selber darüber nachdenken –, daß, wenn etwas schon gar nichts mehr ist, und ich möchte fast sagen, wenn einer schon gar nichts anderes mehr ist, dann ist er wenigstens oder ist es wenigstens Wissenschaft, dann ist er wenigstens innerhalb dieses Gesamtzusammenhangs des szientifischen Denkens und Nicht-Denkens ausgewiesen und gewinnt stellvertretend dadurch vor sich selbst und vor den anderen eine Art von Achtung und von Geltung, die er sonst nicht hätte. Es ist also – wenn man daran denkt, daß heute dieser Wissenschaftsfetischismus, den man ja im allgemeinen dem 19. Jahrhundert zurechnet und von dem man einmal, etwa zur Zeit von Max Scheler, geglaubt hat, daß er überwunden oder daß er passé wäre, wieder mit einer so ungeheuren Gewalt sich regt – eine geistige Reflexionsform der immer stärker werdenden, ich rede unfreiwillig paradox, der immer mehr anwachsenden Ich-Schwäche der einzelnen Individuen, die nach dem Maß ihrer realen gesellschaftlichen Ohnmacht immer weniger glauben, auch geistig, es aus eigener Kraft, es aus sich heraus, autonom eigentlich mehr bewältigen zu können. Es steckt dahinter das überwertige Sekuritätsbedürfnis, das die Menschen überhaupt haben. Man fühlt sich eben unter diesem Begriff der Wissenschaft so gedeckt, wie man sich etwa als Angestellter eines Riesenkonzerns gegenüber den Unbilden der Naturkatastrophen, der Gesellschaft und der Ökonomie gedeckt fühlt, und verkennt dabei, daß die Fortschaffung der geistigen Risiken ja auch in gewisser Weise der gesellschaftlich ökonomischen Situation heute entspricht, in der das frühere sogenannte Unternehmerrisiko ja weitgehend abgeschafft oder wenigstens zum Schein abgeschafft wird. Man hat dann also das Gefühl, es kann einem nichts passieren. Aber es ist in geistigen Dingen, und in Dingen der Erkenntnis, die mehr ist als bloßes Gewäsch, nun einmal so, daß es ohne Risiko, nämlich ohne das Risiko der Unwahrheit auch keine Wahrheit gibt, genau so wenig, wie es moralphilosophisch irgendein – und das wäre sehr schwer gegen die Kantische Moralphilosophie einzuwenden – Gutes in der Welt gibt, das nicht ebenso dem Risiko des Bösen abgezwungen wäre. Das Gute, das sich von selbst versteht und das gleichsam automatisch folgt, gegen dies Gute hat man wohl alles Recht, außerordentlich mißtrauisch zu sein. Es verkümmert ganz einfach das Moment des Spiels, des wahrhaft Experimentierenden im Denken, das zwar auch nur ein Moment ist, das aber, wenn es ganz abwesend ist, die Wahrheit selber zerstört.

Es ist so, daß es heute auch in geistigen Dingen so ist, wie es in der sozialen und politischen Realität sich allenthalben uns präsentiert, daß nämlich das, was den Menschen am allerschwersten fällt, das ist, wovon man zunächst unmittelbar denken sollte es sei das Primäre, und das, wonach ihr ganzes Bedürfnis geht, nämlich die Freiheit. Im übrigen ein Problem, dem von den verschiedensten Autoren und von den verschiedensten Standpunkten aus schon viel Aufmerksamkeit gewidmet worden ist – ich nenne nur etwa den Psychoanalytiker Erich Fromm, der diesem Problem nachgegangen ist[170], und hier meinen nationalökonomischen Kollegen Veit, der ganz unabhängig von Fromm ebenfalls diesem Problem der »Furcht vor der Freiheit« ein Buch gewidmet hat[171] –, nur glaube ich, hat man noch gar nicht recht gesehen, wie sehr diese Problematik auch in den Geis- und vor allem in die Theorie der Gesellschaft hineinreicht, und ist dadurch, daß diese Selbstreflexion unterblieben ist, eigentlich noch nicht recht dazu gekommen, diese Dinge grundsätzlich zu korrigieren, wie es im Sinn einer Theorie der Gesellschaft geboten wäre. Ich würde sagen, daß das Denken, das wesentlich und primär an der Methode sich orientiert, ich übertreibe wieder, eigentlich Angestelltendenken ist, daß die Menschen, die so denken, sich bereits wie Angestellte verhalten, selbst wenn sie es ihrer eigenen sozialen Position nach noch gar nicht sind, nämlich ein Denken, in dem man es eigentlich sich selber gar nicht mehr zutraut. Es reflektiert sich darin – und daran hat die Sache ihren verteufelten Ernst; ich sage das ohne die leiseste Ironie, und ich nehme diese Dinge ungemein schwer – nämlich, daß die Menschen in der Realität sich tatsächlich so unendlich wenig mit Recht mehr zutrauen können, und es ist wohl sehr schwer zu verlangen, daß der Geist der Menschen sich dort etwas zutraut, wo in der realen Existenz der Menschen dieses Zutrauen fast notwendig enttäuscht wird und sich gar nicht realisieren kann. Der Grund also dieses Sekuritätsbedürfnisses und damit des Wissenschaftsfetischismus ist die Unsicherheit der Einzelsubjekte, die Unsicherheit von uns allen, insofern wir uns, und zwar mit Recht, als soziale Objekte [ansehen]. Um diese Reflexion durchzuführen, die wir eben angestellt haben – und ich wiederhole damit etwas, was ich Ihnen an einer anderen Stelle schon einmal gesagt habe –, dazu bedarf es eben einer Theorie der Gesellschaft, die nun ihrerseits, so wie ich es wenigstens stichworthaft versucht habe, das Sekuritätsbedürfnis ableitet, während das Sekuritätsbedürfnis seinerseits Theorie in einem emphatischen Sinn verweigert. Die Situation der Angestellten der Wissenschaft ist realiter die Situation von Menschen, die nicht mehr über ihr eigenes Schicksal bestimmen und auch daran verzweifeln, darüber zu bestimmen.

Nun gibt es aber auch für die Theorie eine Gestalt, die diese Sekurität jedenfalls zu versprechen scheint, und das ist die Gestalt der Wissenschaft als System. Andererseits aber ist sie genau durch diesen Systemcharakter und durch die Geschlossenheit und Sicherheit des Systems in jene Widersprüche zu der Gestalt der Realität geraten, von denen ich Ihnen verschiedentlich bereits gesprochen habe. Ich glaube, es wird nun meine nächste Aufgabe sein, Ihnen zu zeigen, was System eigentlich heißt, und warum Theorie, wie sie ist, unter keinen Umständen mehr System sein kann, aber nun unter dem anderen, bis jetzt von mir noch nicht berührten Gesichtspunkt, daß nämlich die Idee des Systems ganz unabhängig von der Gesellschaft als eine philosophische Idee, also als eine rein theoretische Idee, nicht mehr zu halten ist und daß sie geschichtlich überholt ist. Und damit will ich in der nächsten Stunde beginnen.

Nachschrift der 14. Vorlesung vom 16. 7. 1964[172]

Am Funktionswandel und der inneren geschichtlichen Veränderung des Systembegriffs – das gäbe ein Thema für eine Doktorarbeit ab – sind wesentliche Dinge über die Veränderung des Bewußtseins und damit dessen gegenwärtigen Stand abzulesen. Adorno muß sich aus Zeitnot auf zu hohem Abstraktionsniveau halten. Die geschichtlich-sachlichen Probleme des Systems wären eingehend zu entfalten. System im prägnanten Sinne gibt es seit dem Rationalismus. Retrospektiv wird auch von Platons und Aristoteles' System gesprochen (Hegel)[173], aber das ist eine uneigentliche Redeweise. Der antiken Philosophie sind die geschichtsphilosophischen Voraussetzungen dessen, was neuzeitliches Denken System nennt, fremd. Ideal des Systems im Rationalismus ist der geschlossene Deduktionszusammenhang, zurückgehend auf ein Minimum von dabei vorausgesetzten Sätzen, wobei diese Sätze evident, so selbstgegeben sein sollen, daß sie Zeichen ihrer eigenen Wahrheit sind. Fichtes Philosophie ist in diesem Sinne die äußerste Vollendung des Systems: aus einem Satz, ja einem Begriff, die Totalität zu deduzieren.[174] Im Versuch der Reduktion des Vielen aufs Eine liegt immer schon der Rekurs auf Denken. Inbegriff des Denkens ist die Subjektivität. Das System ist potentiell auf Verabsolutierung des denkenden Subjekts gestellt. Man könnte auf die Idee kommen, die gesamte Systemgeschichte unter den Gesichtspunkt zu bringen, daß der Primat der Subjektivität immer reiner, konsequenter durchgesetzt wird.

Hegel, Erdmann[175] arbeiten heraus, daß alle großen, vom Subjekt oder vom Denken ausgehenden Systeme nicht ganz funktionieren, daß sie ihre Flicken haben, Stellen, an denen Kritik ansetzt, zum Beispiel Descartes' ›Zwei-Substanzen-Lehre‹[176], wobei noch mittelalterlich-ontologisch Substanz = Denken sein soll. Wie res cogitans und res extensa zusammenkommen ist ganz ungelöst geblieben. Ebenso Spinoza[177]: Wenn nur allumfassende Identität ist, wie kommt es dann zur Vielheit von Dingen? Reine Identität ist im Inbegriff der mit Gott verglichenen Natur, des gesamten Seins, erreicht. Aber für die Absolutheit ist ein Preis zu zahlen: Der Übergang in die Mannigfaltigkeit kommt nur dogmatisch durch den Begriff der Modi, der wechselnden Erscheinungsweisen der Substanz zustande. Die Philosophie von Leibniz[178] stellt den ingeniösesten Versuch dar, mit diesen Schwierigkeiten fertig zu werden, aber das entscheidende Problem des Übergangs in die Existenz aus reinem Begriff bleibt ungelöst, wie die schwankende Bestimmung der Monade, einerseits als reines Kraftfeld, andererseits als räumlich-materielles Sein, zeigt. Der Konsequenz nach müßte Leibniz reiner Spiritualist sein, tatsächlich aber verfährt er auf kontradiktorische und nicht selber reflektierte Weise. Die Verwechslung des Begriffs mit dem Existentialurteil ist ja dann auch der Inbegriff der Kantischen Kritik des ontologischen Beweises vom Dasein Gottes.[179]

Aber auch die konsequenten Gegner der Rationalisten, die Empiristen, haben Schwierigkeiten mit dem Problem der Vermittlung. Ihre Kritik an der Kausalität, die bei Spinoza und Leibniz so wesentlich ist, muß selbst Kausalität überall voraussetzen. Die wechselseitige Vermittlung von Begriff und sinnlicher Mannigfaltigkeit ist nötig; darin liegt die historische Wurzel für den Ursprung der Dialektik.

Die zweihundertjährige Systemwut bis zu Hegels Tod erklärt sich aus dem Bedürfnis, den zerfallenen Kosmos, den Ordo, wie ihn die »Summa« des Thomas[180] am reinsten darstellt, zu rekonstruieren vermöge derselben geistigen Macht, die ihn aufgelöst hat, durch Subjektivität hindurch Objektivität zu rekonstruieren.

Die Problematik des Systembegriffs wird im Idealismus manifest. Das Problem des Nichtidentischen ist nicht gelöst.[181] Schon die Kantische Philosophie gibt sich als System, aber nur als eines der reinen Vernunft, der subjektiven Formen, ohne daß die Mannigfaltigkeit des sinnlich Gegebenen darin eingehen kann. Nur kompliziert und gewalttätig versucht Kant mit

Hilfe des Unendlichkeitsbegriffs wie schon Leibniz, beides miteinander zu versöhnen. Der Anspruch, aus reinem Denken, reinem Subjekt heraus ungebrochen die Fülle dessen, was ist, zu deduzieren, ist nirgends eingelöst worden.

Nietzsche und Kierkegaard bestreiten die Möglichkeit von System. Nietzsche spricht von der Unredlichkeit des Systems.[182] Kierkegaard nennt das System die Hybris der endlichen menschlichen Vernunft, die so beschränkt ist, sich als das Absolute aufzuwerfen. Alle bedeutende Philosophie nach Nietzsche ist Ablehnung des Systems. Im Anschluß an Husserl glaubte man, unmittelbar zur Ordnung des Seins schreiten zu können, nachdem das übers Denken nicht mehr möglich war. Aber unmittelbar gelingt die Strukturierung des Seins auch nicht. Der Systemgedanke ist ad absurdum geführt worden, aber die Systeme sind nicht verschwunden. Versuche, nach der Krise des Systems noch Systeme zu machen, können einfach als hinter dem Weltgeist zurückgeblieben, als »Professoren-Philosophie« (Schopenhauer)[183] abgetan werden. Aber das Übrigbleiben der Systeme selbst ist nicht ganz zufällig. Man braucht Systeme in einem anderen Sinn, nämlich nicht mehr als Versuche, Realität aus einem Prinzip zu begreifen, sondern sie werden zu Ordnungsschemata, kraß bei Heinrich Rickert im Begriff des offenen Systems[184], gleichsam einem Hause, worin ein ganzer Mensch Raum finden und sich einrichten könne. Die Metapher des Hauses als eines Gefüges, in das man Materialien einbringen kann, resigniert aber gegenüber dem sinngebenden Anspruch des Systems und bedeutet dessen Selbstliquidierung. Das System verliert so, was seine Idee ausmachte: den Charakter objektiver Verbindlichkeit, die durchs Subjekt vermittelt ist. Alle großen Systeme waren objektiv gemeint (Kant, Hegel); Objektivität der Wahrheit soll hergestellt werden vermittelst des Subjekts. Nun wird Objektivität vergessen; die Systeme bleiben, verwandeln sich in Ordnungsschemata, in lediglich denkpraktische Veranstaltungen, um in wohlorganisierter, übersichtlich handlicher Weise durch Denken Materialien unterzubringen, während die

Sätze selber, aus denen die Struktur entfließen soll, nicht Wahrheitsurteile, ideae innatae oder synthetische Urteile a priori, sondern willkürliche Axiome sind.

So sollte Adorno seinerzeit bei seinen Untersuchungen in den USA eine Liste von Kernsätzen anfertigen, von dogmatisch gesetzten Ansichten, aus denen mehr oder minder stringent das andere folgen sollte, zum Beispiel: Die objektive Qualität von Kunstwerken sei eine dogmatische Überzeugung, die müsse an den Anfang gestellt werden, dann wisse man, wie man weiter dazu sich zu stellen habe. Aber die Bewegung der Motivation, die Explikation so abzuschneiden und einen solchen Satz an den Anfang zu stellen, heißt: Die Form der Axiomatik verdeckt, daß es sich um Einsicht in den Zusammenhang von Kunst handelt. Das ist eine Verfälschung der Sache unmittelbar.

Systeme regredieren auf das, was sie vor der philosophischen Dialektik waren, auf bloße Darstellungsweisen, die ihr Material von außen her organisieren, auf Schächtelchen-Systeme, unter Verzicht, die Sache selbst zu begreifen – was nur ginge, wenn die Kategorien die Phänomene selber aufschließen würden. Es entsteht eine doppelte Deformation: die des Einordnens und der Willkür instrumentaler Kategorien, die lediglich praktischen Anforderungen der Organisation von Materialien genügen. Zudem bricht die Zweck-Mittel-Relation hier in die Philosophie ein; der Zweck, nämlich das Begreifen der Sache selbst, wird aus der Theorie ausgetrieben.

Das System wird zum Widerspruch gegen seine eigene Idee, es schiebt Verwaltungsschemata, die Geschäftsordnungen des Denkens vor. Schon die Systematik der glatten Subsumtion verhindert das Denken selber. Sie stimmt mit Anforderungen der verwalteten Welt überein. Der Systembegriff wird empiristisches Abbild der Realität, in der alles auf willkürliche Begriffe als ihre Organisationsform zurückgeht. Das Subsumierungs- und Ordnungssystem entspricht genau der Welt heute. Die Einheit von Subjekt und Objekt wird erreicht, eine Identität, aus welcher der Versuch, die Sache selber zu bestimmen, aus welcher Objektivität eskamotiert wird. Solche Identität ist das Gegenteil eines Systems und einer Welt, wo wahrhaft Identität von Subjekt und Objekt wäre. Für die Einzelwissenschaft ist die Krise des Systems merkwürdig ohnmächtig und konsequenzlos geblieben. Die Einzelwissenschaften, die sich so realistisch nüchtern und sachgerecht vorkommen, benutzen, ohne es zu wissen, die abgetragene Garderobe, die Kavaliersgarderobe der Philosophie von ehedem, zu herabgesetzten Preisen. Innerhalb der positiven Wissenschaften erfreuen Systeme sich großer Beliebtheit, sind nicht nur ein scholastischer Zopf, etwas, wo der Bereich der Schule nicht mitgekommen ist mit der Entwicklung des Geistes, sondern in den Menschen selber kommt ein Bedürfnis nach Systematik dem entgegen. Das hängt mit der Schwäche und übermäßigen Vorsicht, die die Menschen heute wie eine Krankheit befällt, zusammen. Ludwig Thoma schildert in »Die kleinen Verwandten« einen Stationsvorsteher, dessen Lieblingswort ›Kategorie‹ ist, etwa in der Art, ›daß jeder Mensch in seine Kategorie gehört‹.[185] Der einzelwissenschaftlich vertretene Geist gleicht dem des Stationsvorstehers von Groß-Heubach: alles in vorher kategorienhaft angeordneten Schemata unterzubringen. Bei der Gleichsetzung von Theorie und System, wie sie Parsons vertritt, ist Theorie nur ein geschliffenes und ausgearbeitetes Ordnungsschema.

Statt dessen wäre eine begreifende Gestalt des systematischen Anspruchs zu fordern. Festzuhalten ist die Intention aufs Wesen. Sie ist nicht an bruchlose Einheit, wie das System sie einmal unterstellte, gebunden. Man kann den Unterschied von Wesen und Erscheinung machen, auch wenn man nicht an ein abstrakt vorgeordnetes Schema sich hält. Andererseits ist an einem emphatischen Begriff festzuhalten, der sich nicht erschöpft in der Klassifikation der unter ihm befaßten Fakten, sondern ein Moment von Selbständigkeit hat.

Nachschrift der 15. Vorlesung vom 21. 7. 1964

Zur Notwendigkeit des Einfalls, der Spontaneität und unreglementierten Erfahrung als einer Bedingung sozialwissenschaftlichen Verhaltens: Ein wirklicher Künstler zum Beispiel kann seine Einfälle kommandieren, aus der Notwendigkeit der Anschauung einer Sache, der er gegenübersteht, aus dem Problembewußtsein heraus sie herbeiziehen. Mit Eingebung von oben hat das nichts zu tun. Ein Kriterium dafür, ob ein Einfall etwas taugt oder nicht – ein Kriterium, das zwar nicht in eine Regel oder Anweisung zu verwandeln ist –, wäre, den Einfall daraufhin zu kontrollieren, ob er ›sitzt‹, ob er ins Zentrum des Gegenstandes hereinreicht oder nur anassoziiert ist. Die Gefahr beim Einfall, entgegengesetzt zu sturer Methodologie, ist das ›Ausdenken‹ nur damit man sich unterscheidet, ohne daß dem aus der Sache ein Moment der Notwendigkeit zukäme. Nur im Kontext des Problems ist zu entscheiden, ob etwas bloß ›einfällt‹ oder aus der Sache herausspringt. Es gilt, ein Organ zu entwickeln, das den Einfall ständiger Selbstkontrolle unterwirft. Produktives Denken bedarf notwendigerweise eines subjektiven Momentes, das nicht aus der Wissenschaft zu eliminieren ist. Der Einfall bezeichnet ein Verhältnis zwischen Subjekt und Objekt, worin das Subjekt in Beziehung zum Objekt steht, statt nur kalt, fremd, distanziert dem Objekt gegenüberzustehen, also eine Objektbeziehung, nicht eine rein aus dem Subjekt, wie man in der Kunst fälschlich es sich vorstellt. Kant war anderer Ansicht, glaubte, Wissenschaft und Philosophie seien davon unabhängig. Er hat die Objektivität der Mathematik zum Modell und schrieb Spontaneität, Einfälle nur der Kunst zu, dabei das Moment der Arbeit unterschätzend.

Die hier entwickelte Vorstellung setzt der Kritik sich aus, sie sei undemokratisch, charismatisch, setze Begabung voraus – manche können es, andere nicht –, sie mache aus Erkenntnis ein Privileg. Sozialwissenschaft müsse subjektunabhängig sein, ihre Wissenschaftlichkeit beruhe sogar auf dieser Unabhängigkeit. Darin meldet sich Angst, an die Subjektivität sich zu verlieren; daher das von den Naturwissenschaften abgeborgte reine Erkenntnisideal. Max Weber hat einerseits, im Anschluß an Rickert, sehr scharf den Unterschied zwischen mathematischen Wissenschaften und Sozialwissenschaft akzentuiert, gleichzeitig aber die gängige Ansicht, das Objektivitätsideal, übernommen.[186] ›Steckt man zuviel Einfälle in eine wissenschaftliche Studie, so wird daraus ein Vorurteil‹, so äußerte sich vor Jahren ein damaliger junger Mitarbeiter des Institutes. Das meint, das an die Sache herangehende Bewußtsein habe die »tabula rasa« John Lockes[187] zu sein. Was Geist und Gedanke ist, sei auf möglichst scharfsinnige Weise aus dem Bereich der Erkenntnis wegzuräumen. Das genau ist verdinglichtes Bewußtsein, das sich nur als Instrument zur Registrierung irgendwelcher Fakten versteht. So ist das genetische Verhältnis auf den Kopf gestellt: Während das Handwerkszeug nur verlängerter Arm ist, wird hier umgekehrt Dinghaftigkeit zum Modell sozialwissenschaftlichen Verfahrens. Auf diese Verdinglichung ist zu reflektieren, damit man an die Gegenstände herankommt. Verdinglichtes Bewußtsein hat Wahrheit nur als Residualkategorie: was nach Abzug der subjektiven Gestehungskosten übrig bleibt. Ein ökonomisches Modell gibt ihr Vorbild ab. Das geht nur einem weitgehend entqualifizierten Material gegenüber, wie es den mathematischen Naturwissenschaften vorliegt, nicht aber in qualitativ menschlichen Verhältnissen, mag das Qualitative auch noch so versteckt sein unter statistischer Allgemeinheit. Es gibt ganze Bereiche, worin die Objektivität der Erkenntnis steigt, je mehr das Subjekt von sich aus dazugibt. Das aber ist die Kraft der Versenkung ins Einzelne, Phantasie als Fähigkeit zur Extrapolation im Kleinen, nach einem Ausdruck Benjamins[188]. Die Fruchtbarkeit einer Studie [ist um so größer], je mehr aus der unreglementierten Erfahrung hereinkommt – das allerdings muß einem objektivierenden Verfahren unterworfen werden. Wie bei der Aufstellung eines Fragebogens: Man muß die einzelnen Fragen ausdenken; Einfälle, die danebengehen, werden dann ausgeschaltet.

Kants Unterscheidung vom »Weltbegriff« und vom »Schulbegriff« der Philosophie[189]: Vorwissenschaftliche Erfahrung, daß mir an der Welt etwas aufgeht, ist nicht nur eine genetische Bedingung, sondern objektiv der Sache nach Bedingung für die Erkenntnis. Wem nichts an der Sache aufgegangen ist, der wird auch nichts erkennen. Sozialwissenschaftliche Untersuchungen, denen nicht Breite der Erfahrung und Unbefangenheit des Blicks auf die Realität zugrundeliegen, sind steril. Nur soviel kommt jeweils heraus, wie man im Sinne unreglementierter Erfahrung auch hineingesteckt hat.

Brauchte man dann nicht nur ein gescheiter Kerl zu sein, ohne daß es empirischer Untersuchungen bedürfte? Daran ist etwas, aber es kann in der Empirie auch etwas anderes herauskommen, als man angenommen hat. So kam Else Frenkel-Brunswik in einer Nebenstudie[190] zur »Authoritarian Personality« zu dem Resultat, brave und nicht refraktäre Kinder hätten keine Vorurteile; gerade die anderen, rauhen, die ›Moppels‹, ließen an anderen ihre Vorurteile aus. Dies stand in gewissem Gegensatz zur Hauptstudie. Ich hätte es allerdings aus meiner eigenen Schulerfahrung antizipieren können.

Müssen alle, demokratisch, eine Erkenntnis vollziehen können? In dieser Forderung liegen Wahrheit und Unwahrheit. Jeder hat das Recht auf Erkenntnis. Behält Kant in der Moralphilosophie den Gelehrten die bewußte Reflexion über Moral vor, so ist das privilegiertes Denken, elitär, vermag nicht als die Wahrheit sich auszuweisen. Aber man geht zu unreflektiert vom naturwissenschaftlichen Experiment aus, das jeder nachvollziehen kann. Experimentelle Situationen sind in den Sozialwissenschaften überaus selten. Chemisch reine experimentelle Bedingungen verlangen die Eliminierung von unendlich vielen Momenten der sozialen Realität. Man behält zuletzt völlig artifizielle Situationen übrig, die aber nicht mehr extrapolierbar sind auf die Gesellschaft; Tatsachen, die so reduziert werden, daß nichts anderes mehr hereinkommt, daß sie in der Situation sich erschöpfen, während doch in jedem ›fait social‹ die Gesellschaft steckt, und die ist nicht hereinzunehmen ins Experiment. Damit entfallen auch die Kriterien der Wiederholbarkeit und generellen Nachvollziehbarkeit.

Realistisch ist, wer den Stand der realen Verhältnisse heute als Produkt manipulierter Herrschaftsverhältnisse erkennt und am Gedanken einer besseren Gesellschaft festhält. Demgegenüber sind die sogenannten Realisten unrealistisch. Der Mechanismus der Verdinglichung des Bewußtseins ist so ausgedehnt, daß die meisten im Bann der herrschenden Apparaturen stehen, daß ihnen Unmittelbarkeit abgeschnitten ist. Die Mehrheit der Menschen ist verstümmelt. Es können nicht ohne weiteres alle Menschen die Einsicht gewinnen; erst müßte das Bewußtsein verändert werden. Subjektivität ist keine Zutat, kein Ornament, keine Soße über der Objektivität, um sie feuilletonistisch schmackhafter zu machen. Subjektivität, derer die Sache bedarf, um sich zu erschließen, muß in der Sache verlöschen. Ideal der Erkenntnis ist dies Verlöschen, aber das ist nicht zu erschleichen, indem Subjektivität von vornherein sich eliminiert. ›Es muß für alles rechte Bräuche geben‹ – aber Erkenntnis fängt dort an, wo es keine Bräuche gibt, wo man ins Offene kommt, wo man ungedeckt ist, nicht die stärkeren Bataillone hinter sich hat. Subjektivität ist nicht etwa selber die Objektivität und Objektivität nicht in Subjektivität aufzulösen. Die Objektivität hat eher einen Vorrang, aber wie nichts Subjektives, das nicht vermittelt wäre, so auch nichts Objektives, das nicht vermittelt ist. Das ist wahr am Idealismus.

Nachschrift der 16. Vorlesung vom 23. 7. 1964

Jetzt, gegen Ende des Semesters, befindet Adorno sich in der Situation des Hamlet, der fünf Akte mit Reflexionen zubringt, um dann in der letzten Viertelstunde die Bühne mit Leichen anzufüllen, unter denen auch seine eigene sich befindet. Bisher gab Adorno nur Problematik, jetzt will er Elemente einer Theorie der Gesellschaft vorbringen. Es handelt sich dabei um eine Zone, die differiert von der gewöhnlichen Soziologie ebenso wie von der Nationalökonomie. Von einer soziologischen Bedeutung weicht sie insofern ab, als man sich nicht mit formalen Kategorien wie zwischenmenschlichen Beziehungen usw. begnügen kann, sondern auf den konkreten Stand der Zusammenhänge, in denen das Leben der Menschen sich vollzieht, reflektieren muß. Andererseits handelt es sich auch nicht um Nationalökonomie, die in mathematisierter Weise mit Zuständen innerhalb der etablierten Marktgesellschaft sich beschäftigt.

Der Begriff einer ›transzendentalen Erwägung‹, einer Sonderstellung zwischen formaler Logik einerseits und inhaltlicher Erkenntnis auf der anderen Seite, gibt etwa eine Vorstellung davon, was zu leisten sei. Aber nicht im Sinne Schelskys transzendentaler Lehre der Gesellschaft[191], einer Invariantenlehre, sondern bezogen auf spezifisch historische Momente einer Theorie der Gesellschaft heute, aber so, daß gewisse Kategorien oder Theoreme konfrontiert werden mit gewissen Entwicklungstendenzen jüngster Art. Also ein Ausgang von bestimmten Kategorien, die im Gang der Betrachtung sich modifizieren und zeigen, wie weit sie weiter gelten.

Nach wie vor leben wir in einer Tauschgesellschaft und Profitwirtschaft. ›Klassenlose Gesellschaft‹, ›nivellierter Mittelstand‹ usw. sind Epiphänomene, rühren nicht an wesentliche Strukturen. Darüber herrscht im Ernst keine Kontroverse. Die Obsoleszenz der Klasse ist überholt, Institutionalismus bestimmter Schulen heute. Soweit Klassen vorhanden sind, sind sie im subjektiven Bewußtsein verdeckt, und das ist auch weniger der Fall, als man glaubte. Differenzen gibt es hier, die nach der Stellung der Befragten im Produktionsprozeß sich unterscheiden. Der Bruch zwischen objektiv gesellschaftlichem Ort und subjektivem Bewußtsein ist so groß nicht. Hier gilt das Gesetz: Je mehr gesellschaftliche Fragen an der unmittelbaren Interessenlage sich orientieren, um so deutlicher treten die Differenzen heraus. Das Problem der Klasse ist nicht primär und wesentlich ein Problem des Bewußtseins, sondern haftet an der Stellung der Menschen im Produktionsprozeß, daran, ob sie über die Produktionsmittel verfügen oder nicht. Weiter: Der Fortschritt der Technik macht Arbeit objektiv in weitem Maße überflüssig, das heißt Überflüssigkeit besteht mehr in einer der Arbeiter als der Arbeit. Jeder fühlt sich gefährdet durch Fortschritte der Technik. Es bleibt beim Moment der Aneignung des Mehrwerts, auch bei einem Minimum von Arbeitern. Da aber die Gesellschaft explodieren würde ohne Kontrolle über diese Momente, wie Hegel und Comte es bewußt war, so erscheint das modifiziert: Der angeeignete Mehrwert fließt zum Teil zurück an die Menschen, über die Gewerkschaften usw., in irrationaler Gestalt, als eine Art Gnadenbrot. Trotz Prosperität bestimmen die Menschen nicht ihr Schicksal selber.

Die Gesellschaft drückt die Menschen an ihre Brust, erdrückt sie fast, setzt sie zu Objekten von Planung herab. Die Heteronomie der Auferlegung von Bedingungen auf die Menschen besteht. Es gibt Planungszwecke, aber die Planung der Totalität gelingt nicht. Das Ganze bleibt irrational, während die Rationalität der einzelnen Sektoren wächst, wie es erstmals Karl Mannheim[192] sah. Die anwachsende partikulare Ratio mindert nicht die Irrationalität des Ganzen, sondern erhöht sie. Hier ist der Ausdruck von der »verwalteten Welt« fällig, für den Adorno die Verantwortung trägt. Man kann von einer Fusion von Rationalität und Irrationalität sprechen. Es gibt rationale Planung von oben her, aber die Planungsvorgänge bleiben den Menschen gegenüber irrational. Sie sind

Objekte von Verwaltung, wie jener einfache Mensch, der als Ohnmächtiger eine Amtsstube betritt und Objekt des Beamten dort ist, der ihn zunächst einmal warten läßt.

Die Gestalt des tragenden Antagonismus hat sich verschoben. Daß die Außenpolitik aus der Innenpolitik zu verstehen ist, aus den tragenden ökonomischen Verhältnissen, gilt weiterhin. Anzuführen ist die Wiederauferstehung des Nation-Begriffes zu einer Zeit, wo die ökonomische und technische Entwicklung das überholt haben. Das Bestehen der Blöcke, der Rüstung: Die Welt reproduziert sich ökonomisch nur noch durch den Aufbau des Rüstungsapparates hindurch, in Ost und West, eines Apparates, der die Prosperität garantiert und zugleich das Sozialprodukt frißt und die Menschen mit Vernichtung bedroht.

Das wäre jetzt zu differenzieren, weniger dogmatisch hinzustellen: Worin ist der fortdauernde Klassencharakter, der trotz Güterfülle herrschende Antagonismus zu agnoszieren? Er zeigt sich an der Unfreiheit der Menschen in den meisten Entscheidungen. Natürlich ist die subjektive Freiheit – etwa, wenn man bezüglich des Berufs nicht nach seiner eigenen Bestimmung, sondern nach dem, was gesellschaftlich gebraucht wird, gefragt wird, und dann innerhalb des Berufs sowieso fungieren muß – zwar nicht primär, aber das Moment der Unfreiheit geht bis in die äußerste Intimität, bis in die Psychologie, die zartesten und privatesten Dinge hinein. Trotzdem ist es wichtig, weil die antagonistische Gesellschaft uns die Rechnung präsentiert. Schließlich nützt die schönste klassische Klassentheorie nichts, wenn nicht die Arbeiterfrau am Ende der Woche subjektiv die Erfahrung macht, daß der Lohn nicht reicht. An den einzelnen Subjekten muß es sich verifizieren. Wenn Marx und Engels sagen, auf die Unterscheidung von arm und reich komme es ihnen nicht an, so muß Adorno gestehen, das er das nie ganz verstanden hat. Wenn die tragenden Unterschiede sich nicht im Leben der Menschen auswirken, verliert die Theorie ihren Sinn. Antagonismus herrscht trotz Güterfülle, wo sogar, wer es sich nicht leisten kann, sich immer noch etwas leisten kann. Aber die Trennung vom Produktionsapparat besteht fort, daher das Gefühl der Unsicherheit und Angst. Angst ist kein Existential, damit wird ihr gesellschaftlich-geschichtlicher Stellenwert durchstrichen, das Phänomen verfälscht aufgrund von Verflachung durch Tiefe. Richtig daran ist, daß Angst selten mit Hunger und unmittelbar drohender physischer Vernichtung zu tun hat; daher ist sie von Furcht, Objekt-Angst verschieden. Aber jeder weiß, daß die Gesellschaft ihre Gnadengeschenke zurücknehmen kann. Was die Angst trägt, ist: Die Gesellschaft ist ihrer selbst nicht mächtig, ein gesellschaftliches Gesamtsubjekt gibt es nicht, ihre Wohltaten sind nur auf Widerruf. Die Angst vor diesem Widerruf ist nicht die vor einzelnen Gewalten, sondern besteht, weil die Gesellschaft es doch nicht mehr schafft. Es kommt zu Restriktionen, damit die Produktionsverhältnisse sich erhalten – Restriktionen bis unters Minimum sind möglich. Fortdauert der ökonomische Konzentrationsprozeß. Beweise des Gegenteils, daß etwa neue selbständige Berufe sich entwickelt haben, reichen nicht zu. Die Strukturen haben aus sich selbst heraus die Tendenz, sich zu verschleiern. So entsteht der Schein von Selbständigkeit etwa bei Tankstellen, Reparaturwerkstätten usw., während diese real völlig abhängen vom betreffenden Erdölkonzern. Formalrechtliche Selbständigkeit und ökonomische Bewegungsfreiheit widersprechen sich; die Leute müssen nehmen, was man ihnen gibt, und müssen die Preise zahlen.

Ein weiteres Verhüllungsphänomen bezeichnet der Begriff ›Pluralismus‹, der eigentlich ein Ideal meint: Daß die Menschen nicht im Sinne monokratischer Verwaltung mit abstrakter Spitze von oben her behandelt werden, sondern die konkreten Bedingungen ihres Lebens, ihre Bedürfnisse, ihr Miteinanderleben, die gesellschaftliche Struktur wesentlich selbst bestimmen sollen. Adorno würde sagen, eine richtige Gesellschaft müsse pluralistisch sein. Aber ein kleiner Fehler liegt in der heutigen Verwendung dieses Ausdrucks: Die Gesellschaft, die nach wie vor monokratisch verwaltet, abstrakt, getrennt von den Menschen ist, erweckt den Schein, als sei sie pluralistisch, als machten konkrete Gestalten des Lebens sich geltend. In gewissem Grade ja: Wenn nicht der Druck der Gewerkschaften bestünde, wäre die Last auf den Einzelnen unerträglich. Insofern stimmt an der Behauptung des Pluralismus und der Vorstellung seiner Meriten etwas. Aber: In einer monokratischen Gesellschaft geht es streng logisch zu. Sie ist von einem Prinzip, dem Tausch um des Profites willen, beherrscht. Da hat der Pluralismus nicht nur besänftigende Funktion, Funktion des Gleitschutzes, sondern hat die Tendenz, zu dem zu werden, was Eschenburg mit »Herrschaft der Verbände«[193] bezeichnet. Mächtigste Organisationsformen reden im Sinne ihrer Interessen hinein, indem sie, dem natürlichen Zug der Gesellschaft zur Konzentration und Durchsetzung der Macht folgend, zusätzlich zum abstrakten Kräftespiel der Demokratie ihre eigenen Interessen anmelden. Wenn die Parteien in der Demokratie als Organe der politischen Willensbildung sanktioniert sind, so sind sie Gleitschutz gegen Plebiszitäres, das heute dazu neigt, sich mit Totalitärem zu verbinden. Wenn aber – und das ist eine Dialektik im Pluralismus – die verankerte Institution der Parteien dann etwa durch die Parteihierarchie Entscheidungen der Regierung beeinflußt, so werden nicht nur höchst partikulare Interessen ins Spiel gebracht: Das Hineinregieren der Legislative in die Exekutive, die Rückgängigmachung der Gewaltenteilung, diskreditiert den parlamentarischen Demokratismus. Es geht um das Einspruchsrecht mächtiger Gremien, die außerhalb der Sphäre durchsichtiger Willensbildung fungieren, Gremien, die hineinregieren, zum Beispiel in den Rundfunk usw.

Was an Änderungen stattgefunden hat gegenüber den, ironisch zu verstehenden, Invarianten, bezieht sich auf die Konkurrenzsphäre, die durch Konzentration des Kapitals weniger wichtig wird, dann auf die Konsumsphäre, aber nicht auf die Produktionssphäre als eine der eigenen Verfügung über die Produktion und über die Menschen.

Was alles geplant wird in der Gesellschaft, ist partikular, bleibt in den Sektoren, bezieht sich nicht aufs Ganze. Das

Ganze ist irrational, im Westen sowieso, im Osten aber auch, weil die Gesamtstruktur so von den Interessen der Selbstperpetuierung der herrschenden Cliquen bestimmt ist, daß sogar durch den diktatorialen Charakter die Irrationalität dort noch größer ist. Partikulare Ratio soll die Löcher stopfen, von denen die Gesellschaft auf ihrem Übergang zur Konzentration durchsetzt ist; das reicht bis in die Grundschicht des Tauschverhältnisses. Es wird versucht, zu mildern, aber innerhalb des Ganzen haben die partikularen Rationalisierungen und Planungen mehr die Tendenz, die Irrationalität und die Antagonismen zu verstärken, weil die Sektoren miteinander in Widerspruch kommen. Während es so aussieht, als ob die Gesellschaft einem fortwährenden Prozeß der Konzentration gehorcht, findet zugleich Desintegration statt. Die partikulare Ratio als Verselbständigung der Sektoren innerhalb der Gesellschaft ist Desintegration. Partikulare Ratio ist Verstärkung der Irrationalität, weil die Einzelsektoren dem Ganzen gegenüber je einzeln gegeneinander gestärkt werden, ohne den Status quo zu verlassen. Der Antagonismus wächst, das müßte sogar in mathematischen Formen ausdrückbar sein. Sofern der Status quo, das heißt der Liberalismus, unterminiert wird, geschieht das nicht in der steigenden Durchsichtigkeit des Ganzen, sondern durch anwachsende Gruppenmacht. Der entfesselte Antagonismus der mächtigsten Gruppen – das wäre Desintegration – kann die Zukunft in weitem Maße bestimmen. Der Keynesianismus, das heißt die Rolle der Verstärkung der öffentlichen Hand, um Krisen zu verhindern, ist rational, weil er der sprengenden Tendenz der Krisen entgegenarbeitet. Aber trotzdem wird an der Verfügungsstruktur über die Produktionsmittel nichts geändert. Darum haben wir die latente Inflation als Dauereinrichtung, die gesteuerte Inflation als Dauereinrichtung. Inflation ist im allgemeinen, da auf den Geldschleier bezogen, ihrerseits eine Sache, die die Macht des industriellen Produktionsapparates notwendig verstärkt. Der Sektor öffentliche Arbeit führt zur Unterhöhlung des liberalen Zustands und zur Entmächtigung der Bevölkerung.

17. Vorlesung
28. 7. 1964

Meine Damen und Herren,

[...][194] Ich darf vielleicht nur sagen, daß ich die Begriffe Rationalität und Irrationalität, so, wie ich sie hier verwandt habe, durchaus in dem Sinn von Max Weber benutze, und zwar mit der Intention immanenter Kritik, das heißt, um zu zeigen, daß die Gesellschaft nicht einmal diesem Rationalitätsbegriff, von dem hier die Rede ist, in Wahrheit genügt. Aber immerhin, wenn also bei Ihnen Unklarheit bestehen sollte über diese Begriffe, möchte ich Sie bitten, sich dieser Begriffe in »Wirtschaft und Gesellschaft«[195] zu versichern, das ist die Webersche Schrift, auf die ich dabei im wesentlichen rekurriere. Wenn ich Ihnen das letzte Mal gesprochen hatte von der Kategorie der verwalteten Welt, dann war mit dieser verwalteten Welt eben eine Gesamtverfassung rationaler Irrationalität insofern gemeint, als partikular Rationalität insofern herrscht, als zwischen den Zwecken, die die einzelnen voneinander getrennten und antagonistischen Sektoren gesellschaftlicher Organisation sich setzen, und den dabei verwandten Mitteln Adäquanz herrscht, und das nun, um diesen Rationalitätsbegriff in Gottes Namen zu erläutern, in dem Sinn, daß die verwandten Mittel durchschnittlich eine optimale Chance gewähren, die dabei verfolgten Zwecke zu erreichen – das ist also die hier gebrauchte Bedeutung von Rationalität –, daß aber auf der anderen Seite die gesellschaftliche Gesamtverfassung ihrerseits, also der Zweck des Zusammenlebens der Menschen, weithin irrational, weithin einem blinden Kräftespiel überlassen bleibt. Sie könnten das auch umkehren, und Sie könnten genausogut von irrationaler Rationalität reden, das heißt, daß diese Zweck-Mittel-Rationalität im einzelnen die Irrationalität des Ganzen nicht nur nicht aufhebt, sondern sie, wie ich versucht habe, in der letzten Stunde Ihnen auseinanderzusetzen, womöglich noch verstärkt.

Es ist aber bei diesen Betrachtungen, und damit verlasse ich den Boden einer immanenten Kritik von Weber, wesentlich, daß man solche Begriffe wie Verwaltung, Bürokratie, Managertum – das ist heute besonders beliebt – nicht hypostasiert, daß man also diese Begriffe ihrerseits nicht so verwendet, als ob es an den Organisationsformen als solchen läge und nicht an dem gesellschaftlichen Inhalt, für den diese Begriffe einstehen. Das, was hinter diesen Begriffen steht, das sind nicht sogenannte rein soziologische, das heißt, auf die Form der Beziehungen zwischen Menschen bezogene Kategorien, sondern sie sind durchweg Ausdruck von Herrschaftsverhältnissen, und zwar von Herrschaftsverhältnissen, die nach wie vor, und das halte ich dabei für das Entscheidende für eine Theorie der Gesellschaft heute, schließlich fundiert sind in der Verfügungsgewalt über die materielle Produktion. Sie sind also irrational in dem alten Sinn, daß diese Verwaltungskategorien nicht Verwaltung von Sachen, sondern Herrschaft über Menschen implizieren, und indem davon abgesehen wird, indem in scheinbar wertneutraler Weise lediglich sie ihrer Form nach, nämlich als rechtlich rationale Institutionen behandelt werden, wird von dem Entscheidenden abstrahiert. Und eine solche scheinbar bloß methodische Abstraktion, die diese Kategorien zu solchen der sogenannten reinen Soziologie macht, hat in Wirklichkeit inhaltliche Bedeutung, und eben diese inhaltliche Bedeutung fällt in der gesamten Soziologisierung dieser Kategorien durch die [Maschen]. Das heißt, in die bürokratische Verfahrungsart vermummen sich die Herrschaftsverhältnisse, und es liegt daran, daß diese Herrschaftsverhältnisse sie determinieren, nicht aber daran, daß die Verwaltung an sich bereits diese Züge hätte, wobei natürlich eines zu betonen ist – worauf ich später in einem anderen Zusammenhang noch einmal kommen muß –, daß nämlich, da ja diese, wenn Sie so wollen, technisch soziologischen Kategorien unter den herrschenden Produktionsverhältnissen entstanden sind und ihren Abdruck in sich tragen, eine konkrete Scheidung zwischen dem, was nun wirklich durch die Produktionsverhältnisse [bedingt ist], was also inhaltlich gesellschaftlicher Art und was technologisch formaler Art ist, außerordentlich schwer [ist]. Aber gerade diese Verfilzung des gesellschaftlichen Inhalts und der Verwaltungsrationalität als einer Form dient nun wieder als Ideologie dafür, daß man diese Verwaltungsform nun eigentlich für das Entscheidende hält mit der Implikation, daß man annimmt, daß wo immer so etwas wie eine rationale Planung der Gesellschaft und Organisation im Gegensatz zu der Anarchie der Warenproduktion vorliegt, daß da notwendig auch inhaltlich solche Herrschaftsverhältnisse sich reproduzieren müssen; während das ein Fehlschluß ist, weil nur deshalb diese Formen jene verhängnisvolle inhaltliche gesellschaftliche Bedeutung annehmen, weil sie sich bereits innerhalb der konkreten Differenzen der Verfügungsgewalt über die Mittel der Produktion konstituieren. Also, die Identität von Bürokratie und Herrschaft trifft zwar empirisch zu, sie folgt aber nicht etwa aus der Struktur von Bürokratie, sondern aus deren Verselbständigung, die ihrerseits der Ausdruck bestehender Verhältnisse ist; und eben diese von wirtschaftlichen Motiven oder von wirtschaftlichen Objektivitäten letztlich determinierte Verselbständigung ist das, was ich mit verwalteter Welt gemeint habe. Es geht also nicht um Bürokratie oder Verwaltung an sich; diese und ihre Verfilzung mit der Herrschaft ist kein formal soziologisches Gesetz, sondern hängt von der realen Verfügung über fremde Arbeit ab. Die sogenannte rein soziologische Begriffsbildung, die davon nach dem Maß der interdisziplinären Arbeitsteilung absieht, und diese Beziehungen, von denen ich Ihnen eben rede, der Ökonomie, als einer Sparte zumißt, wird dadurch bereits vor allem besonderen Inhalt zur Ideologie.

Ich glaube, dadurch können Sie verstehen, was ich einmal so ausgedrückt habe, daß der Bürokrat oder der Manager heute in weitem Maß der »Sündenbock der verwalteten Welt« sei[196], und daß infolgedessen der Begriff der verwalteten Welt, wenn man ihn nun verabsolutiert im Sinn einer vordergründigen und bequemen Kulturkritik, eben völlig unzulänglich ist. Die Wut über personalisierte Epiphänomene, wie es also die

Rolle von Managern und Bürokratie ist, berührt die Sache selber nicht und hat vielfach nur die faschistische Implikation, wie denn auch das Wettern gegen angeblich unmenschliche Bürokraten bei den Faschisten eine große Rolle spielt. Es ist in diesem Zusammenhang recht aufschlußreich, daß die gesamte alte amtliche, staatliche und städtische Bürokratie, wie sie vorhanden war, von den Faschisten befochten und denunziert wurde, aber, weil ja eben an jene Verhältnisse nicht gerührt worden ist, lediglich dupliziert und eingeschränkt worden ist durch eine zweite Bürokratie, nämlich die Parteibürokratie, und dieser wahrhaft erschreckende Pluralismus, also die Verdopplung der gesamten amtlichen Bürokratien durch die Parteibürokratien, hat ja nicht zuletzt zu jener allgemeinen und geplanten Verwirrung der Verfügungsverhältnisse beigetragen, die dann schließlich eben doch dem monokratischen Führerprinzip unter dem Faschismus nur allzusehr zugute gekommen ist. Wenn man gegen die Bürokratie wettert und auf die Wiederherstellung unmittelbarer Beziehungen zwischen den Menschen inmitten unveränderter Eigentumsverhältnisse hinarbeitet, so läuft das fast unvermeidlich auf direkte Herrschaft im Sinne von Volksgemeinschaft und ähnlichem heraus. Es geht also nicht gegen Verwaltung an sich, sondern gegen deren Verdinglichung zur Herrschaft, in der schließlich nur der grundsätzlich verdinglichte, unverändert verdinglichte Charakter der Gesellschaftsstruktur sich spiegelt.

Wenn nun gesagt wird und das ist das stärkste Argument, ein Argument, das bereits Max Weber zu seiner Verfügung hatte, man könne ja nun auch in den sozialistischen Staaten im Osten diese Verfestigung der Bürokratie beobachten, so ist das ganz sicher als eine Feststellung der empirischen Soziologie richtig, ist aber nicht beweiskräftig. Und zwar ganz einfach deshalb, weil eine teuflische Notwendigkeit darüber gewaltet hat, daß eben diese Entwicklungen in Rußland stattgehabt haben; das heißt, daß einfach das, was man in der englischen Ökonomik mit den ›skills‹ der Arbeiter bezeichnet, also die Entwicklung der menschlichen Produktivkräfte, die notwendig ist, um überhaupt sich den Anforderungen des Industrialismus anzupassen, so zurückgeblieben war und möglicherweise sogar noch heute in gewissen Sektoren zurückgeblieben ist, daß nur mit der Peitsche, mit der man über Jahrhunderte die expropriierten Bauern in Europa zu Arbeitern gemacht hat, daß das also bei der ungeheuer beschleunigten Industrialisierung, wie man so schön sagt, schlagartig, nämlich mit der Peitsche, nachgeholt worden ist, und das hat dann eben jene Verselbständigung der Bürokratie bedingt. Ich bitte, mich nicht mißzuverstehen: Ich möchte damit nicht etwa all das Grauenhafte, was durch diese Verselbständigung der Parteibürokratie in Rußland geschehen ist, im mindesten verteidigen oder beschönigen, sondern ich möchte nur zeigen, indem ich Sie wenigstens auf einen Aspekt dieser historischen Nezessität hinweise, daß es sich hier nicht, wie Weber zu denken schien, um eine immanente Notwendigkeit des Begriffs von rationaler Verwaltung und Planung handelte, sondern eben in Wahrheit um Zwangssituationen, die aus dem historisch Gegebenen resultierten, ohne daß ich darauf jetzt weiter eingehen kann.

Wenn ich von geplanter Irrationalität oder von dem Zusammenstoß von irrationalen und rationalen Momenten gesprochen habe, so muß ich dabei doch wenigstens, um Ihnen von diesem heute eigentlich entscheidenden Antagonismus eine etwas konkretere Vorstellung zu geben, wenigstens Sie mit ein paar Worten hinweisen auf die gesamtgesellschaftliche Rolle der Rüstungen, und zwar der Rüstungen auf der gesamten Erde, unabhängig von den politischen Systemen. Die Rüstungsinvestitionen fressen ja überall in einem vollkommen maßlosen und weit über die verhältnismäßig hausbackenen Verhältnisse des alten Imperialismus hinausgehendem Maß die Einkommen der Länder auf. Man kann wohl sagen, angesichts der unvermindert anarchischen Produktion und der Disproportionalitäten, die sie im Gefolge hat, daß nur durch die Anhäufung von Vernichtungsmitteln die Gesellschaft sich heute, und zwar in allen Ländern, in ihren bestehenden Formen überhaupt am Leben erhalten kann, daß sie also nur dadurch noch weiterlebt, daß sie in jedem Augenblick bereit ist, sich selber in die Luft zu sprengen. Ich glaube, etwas Sinnfälligeres und Drastischeres zum Beweis dessen, daß wir in einer unvermindert antagonistischen Gesellschaft leben als das, ist wohl schlechterdings nicht [vorstellbar]. Nicht nur aber bedrohen diese angehäuften Vernichtungsmittel, die ja offensichtlich, vor allem durch ihre Verfilzung mit denen, die je darüber verfügen, eine besondere Dynamik, eine eigene Dynamik haben, in jedem Augenblick das Leben eines jeden einzelnen Menschen auf der Erde, sondern indem ihre Gestehungskosten abgezweigt werden von dem Sozialprodukt, wird zugleich die Befriedigung der objektiven, nämlich dem technischen Stand nach möglichen Befriedigung der Bedürfnisse der Menschen in einer Weise herabgesetzt, die sich kaum vorstellen läßt und die sicher nicht zuletzt daran Schuld trägt, daß heute in einem tellurischen Umfang die Menschen Ersatzbefriedigungen aller möglichen Art für die wahre Befriedigung halten. Die tragenden Antagonismen, die nach wie vor innerhalb der gesellschaftlichen Struktur zu suchen sind, und nicht innerhalb der Sphäre der sogenannten Politik, und die infolgedessen eigentlich in den innerpolitischen Spannungen erscheinen, die werden ideologisch abgewälzt auf außenpolitische Konflikte. Es wäre eine wesentliche Aufgabe der gesellschaftlichen Erkenntnis heute, eben eine Analyse der gesamten Sphäre der Außenpolitik und der Rüstung, und zwar in internationalem Maßstab, unter dem Gesichtspunkt eben der Innenpolitik, oder richtiger, der gesellschaftlichen Gesamtstruktur vorzunehmen, die sie bedingt. Die politischen Systeme der Riesenblöcke nehmen, und zwar hüben wie drüben, in weitem Maß den Charakter von Ideologien an, der die Menschen daran verhindert, eben dieser gesellschaftlichen Verhältnisse gewahr zu werden, die darunter stehen. Sie schreiben das den politischen Systemen zu, was in Wirklichkeit im Charakter der Gesellschaften selber liegt. Ich möchte schließlich wenigstens noch darauf hinweisen, daß der ungeheure, über jedes Maß von bisher akkumulierter Erfahrung hinausgehende Zuwachs militärischer Machtmittel in den Händen kleiner Gruppen und die virtuelle Unmöglichkeit des Widerstands gegen die in diesen Gruppen konzentrierten Machtmittel auf die Dauer schließlich auch die unmittelbaren Herrschaftsverhältnisse in der Gesellschaft kaum unberührt lassen wird, ohne daß ich diesen Gedanken jetzt im einzelnen weiter verfolgen möchte. Aber auch er liegt durchaus im Zug jener Gedanken, welche die politisch organisatorischen Phänomene eben doch für Epiphänomene der Gesellschaft halten. Wie sie in Wahrheit die Gesellschaft bloß ausdrücken, so werden sie in einer Tendenz unmittelbarer Herrschaft, so fürchte ich, auch wieder zur gesellschaftlichen unmittelbar werden.

Meine Damen und Herren, die kargen Minuten, die uns jetzt noch bleiben, möchte ich dazu verwenden, Ihnen wenigstens genau so thesenhaft wie das, was ich Ihnen über die gesellschaftliche Struktur vorgetragen habe, einiges noch zu sagen über die Stellung der Ideologie heute, als über den Bereich der gesellschaftlichen Wirklichkeit, in dem meine eigene kritische Erfahrung ja am unmittelbarsten zuständig ist. Zunächst ist zu sagen, daß, wie es dem fortbestehenden falschen Zustand und der Akzeptierung dieses antagonistischen Zustands durch die überwältigende Mehrheit der Bevölkerungen aller Länder entspricht, von der vielberufenen Entideologisierung der Welt nicht die Rede sein kann. Und gerade diese Entideologisierung selber ist, um es pointiert zu sagen, eine der spezifischen Gestalten der Ideologie heute, oder anders gesagt: Die Realität, in der wir leben, diese uns aufgedrängte antagonistische Realität tendiert dazu, zu ihrer eigenen Ideologie zu werden. Das Beispiel dafür ist der Konsum, wo die Menschen in allen erdenklichen Sparten das konsumieren und womöglich genießen, was ihnen aus keinem anderen Grunde als dem Profitmotiv, und ohne daß von ihnen ihrem tatsächlichen oder gar ihrem potentiellen Bewußtseinsstande nach ein Bedürfnis danach bestünde, aufgezwungen wird; und eben dieses Aufgezwungene halten sie auch noch für Genuß und kommen sich wunder wie realistisch vor, wenn sie also dann die Fernsehapparate und all den anderen Zimt, der damit zusammenhängt, kaufen und auf Ideale verzichten, ohne daß sie merken, daß sie unvergleichlich viel mehr von diesem Popel, zu dem die ganze Konsumwelt geworden ist, betrogen werden, als sie jemals in besseren Zeiten von Ideologien betrogen worden sind, die wenigstens noch ihrem Anspruch nach etwas mit der Wahrheit zu tun gehabt haben, der ja heute aufgegeben wird. Die Erfüllung, die Realität selber, scheint den Menschen das, was nur Ersatz ist, ein Ersatz, den die Profitinteressen ihnen oktroyieren. Und ihr sogenannter Realismus ist insofern eine Ideologie, als sie in ihrem Verhalten dieses ihnen aufgezwungene Verhalten reproduzieren, sich ihm anpassen, ja, man muß wohl sagen, es von sich aus noch einmal hervorbringen. Sie machen das mit, was ihnen aufgezwungen wird, sie fügen sich ohne Bewußtsein davon der herrschenden Apparatur und kommen sich realistisch vor dadurch, daß der Verblendungszusammenhang zwischen dem, was ist, und ihnen so vollkommen geworden ist, daß gleichsam eine Lücke zwischen der falschen Realität und dem falschen Bewußtsein überhaupt nicht mehr gelassen ist. Ich glaube, nur wenn man mit einer solchen schneidenden Schärfe sich klarmacht, was es mit dem sogenannten Realismus und der sogenannten Entideologisierung heute auf sich hat, nur dann ist es überhaupt möglich, daß man illusionslos dem gegenwärtigen Zustand sich stellt. Dem entspricht nun auf der Seite der Objektivität die Verschmelzung der verschiedenen Apparaturen der Gesellschaft, der von Produktion, von Distribution und des Bewußtseins qua Bewußtseinsindustrien. Dadurch, daß alle diese Sektoren lückenlos ineinander greifen und wesentlich auch durch Eigentumseinheit und Einheit der Verwaltung miteinander verbunden sind, dadurch wird eben jene Lückenlosigkeit der gesellschaftlichen Fassade produziert, die den Menschen die Illusion gibt, daß der vollkommen dichte Schein, in dem sie sich bewegen, die scheinlose Realität wäre.

Diese Dinge sind natürlich alle in Amerika als dem im industriellen Sinn fortgeschrittensten Land am präzisesten und, ich möchte auch sagen, am drastischsten zu beobachten, wo ja nun wirklich unmittelbar die Elektroindustrie als einer der wichtigsten Sektoren der Produktionssphäre mit der Distributionssphäre und mit der »Bewußtseins-Industrie«[197], wie Enzensberger das genannt hat, verflochten ist. Das heißt, es ist eben so, daß die größten Radiogesellschaften unmittelbar dort von den mächtigsten Einheiten der Bewußtseinsindustrie kontrolliert werden. Ideologie ist also nicht mehr – wie sie es in der Gestalt war, in den guten alten Zeiten war, in der Marx etwa noch den Liberalismus als Ideologie attackiert hat – etwas relativ Selbständiges gegenüber dem Dasein, keine Theorie mehr, die die Dinge verklärt, aber gleichzeitig auch in sich den wie immer auch problematischen Anspruch erhebt, die Realität zu erklären. Eine solche Theorie gibt es im Rahmen der bestehenden Gesellschaft überhaupt nicht mehr, und es war dafür nur programmatisch – und ist nur gewissermaßen dem heute universalen Geist des Positivismus etwas vorausgeeilt, dem Positivismus als Ideologie vorausgeeilt, muß ich exakt sagen –, daß der Faschismus mit großer Konsequenz eigentlich auf Theoriebildung überhaupt verzichtet hat und daß alles, was in ihm an Bewußtseinsinhalten vorkam, von vornherein lediglich den Charakter des Beherrschungsmittels hatte. Nebenbei bemerkt ist deshalb auch die Diskussion darüber, was aus der älteren Tradition vorfaschistisch wäre oder zum Faschismus getrieben hätte oder was nicht, so müßig. Es gibt natürlich einen gewissen engen, wie soll man sagen, Kernstrom von Gedanken, die den Faschismus herbeigeführt haben, aber abgesehen davon war der Faschismus fähig, überhaupt alles, was es an Geist nur gibt, völlig unterschiedslos zu rezipieren, soweit es nur irgendwelche Elemente enthielt, die für seine Herrschaftszwecke brauchbar gewesen sind, und dem fügt sich dann ebenso der kategorische Imperativ ein, wie, ich hätte beinahe gesagt, die eine totale spinozistische Substanz, die nur vielleicht deshalb davon verschont geblieben worden ist, weil ihr Urheber sich rassisch verdächtig gemacht hat. Was übriggeblieben ist von der Ideologie heute – wenn ich es wieder sehr extrem formulieren soll, und anders kann ich in dieser letzten Stunde nicht reden –, ist auf der einen Seite die nackte Lüge, also die bloße willkürliche Erfindung, und auf der anderen Seite einfach die Reduplikation dessen, was ohnehin ist, als des allein wahren, sinnvollen Seins, die dann darauf sich stützen und berufen kann, daß dem Positiven gegenüber, das ist, ein anderes überhaupt nicht mehr denkbar sei. Insofern ist die Theorie der abstrakten Möglichkeit von Hegel[198], die schon an Ort und Stelle beängstigend genug ist, zu einer geradezu satanischen Wahrheit heute gekommen.

Entscheidend für diese Gestalt der Ideologie heute ist das, was Horkheimer und ich, es wird nun wohl schon zwanzig Jahre her sein, den »technologischen Schleier«[199] genannt haben, der getreten ist an die Stelle des sogenannten Geldschleiers, der die gesellschaftlichen Verhältnisse einmal verhüllte, nachdem dieser Geldschleier durch immer wiederkehrende Inflationen und durch valutäre Manipulationen auch im Bewußtsein der Massen zerging, die also schließlich nicht mehr daran glaubten, daß das Geld das Ding an sich, nämlich der Wert an sich sei. Ich verstehe unter technologischem Schleier, daß Zwänge und Notwendigkeiten, die aus den gesellschaftlichen Verhältnissen folgen, zum Beispiel alle die Phänomene, die mit der Standardisierung nicht nur von Konsumgütern, sondern auch von Bewußtseinsinhalten zusammenhängen, der Technik als solcher zugeschrieben werden, unter vollkommenem Absehen zum Beispiel davon, daß unter dem herrschenden Profitmotiv die Technik ihrerseits nur ganz einseitig und partikular entwickelt worden ist, nämlich im Sinne der Verbilligung ihrer Gestehungskosten, und daß dabei alles, was mit Dezentralisierung, Individualisierung, qualitativer Vielfalt zusammenhängen könnte, unterdrückt und, wenn ich das Wort gebrauchen darf, künstlich durch diesen Zwang des Profitmotivs verhindert worden ist. Hier ist nun wieder die Schwierigkeit zu durchbrechen, auf die ich Sie vorhin hingewiesen habe und die überhaupt zu den erheblichsten Schwierigkeiten einer Kritik der gegenwärtigen Gesellschaft gehört, daß nämlich beides, das technische Potential oder der Stand der Produktivkräfte und die Produktionsverhältnisse ja nicht einfach voneinander unabhängig sind, sondern wechselseitig durcheinander bedingt sind, da die Produktivkräfte selber bereits unter bestimmten gesellschaftlichen Bedingungen entstanden sind. Wenn man sagt, daß ihre Beschränkung nun zurückgehe auf die Verhältnisse der Produktion, dann kann einem immer entgegnet werden: ›Ja, aber die Technik zwingt doch dazu, die Technik nötigt es einem auf‹, und es wird dabei willkürlich davon abstrahiert, daß die Technik ihrerseits selber bereits das Produkt eben jener Verhältnisse der Produktion ist, in die sie fällt und mit der sie in einer Art von prästabilierten Harmonie zu stehen scheint. Demgegenüber ist ganz schlicht daran zu erinnern, daß die technischen Produktivkräfte gefesselt und in einer ganz bestimmten Richtung gegängelt sind, und daß von den bestehenden Verhältnissen all das verhindert wird, wodurch die Technik ihrerseits diesen Schleier, der von ihrer Notwendigkeit ausgeht, durchbrechen könnte. Auch hier erinnere ich nur an das Allerdrastischste, nämlich daran, daß es der Menschheit in diesem ungeheuren Stande technischer Fortgeschrittenheit bis heute nicht gelungen ist, die Atomenergie für Gebrauchswerte im Ernst fruchtbar zu machen; und wenn Ansätze dazu vorhanden sind, dann wird einem gesagt, die seien einstweilen noch so teuer, daß man sie nicht realisieren kann, während ja bekanntlich für unsere Vernichtung nichts zu teuer ist.

Die Ideologie, je weniger sie sich abhebt, wird unmittelbar zum objektiven Geist, unter dem wir leben. Sie ist also nicht länger mehr theoretisches Gebilde, sie ist weder mehr Verklärung eines Bestehenden, noch dessen Komplement, sondern sie ist das Bestehende als Erscheinung, das Bestehende in der Art, wie es im gesellschaftlichen Gesamtbewußtsein sich reflektiert, und damit objektiver Geist. Das sickert nun vor allem in die Sprache ein, und deshalb glaube ich, wenn ich Ihnen dies Subjektive über mein eigenes Verfahren noch gerade sagen darf, das ist der Grund dafür, warum – das Werk von Karl Kraus ist bereits ein großartiges Exempel dafür – Ideologiekritik heute gar nicht mehr so sehr Kritik an einem expliziten, theoretisch falschen Inhalt ist, sondern einfach Kritik an der Form, in der die Inhalte im gesellschaftlichen Bewußtsein sich niederschlagen, einer Form, die jeweils der gemeinten Sache widerspricht. Und deshalb, würde ich denken, ist die Sprachkritik eigentlich heute die fällige oder wenigstens eine der fälligen Gestalten der Ideologiekritik. Und infolgedessen wird auch, das ist sehr bezeichnend, entschlossene und radikale Kritik an der heute herrschenden Sprache von dem Nominalismus automatisch mit dem Gestus abgewehrt, es bestünde doch gar keine unmittelbare Identität zwischen der Sprache und den von ihr ausgedrückten Inhalten, und deshalb könne man die Sprache nicht als Ideologie angreifen, während gerade diese Unidentität von Inhalt und Sprache eben verrät, daß das Bewußtsein, das sich da so realistisch vorkommt und das da glaubt, der unverstellten Realität inne zu sein, bereits durch seine Form ausdrückt, daß es eben ein Bewußtsein dieser Inhalte selbst nicht ist. Subjektiv ist nun die Gestalt von Ideologie heute das, wofür ich den Terminus »verdinglichtes Bewußtsein«[200] vorgeschlagen habe, also ein Bewußtsein, das dem technologischen Schleier gehorcht, und das unreflektiert genau die Sprache redet, die ihm zugemutet wird und die es selber auch seiner eigenen Denkstruktur nach modelt. Die Einsicht des heute nicht umsonst so gern verketzerten genialen Wilhelm von Humboldt, daß Denken und Sprache sich wechselseitig konstituieren[201], gilt auch heute unverändert, nur freilich in dem negativen Sinn, daß das verdinglichte Denken und das verdinglichte Bewußtsein und die verdinglichte Sprache sich gegenseitig produzieren, wie denn – und damit Sie mich nicht falsch verstehen – die Kritik an der Sprache keine bloße formale Kritik an der Sprache sein muß, sondern, indem sie auf die Sprachform rekurriert, immer gezwungen ist, diese Sprachform mit dem ausgedrückten Inhalt zu konfrontieren und schließlich – wie ich es nun in dem demnächst erscheinenden »Jargon der Eigentlichkeit« wenigstens versucht habe – die Sprache selber, die Falschheit der Sprache selber aus der objektiven Unwahrheit der Sache zu deduzieren. Das, was ich mit verdinglichtem Bewußtsein meine, das ist also ein Bewußtsein, das charakterisiert wird durch eine Reihe von Kategorien, wie sie nun allerdings allzu psychologisch und allzu wenig auf die gesellschaftliche Problematik bezogen, von der wir hier handeln, in der »Authoritarian Personality« entwickelt sind. Also es ist ein Bewußtsein, das unfähig ist, eigentlich überhaupt noch Erfahrungen zu machen, weil es eben wie eine panzerhafte Schicht diese Art der Vergegenständlichung dessen, was lebendige Beziehungen sein sollten, zwischen sich und seinen Gegenständen hat. Es ist, als unfähig zur Erfahrung, atomistisch, punktuell, zur Erinnerung, zur Dankbarkeit, zum Eingedenken unfähig. Es ist als Akzeptieren der Fassade unkritisch und eine eigentümliche zweite Naivität, die gerade mit der Abgebrühtheit der sogenannten skeptischen Generation vortrefflich sich verträgt. Es ist ein Bewußtsein, das selbst der zunehmenden Verdinglichung der Welt sich anbildet, indem in dieser Verdinglichung des Bewußtseins die Menschen dem Bedürfnis nachgeben, soweit wie möglich sich selber zu Dingen zu machen und eigentlich tot zu sein, um nur überleben zu können. Es gehört zu diesem verdinglichten Bewußtsein universal dazu die ›Identifikation mit dem Angreifer‹, der Gestus des ›Ja, aber‹, wenn man es an das gemahnt, was es ist, wenn man es mit seinem Namen ruft, und die Bereitschaft, eigentlich alles das von sich abzuwehren, wodurch es zu einem lebendigen Bewußtsein werden könnte. Es ist fixiert – und damit komme ich ein letztes Mal auf die Webersche Zweck-Mittel-Relation zurück, die Max Webersche Rationalität –, es ist immer fixiert an Mittel, anstatt an Zwecke; auch das ist ein Aspekt des technologischen Schleiers, nämlich das Quantum an Libido, an Liebe, das in die Technik von den Menschen um ihrer willen und nicht um der Zwecke willen investiert wird. Eine Phänomenologie oder eine umfassende und, wenn ich so sagen darf, systematisch deduzierte Darstellung des verdinglichten Bewußtseins wäre, was die subjektive Gestalt der Ideologie anlangt, sicherlich das Wichtigste, was heute zu tun ist, und soweit nach der subjektiven Richtung überhaupt noch etwas zu tun bleibt, würde es wohl wesentlich darin bestehen, das verdinglichte Bewußtsein zu durchbrechen.

Aber, meine Damen und Herren, nach all dem ist eines noch zu sagen: Während die Welt zusehends sich verhärtet, wird die Ideologie dadurch, daß sie bloße Verdopplung des Seienden ist, immer dünner; sie wird zwar unansprechbar, sie ist aus einem kaum überhaupt zu durchdringenden Material gefertigt, aber auf der anderen Seite ist sie so dünn geworden, daß sie ihre alte, ihre klassische Funktion, die der Verhüllung, kaum mehr erfüllt. Sie ist dadurch, daß den Menschen die Anpassung an die ihnen angetane Gewalt so vollkommen gelungen ist, die weiche Stelle, und es ist kein Zufall, würde ich sagen, im Sinne der geschichtsphilosophischen Innervation, daß darum heute gerade die Kritik auf eine Kritik des Bewußtseins und der Ideologie so allenthalben sich konzentriert. Das Organ dieser Kritik sind nun einmal die Intellektuellen, und eben deshalb, weil in sie und in diese Kritik die einzige Möglichkeit sich geflüchtet hat, überhaupt über das Bestehende hinauszublicken, werden sie heute so gelästert. Der Vorwurf, der heute vielfach erhobene, jüngst auch so laut von Gehlen erhobene Vorwurf, die Intellektuellen hätten deshalb keine Funktion, weil sie keine Verantwortung hätten, will sie damit auf eben die Ideologie des Bestehenden, dem man dienen soll, vereidigen, die zu durchbrechen ihre Sache wäre. Aber es genügt dazu nicht die Analyse von Einzelheiten, so unabdingbar sie ist, sondern es können alle diese Dinge nur wirklich verbindlich stringent geleistet werden, indem das, was ich Ihnen wahrhaft als Elemente einer kritischen Theorie vorgetragen habe, nun zu einer Einheit der kritischen Theorie versammelt wird, die genau soviel Einheit und gleichzeitig genauso brüchig ist wie die Welt heute. Ein solches Programm wie das, das ich Ihnen damit zum Abschied präsentiere, entspricht, wenn ich mich nicht irre, allerdings auch recht genau dem historischen Augenblick, in dem wir uns befinden, nämlich einer Phase, die eine solche Kritik gestattet, die sie also nicht durch unmittelbare Gewalt verhindert und in der gleichwohl doch gar nichts anderes als eine solche Theorie möglich ist, weil in dieser Phase, ohne daß wir absehen könnten wie lange, die Möglichkeit eingreifender, im Ernst [umwälzender] Praxis verstellt ist.

Anmerkungen der Herausgeber

Abkürzungen

Adornos Schriften werden nach der Ausgabe der *Gesammelten Schriften* (hrsg. von Rolf Tiedemann unter Mitwirkung von Gretel Adorno, Susan Buck-Morss und Klaus Schultz, Frankfurt a. M. 1970 ff.) zitiert. Dabei gelten die Abkürzungen:

GS 3:	*Max Horkheimer und Theodor W. Adorno*, Dialektik der Aufklärung. Philosophische Fragmente. 3. Aufl., 1996
GS 4:	Minima Moralia, Reflexionen aus dem beschädigten Leben. 2. Aufl., 1996
GS 5:	Zur Metakritik der Erkenntnistheorie/Drei Studien zu Hegel. 4. Aufl., 1996
GS 6:	Negative Dialektik/Jargon der Eigentlichkeit. 5. Aufl., 1996
GS 7:	Ästhetische Theorie. 6. Aufl., 1996
GS 8:	Soziologische Schriften I. 4. Aufl., 1996
GS 9.1:	Soziologische Schriften II. Erste Hälfte. 2. Aufl., 1996
GS 9.2:	Soziologische Schriften II. Zweite Hälfte. 2. Aufl., 1996
GS 10.1:	Kulturkritik und Gesellschaft I: *Prismen/Ohne Leitbild*. 2. Aufl., 1996
GS 10.2:	Kulturkritik und Gesellschaft II: *Eingriffe/Stichworte/Anhang*. 2. Aufl., 1996
GS 11:	Noten zur Literatur. 4. Aufl., 1996
GS 14:	Dissonanzen/Einleitung in die Musiksoziologie. 4. Aufl., 1996
GS 20.1:	Vermischte Schriften I. 1986
GS 20.2:	Vermischte Schriften II. 1986

1. Im Vorlesungsverzeichnis der Frankfurter Johann Wolfgang Goethe-Universität vom Sommersemester 1964 wurde diese Vorlesung unter dem Titel: »Elemente einer philosophischen Gesellschaftstheorie« angekündigt.

2. Max Horkheimer (1895-1973) hielt im Sommersemester 1964 ein Proseminar unter dem Titel »Philosophisches Proseminar« ab.

3. Es handelte sich um einen Lehrstuhl für »Philosophie und Soziologie«.

4. Vgl. Max Weber, Gesammelte Aufsätze zur Wissenschaftslehre, zweite durchgesehene und ergänzte Aufl., besorgt von Johannes Winckelmann, Tübingen 1951.

5. Adorno bezieht sich auf den sogenannten Positivismusstreit, der zu den unabgeschlossenen Grundsatzdiskussionen der Soziologie zählt. Prominente Kontrahenten dieser Auseinandersetzung in den sechziger Jahren waren Adorno und Popper. Vgl. Theodor W. Adorno, Hans Albert u. a., Der Positivismusstreit in der deutschen Soziologie, Neuwied, Berlin 1969.

6. Der 15. Deutsche Soziologentag fand vom 28. bis 30. April 1964, also unmittelbar vor Vorlesungsbeginn, in Heidelberg unter dem Titel »Max Weber und die Soziologie heute« statt.

7. Herbert Marcuse (1898-1979), der zu dieser Zeit an der Brandeis-University in Waltham, Massachusetts/USA lehrte, hielt auf dem 15. Deutschen Soziologentag das Referat zum Thema »Industrialisierung und Kapitalismus«. Das Referat wurde von den Teilnehmern des Panels zum Teil scharf kritisiert. Vgl. das Referat und Schlußwort von Herbert Marcuse sowie die Diskussionsbeiträge von Georg Weippert, Reinhard Bendix, Benjamin Nelson, Georges Friedman, Richard F. Behrendt und Wolfgang J. Mommsen, in: Verhandlungen des 15. Deutschen Soziologentages. Max Weber und die Soziologie heute, hrsg. von Otto Stammer, Tübingen 1965, S. 161-218.

8. Der Begriff des Index verborum prohibitorum lehnt sich an den bis 1966 verwendeten Index librorum prohibitorum (ein Index verbotener Bücher) der katholischen Kirche an.

9. »Les règles de la méthode sociologique« (1895) ist eines der Hauptwerke des französischen Soziologen Emile Durkheim (1858-1917); vgl. die deutsche Übersetzung: Emile Durkheim, Die Regeln der soziologischen Methode, hrsg. und eingeleitet von René König, Neuwied, Berlin 1961. (Soziologische Texte. Bd. 3).

10. Durkheim faßt seine Kritik folgendermaßen zusammen: »Kurz, Comte hat an Stelle der geschichtlichen Entwicklung den Begriff gesetzt, den er selbst davon hatte und der von dem Vulgärbegriff nicht sonderlich abweicht. Aus der Ferne gesehen nimmt die Geschichte ja allzuleicht ein reihenmäßiges und einfaches Aussehen an. Man gewahrt nur Individuen, die aufeinanderfolgen und in dieselbe Richtung gehen, weil sie dieselbe Natur haben. Da dabei außer acht gelassen wird, daß die soziale Entwicklung doch etwas anderes sein kann als die Entwicklung irgendeiner menschlichen Idee, scheint es ganz natürlich, sie durch die Idee zu definieren, die die Menschen von ihr haben. Mit einem derartigen Verfahren bleibt man aber nicht nur in der Ideologie stecken; man macht auch einen Begriff zum Gegenstand der Soziologie, der nichts spezifisches Soziologisches an sich hat.« (Ebd., S. 119)

11. Zum Begriff des Idealtypus bei Weber, vgl. Max Weber, Wirtschaft und Gesellschaft. Grundriß der verstehenden Soziologie, 5. rev. Aufl., besorgt von Johannes Winckelmann, Tübingen 1947, S. 2-11; dort heißt es: »Für die typenbildende wissenschaftliche Betrachtung werden nun alle irrationalen, affektuell bedingten, Sinnzusammenhänge des Sichverhaltens, die das Handeln beeinflussen, am übersehbarsten als ›Ablenkungen‹ von einem konstruierten rein zweckrationalen Verlauf desselben erforscht und dargestellt. [...] Nur dadurch wird alsdann die kausale Zurechnung von Abweichungen zu den sie bedingenden Irrationalitäten möglich. Die Konstruktion eines streng zweckrationalen Handelns also dient in diesen Fällen der Soziologie, seiner evidenten Verständlichkeit und seiner – an der Rationalität haftenden – Eindeutigkeit wegen, als Typus (Idealtypus), um das reale, durch Irrationalitäten aller Art (Affekte, Irrtümer) beeinflußte Handeln als ›Abweichung‹ von dem bei rein

rationalem Verhalten zu gewärtigenden Verlaufe zu verstehen.« (Ebd., S. 2 f.)

12. Vgl. Max Weber, Gesammelte Aufsätze zur Religionssoziologie, I-III, hrsg. von Marianne Weber, 1. Aufl., Tübingen 1920-1921.

13. Vgl. Max Weber, Die rationalen und soziologischen Grundlagen der Musik. Soziologie der Musik (mit einer Einleitung von Th. Kroyer), München 1921. – So der Nachweis Adornos in der *Musiksoziologie.*

14. Der Soziologe George Andrew Lundberg (1895-1966) war einer der führenden Vertreter des Neopositivismus und Verfechter von mathematisch-statistischen Vorgehensweisen in der Soziologie. Er vertrat das Prinzip der Werturteilsfreiheit und des Operationalismus. 1943 wurde er der 33. Präsident der American Sociological Association. Vgl. George A. Lundberg, Foundations of Sociology, New York 1939; ders., Social Research. A Study in Methods of Gathering Data, New York 1942.

15. Samuel Andrew Stouffer (1900-1960), Statistiker und Meinungsforscher, war der 42. Präsident der American Sociological Association. Vgl. Samuel A. Stouffer, Social Research to Test Ideas. Selected Writings, New York 1962; Measurement and Prediction, hrsg. von Samuel A. Stouffer, Louis Guttman, Edward A. Suchman, Paul F. Lazarsfeld u. a., Princeton 1950.

16. Eine der Untersuchungen Paul Felix Lazarsfelds (1901-1979), »Die Arbeitslosen von Marienthal«, die er mit Marie Jahoda und Hans Zeisel durchgeführt hat (Leipzig 1933), gilt heute als Klassiker empirisch-soziologischer Forschung. Lazarsfeld ging 1933 in die USA, war von 1935 bis 1937 Leiter des »Office of Radio Research«, das zunächst in Princeton residierte und 1939 an die Columbia University in New York wechselte. – Adorno war seit 1938 Mitarbeiter des von Lazarsfeld geleiteten »Princeton Radio Research Project«. Vgl. GS 10.2, S. 705 ff.

17. Weber eröffnet die Erläuterung seiner »Soziologische[n] Grundbegriffe« mit den Worten: »Soziologie (im hier verstandenen Sinn dieses sehr vieldeutig gebrauchten Wortes) soll heißen: eine Wissen-

schaft, welche soziales Handeln deutend verstehen und dadurch in seinem Ablauf und seinen Wirkungen ursächlich erklären will.« (Vgl. Max Weber, Wirtschaft und Gesellschaft, a.a.O. [s. Anm. 11], S. 1) Zum Begriff des »Verstehens« in der Weberschen Soziologie vgl. Max Weber, Über einige Kategorien der verstehenden Soziologie, in: Gesammelte Aufsätze zur Wissenschaftslehre, a.a.O. [s. Anm. 4], S. 427 bis 474.

18. Die Südwestdeutsche Schule, eine philosophische Richtung des Neukantianismus, die um 1890 bis 1930 vor allem an den Universitäten in Heidelberg, Freiburg im Breisgau und Straßburg vertreten war. Wilhelm Windelband (1848-1915), einer ihrer prominenten Vertreter, hat zwischen nomothetischen und idiographischen Wissenschaften differenziert. Diese Unterscheidung korrespondiert mit der von Heinrich Rickert (1863-1936) vorgenommenen Differenzierung zwischen der nach generalisierenden Gesetzen suchenden Naturwissenschaft und der die Bedeutung des Einzelnen hervorhebenden Kulturwissenschaft. Vgl. Wilhelm Windelband, Geschichte und Naturwissenschaft, Freiburg 1894.

19. Der Philosoph Heinrich Rickert habilitierte sich 1891 mit der Schrift »Der Gegenstand der Erkenntnis«. 1915 erhielt Rickert einen Ruf an die Universität Heidelberg.

20. Im Amphibolie-Kapitel der »Kritik der reinen Vernunft« stellt Kant die Leibnizsche These, der zufolge das Innere der Dinge nur durch den Verstand zu erkennen sei, in Frage. Vgl. Immanuel Kant, Kritik der reinen Vernunft, B 320ff.

21. Die berühmten Reisehandbücher, benannt nach ihrem Verleger Karl Baedeker (1801-1859).

22. S. den Nachweis in Anm. 11.

23. S. den Nachweis in Anm. 12.

24. Max Weber, Wissenschaft als Beruf, in: ders., Gesammelte Aufsätze zur Wissenschaftslehre, a.a.O. [s. Anm. 4], S. 578. Weber schreibt: »Die zunehmende Intellektualisierung und Rationalisierung bedeutet also *nicht* eine zunehmende allgemeine Kenntnis der Lebens-

bedingungen, unter denen man steht. Sondern sie bedeutet etwas anderes: das Wissen davon oder den Glauben daran: daß man, wenn man *nur wollte*, es jederzeit erfahren *könnte*, daß es also prinzipiell keine geheimnisvollen unberechenbaren Mächte gebe, die da hineinspielen, daß man vielmehr alle Dinge – im Prinzip – durch *Berechnen beherrschen* könne. Das aber bedeutet: die Entzauberung der Welt.«

25. Oswald Spengler (1880–1936) entwickelte im Rahmen seiner pessimistischen Kulturphilosophie, die stark vom Ausgang des Ersten Weltkrieges geprägt war, ein monarchistisches Weltbild. In dieser Formulierung bezieht sich Adorno auf das Hauptwerk Spenglers »Der Untergang des Abendlandes. Umrisse einer Morphologie der Weltgeschichte«, das in zwei Bänden 1918 und 1922 erschien. Es ist Ausdruck der Wilhelminischen Ära und der Krise des »abendländischen Bewußtseins« nach dem Ersten Weltkrieg.

26. Vgl. Ursula Jaerisch, Bildungssoziologische Ansätze bei Max Weber, in: Verhandlungen des 15. Deutschen Soziologentages. Max Weber und die Soziologie heute, a. a. O. [s. Anm. 7], S. 279-296. – Jaerisch verweist in ihrem Referat unter anderem auf die Verflochtenheit von Bildung und Herrschaft (ebd., S. 280) sowie von Teilhabe Einzelner an gesellschaftlicher Entwicklung durch den Erwerb von Fachwissen und der Determination des Handlungsrahmens innerhalb der zweckrationalen ökonomischen Ordnung im Kapitalismus (ebd., S. 284). Adorno merkt im Anschluß an das Referat an, daß die von Frau Jaerisch bei Weber konstatierte Mythologisierung des fortschreitenden Rationalisierungsprozesses als eines unentrinnbaren Schicksals zu den fruchtbarsten Kritikansätzen in der Auseinandersetzung mit ihm gehört (ebd., S. 300). Ursula Jaerisch hat 1963 an der Johann Wolfgang Goethe-Universität in Frankfurt ihre Diplomarbeit mit dem Titel »Elemente einer Theorie der Gesellschaft bei Max Weber. Rationalisierung und Herrschaft« eingereicht. Die Arbeit ist nie veröffentlicht worden. Sie ist in der Bibliothek des Fachbereichs Gesellschaftswissenschaften der Johann Wolfgang Goethe-Universität einsehbar. (Sign: 114 675)

27. Zum Begriff der »charismatischen Herrschaft« bei Weber vgl. etwa: »In ihrer genuinen Form ist die charismatische Herrschaft spezifisch außeralltäglichen Charakters und stellt eine streng persönlich, an die Charisma-Geltung persönlicher Qualitäten und deren Bewäh-

rung, geknüpfte soziale Beziehung dar. Bleibt diese aber nun nicht rein ephemer, sondern nimmt sie den Charakter einer Dauerbeziehung [...] an, so muß die charismatische Herrschaft, die sozusagen nur in statu nascendi in idealtypischer Reinheit bestand, ihren Charakter wesentlich ändern: sie wird traditionalisiert oder rationalisiert (legalisiert) oder: beides in verschiedenen Hinsichten.« (Wirtschaft und Gesellschaft, a. a. O. [s. Anm. 11], S. 142 f.)

28. Weber hat mehrere Beiträge zu Rußland und Analysen über die außenpolitische Bedeutung Rußlands für Deutschland geschrieben. Die beiden Schriften, auf die Adorno sich an dieser Stelle bezieht, »Rußlands Übergang zur Scheindemokratie« und »Die russische Revolution und der Friede«, finden sich in: Max Weber Gesamtausgabe, hrsg. von Horst Baier, M. Rainer Lepsius, Wolfgang J. Mommsen, Wolfgang Schluchter, Johannes Winckelmann, Abt. I: Schriften und Reden, Bd. 15: Zur Politik im Weltkrieg, hrsg. von Wolfgang J. Mommsen in Zusammenarbeit mit Gangolf Hübinger, Tübingen 1984, S. 238-260; S. 291-297.

2. Vorlesung

29. In der *Negativen Dialektik* heißt es: *Philosophie, die erkennt, daß sie weder über Faktizität noch über Begriffe urteilt, wie sonst geurteilt wird, und die nicht einmal ihres Gegenstandes sicher sich weiß, möchte ihren gleichwohl positiven Gehalt jenseits von Faktum, Begriff und Urteil haben. Dadurch ist das Schwebende des Denkens überhöht zu dem Unausdrückbaren selbst, das es ausdrücken will; das Ungegenständliche zum umrissenen Gegenstand eigenen Wesens; und eben dadurch verletzt.* (GS 6, S. 116)

30. Adorno bezieht sich auf die renommierteste US-amerikanische Fachzeitschrift für Soziologie – »The American Journal of Sociology«.

31. Nicht ermittelt.

32. Auguste Comte (1798-1857) war der Begründer des Positivismus. Sein sechsbändiges Werk »Cours de philosophie positive« erschien 1830 bis 1842. Adorno verwendete die Übersetzung der Bände IV-VI von Valentine Dorn: »Soziologie«, 3 Bde., 2. Aufl., Jena 1923;

vgl. auch Auguste Comte, Entwurf der wissenschaftlichen Arbeiten welche für eine Reorganisation der Gesellschaft erforderlich sind, hrsg. von Wilhelm Oswald, Leipzig 1914. – Zur Einführung des Begriffs ›Soziologie‹ durch Comte vgl. *Soziologische Exkurse, Nach Vorträgen und Diskussionen* (Frankfurter Beiträge zur Soziologie, Bd. 4, hrsg. von Theodor W. Adorno, Walter Dirks), Frankfurt a. M. 1956, S. 9 und S. 18, Anm. 1.

33. Claude Henri, comte de Saint-Simon (1760-1825) war einer der Gründungsväter der Soziologie; vgl. H. de Saint-Simon, Ausgewählte Texte. Mit einem Vorwort, Kommentaren und Anmerkungen von Jean Dautry, Berlin 1957.

34. S. den Nachweis in Anm. 14.

35. Als einer der Kontrahenten Adornos im Positivismusstreit vertrat Alphons Silbermann (1909-2000) die These, daß lediglich das »Musik«- bzw. »Kunsterlebnis« des Betrachters für die Kunst- bzw. Musiksoziologie zugänglich sei und sich die Analyse auf diesen objektiven Sachverhalt konzentrieren müsse. Vgl. Alphons Silbermann, Die Stellung der Musiksoziologie innerhalb der Soziologie und der Musikwissenschaft, in: Kölner Zeitschrift für Soziologie und Sozialpsychologie, 10. Jg., 1958, S. 102-115; ders., Die Ziele der Musiksoziologie, in: Kölner Zeitschrift für Soziologie und Sozialpsychologie, 14. Jg., 1962, S. 322-335. Vgl. Adornos Standpunkt von 1962 in der *Einleitung in die Musiksoziologie*, in: GS 14, S. 169-433. Einige Jahre später, 1967, wurde die Debatte weitergeführt: Vgl. Adornos *Thesen zur Kunstsoziologie* (jetzt GS 10.1, S. 367-374), die Antwort Silbermanns mit dem Titel »Anmerkungen zur Musiksoziologie. Eine Antwort auf Theodor W. Adornos ›Thesen zur Kunstsoziologie‹«, in: Kölner Zeitschrift für Soziologie und Sozialpsychologie, 19. Jg., 1967, S. 538-545, sowie die Replik Adornos mit dem Titel *Schlußwort zu einer Kontroverse über Kunstsoziologie* (jetzt GS 10.2, S. 810-815).

36. Vgl. Theodor W. Adorno, *Meinung Wahn Gesellschaft*, in: *Eingriffe*, Frankfurt a. M. 1963, S. 147-172 (jetzt GS 10.2, S. 573-594).

37. Die »Gemeindestudie« des »Instituts für Sozialwissenschaftliche Forschung« in Darmstadt entstand 1952-1954 in Zusammenarbeit mit dem Frankfurter Institut für Sozialforschung. Untersucht wurden die

Verhältnisse zwischen der Bevölkerung, insbesondere der Jugend, und Institutionen in Darmstadt. Vgl. den Artikel *Gemeindestudien*, in *Soziologische Exkurse*, a. a. O. [s. Anm. 32], S. 133-145. Die Studie besteht aus neun Monographien, zu denen Adorno, teilweise zusammen mit Max Rolfes, die Einführungen verfaßte (jetzt GS 20.2, S. 605-639). Die Darmstädter Studie ging auf die Initiative des Amtes für Arbeitsangelegenheiten bei der amerikanischen Militärregierung zurück und wurde von amerikanischen Wissenschaftlern beraten.

38. Die Vorlesungen sind aufgrund von Feiertagen an mindestens zwei Terminen ausgefallen. Zusätzlich sind zwei weitere Sitzungen aus nicht mehr nachvollziehbaren Gründen ausgefallen. Siehe den Hinweis der Herausgeber in der editorischen Nachbemerkung.

39. Das Zitat Stefan Georges (1868-1933) findet sich in einem Brief Georges an Hofmannsthal vom März 1904. George stellt dort die dichterischen Verfahrensweisen von Friedrich Gundolf und Karl Gustav Vollmoeller gegenüber und nimmt gegen Hofmannsthals Kritik an Gundolf und Bevorzugung Vollmoellers Stellung: »Vielleicht ist es bei G. noch eine unbeholfenheit im zugreifen die Sie tadeln – die mir jedoch angenehmer ist als bei dem hervorgehobenen V. die ausgespiztheit die sofort aus der milchstrasse butter machen und für die jeweiligen marktbedürfnisse herrichten will.« (Briefwechsel zwischen George und Hofmannsthal, 2., ergänzte Aufl., hrsg. von Robert Boehringer, München, Düsseldorf 1953, S. 213.) – Vgl. auch GS 10.1: *George und Hofmannthal*, S. 224.

Nachschrift der 3. Vorlesung

40. Von dieser Vorlesung ist keine Transkription der Bandaufzeichnung vorhanden. Die Nachschrift wurde von Hilmar Tillack besorgt.

41. Vgl. Henrik Ibsen, Hedda Gabler, London 1890. Der Gegensatz zwischen ›Fachmenschentum‹ und einem ›geistigen Menschen‹ wird von Adorno auch im Zusammenhang mit der Zunahme der Bürokratisierung und der Bedeutung von Fachwissen bei Weber genannt (vgl. GS 8, S. 127). In der *Einleitung in die Soziologie* findet dieser Gegensatz mit Verweis auf die Studien Fichtes und Schellings über das akademische Studium Erwähnung (vgl. Theodor W. Adorno, Nachgelassene

Schriften, hrsg. vom Theodor W. Adorno Archiv, Abt. IV: Vorlesungen, Bd. 15: *Einleitung in die Soziologie* (1968), hrsg. von Christoph Gödde, Frankfurt a. M. 1993, S. 172).

42. Bei der von Adorno erwähnten Parodie handelt es sich um eine Wissenschaftsparodie, in der es um die Ausgrabung des Hexenhauses aus dem Märchen von Hänsel und Gretel geht. Vgl. Hans Traxler, Die Wahrheit über Hänsel und Gretel, Frankfurt a. M. 1963.

43. Die Gesellschaftstheorie des Frühsozialisten Charles Fourier (1772-1837) beruht auf einer Kritik staatlicher Unterdrückung. Fouriers Vorstellung einer harmonischen Regelung der Gesellschaft zielt auf die Befriedigung menschlicher Neigungen und Triebe, was Fourier in seinem Werk dazu führt, sich eine harmonische Gesellschaft bis ins kleinste Detail auszumalen. Adorno hat im Jahr 1966 die deutsche Übersetzung von Fouriers Werk »Theorie der vier Bewegungen und der allgemeinen Bestimmungen« herausgegeben (vgl. Charles Fourier, Theorie der vier Bewegungen und der allgemeinen Bestimmungen, hrsg. von Theodor W. Adorno, Frankfurt a. M. 1966).

44. Vgl. Karl Marx / Friedrich Engels, Werke, hrsg. v. Institut für Marxismus-Leninismus beim ZK der SED, Bd. 25: Das Kapital. Kritik der politischen Ökonomie, Bd. 3, Buch III: Der Gesamtprozeß der kapitalistischen Produktion. Dritter Abschnitt. Gesetz des tendenziellen Falls der Profitrate, Berlin 1964, S. 221-277. – Im folgenden abgekürzt: MEW, Bd. [1-42].

45. Vgl. Emile Durkheim, Die Regeln der soziologischen Methode, a. a. O. [s. Anm. 9], S. 105-114. I. Kapitel: »Was ist ein soziologischer Tatbestand?«. Am Schluß dieses Kapitels gelangt Durkheim zu folgender Definition: »Ein soziologischer Tatbestand ist jede mehr oder minder festgelegte Art des Handelns, die die Fähigkeit besitzt, auf den Einzelnen einen äußeren Zwang auszuüben; oder auch, die im Bereiche einer gegebenen Gesellschaft allgemein auftritt, wobei sie ein von ihren individuellen Äußerungen unabhängiges Eigenleben besitzt.« (Ebd., S. 114)

46. Der Titel dieser Schrift konnte nicht ermittelt werden.

47. Oscar Alexander Wiesengrund (1870-1946) war ein jüdischer Weingroßhändler, der zum Protestantismus übertrat

48. Im zweiten Buch der »Politeia«.

49. Vgl. Max Weber, Wirtschaft und Gesellschaft. Grundriß der verstehenden Soziologie, Kapitel III. Die drei reinen Typen der legitimen Herrschaft, 3. Traditionale Herrschaft, a. a. O. [s. Anm. 11], S. 130-140.

50. Hierbei handelt es sich um eine Szene aus »Der Ring des Nibelungen«: »[...] die Esche sank; / ewig versiegt der Quell! – / Feßle ich heut' / An den scharfen Fels das Seil: / singe, Schwester, / – dir werf' ich's zu – / weißt du wie das wird?« (Richard Wagner, Der Ring des Nibelungen, Götterdämmerung. Dritter Tag. Auf dem Walkürenfelsen)

51. Eduard Graf von Keyserling (1855-1918), Autor zahlreicher Romane und Novellen. – Das Zitat wurde nicht ermittelt.

52. Joseph Marie, comte de Maistre (1753-1821) war einer der schärfsten Kritiker der Französischen Revolution und der Demokratie. In den zweibändigen »Soirées de Saint-Petersbourg« von 1821 vertritt er den dominierenden Einfluß der ›göttlichen Vorsehung‹ in der Geschichte und der menschlichen Gesellschaft. Vgl. Joseph de Maistre, Les Soirées de Saint-Pétersbourg, in: ders., Œuvres Complètes, Bd. IV, Lyon 1884.

53. Vgl. Herbert Spencer, Principles of Sociology, London 1876; dt.: Die Prinzipien der Soziologie, übersetzt von B. Vetter, 4 Bde., Stuttgart 1877; der Komplex »Staatliche Integration« wird diskutiert in §227 und 228 sowie §§448-453; die integrierenden Tendenzen der Gesellschaft durch zunehmende wirtschaftliche Arbeitsteilung werden behandelt in §§763-767. – Zur Lehre von der zunehmenden Vergesellschaftung durch Integration und soziale Differenzierung vgl. die Diskussion Spencers in: *Soziologische Exkurse*, a. a. O. [s. Anm. 32], S. 28 bis 36.

54. Vgl. Adam Smith, An Inquiry into the Nature and Causes of the Wealth of Nations, Edinburgh 1776; dt.: Adam Smith, Untersuchung über Wesen und Ursachen des Reichtums der Völker, Tübingen 2005.

55. Adorno spielt hier auf das Lukácssche Werk »Die Zerstörung der Vernunft« an. Vgl. das sechste Kapitel, Abschnitt IV: »Die deutsche Soziologie in der wilhelminischen Zeit (Max Weber)«, in: Georg Lukács, Die Zerstörung der Vernunft, Neuwied 1962, S. 521-537. – Adorno schreibt: *Am krassesten wohl manifestierte sich in dem Buch »Die Zerstörung der Vernunft« die von Lukács' eigener. Höchst undialektisch rechnete darin der approbierte Dialektiker alle irrationalistischen Strömungen der neueren Philosophie in einem Aufwaschen der Reaktion und dem Faschismus zu, ohne sich viel dabei aufzuhalten, daß in diesen Strömungen, gegenüber dem akademischen Idealismus, der Gedanke auch gegen eben jene Verdinglichung von Dasein und Denken sich sträubte, deren Kritik Lukács' eigene Sache war.* (GS 11, S. 252)

56. Vgl. David Ricardo, On the Principles of Political Economy and Taxation, London 1817; dt.: Grundsätze der Volkswirtschaft und Besteuerung, in: Sammlung sozialwissenschaftlicher Meister, hrsg. von H. Waentig, Bd. 5, Jena 1923.

57. Vgl. MEW, Bd. 26.2.

58. Adorno erinnert hier an die Auswirkungen der Weltwirtschaftskrise auf das soziale Gefüge der Weimarer Republik ab 1929. Im Jahr 1932 lag die offizielle Arbeitslosenzahl bei sechs Millionen.

59. Der englische Nationalökonom John Maynard Keynes (1883-1946). Vgl. John Maynard Keynes, The General Theory of Employment, Interest and Money, Cambridge 1936; dt.: Allgemeine Theorie der Beschäftigung, des Zinses und des Geldes, Berlin, Köln 1952.

60. Die AFL (American Federation of Labour) war in der ersten Hälfte des 20. Jahrhunderts die größte Gewerkschaft von Facharbeitern in den USA. Die CIO (Congress of Industrial Organizations) war zunächst eine Untergruppe der AFL und verließ den Verband 1938.

1955 fusionierten beide Gewerkschaften und traten fortan unter dem Kürzel AFL-CIO auf.

61. Ferdinand Lassalle (1825-1864) war erster Präsident des Allgemeinen Deutschen Arbeitervereins (ADAV), einer Vorläuferorganisation der SPD. In seiner These des ›ehernen Lohngesetzes‹ behauptete er, daß der durchschnittliche Arbeitslohn unter der Herrschaft von Angebot und Nachfrage immer auf den notwendigen Lebensunterhalt beschränkt bleiben würde, der gewohnheitsmäßig zur Fristung des Daseins und zur Fortpflanzung erforderlich sei. Vgl. Ferdinand Lassalle, Gesammelte Schriften und Reden: Arbeiterprogramm, Leipzig 1919, S. 139-202.

62. Der antike Begriff des Menschen schloss die Sklaven aus, indem diese lediglich als sprachbegabtes Werkzeug betrachtet wurden. Diese Bezeichnung geht auf den römischen Historiker Marcus Terentius Varro (115-27 v. Chr.) zurück, der in einem Dreiersystem die ›Gerätschaften‹ eines Bauern in vocalia, semivocalia und muta unterteilt. Vgl. Marcus Terentius Varro, Res rusticae, Abschnitt agri cultura, zweite Partie. Als Beispiele für vocalia nennt er Sklaven, als Beispiel für semivocalia Rinder und zuletzt führt er einen Wagen als Beispiel für die jeweils gemeinte Art von Lauten an. Die Bezeichnung des Sklaven als ein instrumentum vocale ist durch eine aus dem Dreierschema der Laute herausgelöste Verwendung bei Karl Marx bekannt geworden. »Dies ist einer der Umstände, die auf Sklaverei gegründete Produktion verteuern. Der Arbeiter soll sich hier, nach dem treffenden Ausdruck der Alten, nur als instrumentum vocale (sprachbegabtes Werkzeug) von dem Tier als instrumentum semivocale (stimmbegabtem Werkzeug) und dem toten Arbeitszeug als instrumentum mutum (stummem Werkzeug) unterscheiden.« (Vgl. MEW, Bd. 23, S. 210, Anm. 17)

5. Vorlesung

63. Iring Fetscher (geb. 1922) hatte 1963 die Professur ›Wissenschaft von der Politik‹ angetreten und hielt im Sommersemester 1964 ein Seminar mit dem Titel »Übungen zu John Locke. The Second Treatise of Civil Government« sowie eine Vorlesung mit dem Titel »Entstehung und Entwicklung des Marxismus«.

64. Zu dem Vortrag von Lucien Goldmann (1913-1970) konnten keine Dokumente ermittelt werden.

65. Es handelt sich um die zwei ausgefallenen Vorlesungen vom 9. und 11.6.1964.

66. Vgl. Institut für Sozialforschung, Betriebsklima. Eine industriesoziologische Untersuchung im Mannesmann-Bereich, Frankfurt a.M. 1954.

67. Ludwig von Friedeburg (geb. 1924), von 1955 bis 1962 Abteilungsleiter am Institut für Sozialforschung, anschließend Professor an der FU in Berlin, kehrte 1966 nach Frankfurt zurück und war 1968 einer der Leiter des Institutes und einer der Direktoren des Soziologischen Seminars. Von 1975 bis 2001 war er Geschäftsführender Direktor des Instituts für Sozialforschung.

68. Vgl. Ludwig von Friedeburg, Soziologie des Betriebsklimas, in: Frankfurter Beiträge zur Soziologie, Bd. 13, hrsg. von Theodor W. Adorno, Walter Dirks, Frankfurt a.M. 1963.

69. Vgl. Das Gesellschaftsbild des Arbeiters, hrsg. von Heinrich Popitz, Hans Paul Bahrdt, Ernst August Jüres, Hanno Kesting, Tübingen 1957; dies., Technik und Industriearbeit, Tübingen 1957.

70. Vgl. Theo Pirker, Siegfried Braun, Burkart Lutz, Fro Hammelrath, Arbeiter – Management – Mitbestimmung, Stuttgart, Düsseldorf 1955.

71. Es handelt sich hierbei um einen ursprünglich von Mao Tse-Tung, später auch von Spitzenfunktionären des *Ostbereichs* verwendeten Ausdruck zur Beschreibung immanent aufhebbarer Widersprüche.

72. Adorno schreibt dazu in seinem Aufsatz *Betriebsklima und Entfremdung* folgendes: *Wenn die Befragten häufig die höhere Arbeitersolidarität der Vergangenheit rühmen, so erlaubt das Material nicht, zu entscheiden, ob darin ein Wahres steckt, oder ob das Unbehagen an einem Zustand, in dem man sich trotz aller Interessenvertretungen als ohnmächtiges Atom empfindet, zur laudatio temporis acti verführt, derart, daß man auf die heroischen Zeiten der Arbei-*

terbewegung das projiziert, was einem fehlt und wofür man lieber als sich selbst die Zeitläufte schlechthin verantwortlich machen möchte. Immerhin lassen sich Momente angeben, die das systemimmanente Denken der Befragten erklären helfen. Dazu gehören zunächst die Besserung der Lebens- und Arbeitsbedingungen der Proletarier, die Loslösung der Gewerkschaften von den politischen Parteien, der Mangel an politischer Schulung und die mit dem Zusammenbruch der Hitler-Diktatur einsetzende Skepsis gegen die Sphäre der Politik überhaupt als eine der bloßen Propaganda. Wesentlich dürfte auch die Kompromittierung des Sozialismus durch Rußland sein, [...]. (GS 20.2, S. 675)

73. Im Zentrum der historischen Analysen von Saint-Simon steht die Unterscheidung zwischen produktiver und unproduktiver Arbeit. Er stellt dabei die Bedeutung der Gegensätze zwischen unproduktiven Klassen (Adel, Geistlichkeit) und produktiven (Handwerker, Arbeiter, Unternehmer) heraus. Vgl. H. de Saint-Simon, Ausgewählte Texte, a. a. O. [s. Anm. 33], S. 158 ff. Marx betont dagegen vor allem die Bedeutung des Mehrwerts für den Begriff der Produktivität: »Der direkte Zweck der kapitalistischen Produktion ist nicht die Produktion der Ware, sondern des Mehrwerts oder des Profits (in seiner entwickelten Form), nicht das Produkt, sondern das surplus produce. Die Arbeit selbst ist von diesem Standpunkt aus nur produktiv, soweit sie Profit oder surplus produce für das Kapital schafft. Soweit der Arbeiter das nicht schafft, ist seine Arbeit unproduktiv.« (Vgl. MEW, Bd. 26.2, S. 548)

74. Die letzten Zeilen des »Manifests der kommunistischen Partei« (1847/48), die Adorno hier paraphrasierte, lauten: »Die Proletarier haben nichts in ihr [der Revolution] zu verlieren als ihre Ketten. Sie haben eine Welt zu gewinnen.« (MEW, Bd. 4, S. 493)

75. Vgl. Jürgen Kempski, Das kommunistische Palimpsest, in: Merkur. Zeitschrift für europäisches Denken, hrsg. von Joachim Moras, Hans Paeschke, 2. Jg., 1948, S. 53-68.

76. Vgl. Georges Sorel, Über die Gewalt, Innsbruck 1928.

77. Karl Bednarik (1915-2001) war Maler und Sozialkritiker. Vgl. Karl Bednarik, Der junge Arbeiter von heute – ein neuer Typ, Stuttgart 1953.

78. Der Soziologe Helmut Schelsky (1912-1984) war seit 1932 Mitglied der SA und wurde 1937 NSDAP-Mitglied, in den Jahren 1938 bis 1940 war er Assistent Arnold Gehlens (1904-1976) in Königsberg. 1949 wurde er Direktor der »Akademie für Gemeinwirtschaft« in Hamburg, 1953 erhielt er eine Professur für Soziologie an der Universität Hamburg. Die These der »nivellierten Mittelstandsgesellschaft« wurde unter anderem entwickelt in folgenden Schriften: Helmut Schelsky, Wandlungen in der deutschen Familie der Gegenwart. Darstellungen und Deutung einer empirisch-soziologischen Tatbestandsaufnahme, Stuttgart 1953; ders., Die skeptische Generation. Eine Soziologie der deutschen Jugend, Düsseldorf, Köln 1957. Vgl. auch die Aufsätze »Die Bedeutung des Schichtungsbegriffs für die Analyse der gegenwärtigen deutschen Gesellschaft« (1953), »Gesellschaftlicher Wandel« (1956/1961) und »Die Bedeutung des Klassenbegriffs für die Analyse unserer Gesellschaft« (1961), die wieder abgedruckt worden sind in: Helmut Schelsky, Auf der Suche nach der Wirklichkeit. Gesammelte Aufsätze, Düsseldorf, Köln 1965.

79. Der US-amerikanische Soziologe Robert Staughton Lynd (1892 bis 1970) ist mit seiner Middletown-Untersuchung bekannt geworden. Vgl. Robert S. Lynd, Helen Merrell Lynd, Middletown. A Study in Contemporary American Culture, New York 1929; dies., Middletown in Transition. A Study in Cultural Conflicts, New York 1937. – Diese Werke dienten den Darmstädter »Gemeindestudien« als Vorbilder (vgl. GS 20.2, S. 618).

80. In dem Aufsatz *Über den Fetischcharakter in der Musik und die Regression des Hörens* führt Adorno aus: *Freilich setzt sich im Bereich der Kulturgüter der Tauschwert auf besondere Weise durch. Denn dies Bereich erscheint in der Warenwelt eben als von der Macht des Tausches ausgenommen, als eines der Unmittelbarkeit zu den Gütern, und dieser Schein ist es wiederum, dem die Kulturgüter ihren Tauschwert allein verdanken. Zugleich jedoch fallen sie vollständig in die Warenwelt hinein, werden für den Markt verfertigt und richten sich nach dem Markt. So dicht ist der Schein der Unmittelbarkeit wie der Zwang des Tauschwerts unerbittlich. Das gesellschaftliche Einverständnis harmonisiert den Widerspruch. Der Schein von Unmittelbarkeit bemächtigt sich des Vermittelten, des Tauschwerts selber. Setzt die Ware allemal sich aus Tauschwert und Gebrauchswert zusam-*

men, so wird der reine Gebrauchswert, dessen Illusion in der durchkapitalisierten Gesellschaft die Kulturgüter bewahren müssen, durch den reinen Tauschwert ersetzt, der gerade als Tauschwert die Funktion des Gebrauchswertes trügend übernimmt. [...] Je unerbittlicher das Prinzip des Tauschwerts die Menschen um die Gebrauchswerte bringt, um so dichter vermummt sich der Tauschwert selbst als Gegenstand des Genusses. (GS 14, S. 25)

81. Vgl. ebd., S. 14-50.

82. Vgl. die »Ökonomisch-philosophischen Manuskripte«, in: MEW, Bd. 40, S. 546 ff. Marx und Engels schrieben in ihrem Aufsatz »Die heilige Familie oder: Kritik der kritischen Kritik« zusammenfassend: »Die besitzende Klasse und die Klasse des Proletariats stellen dieselbe menschliche Selbstentfremdung dar. Aber die erste Klasse fühlt sich in dieser Selbstentfremdung wohl und bestätigt, weiß die Entfremdung als ihre eigne Macht und besitzt in ihr den Schein einer menschlichen Existenz; die zweite fühlt sich in der Entfremdung vernichtet, erblickt in ihr ihre Ohnmacht und die Wirklichkeit einer unmenschlichen Existenz.« (MEW, Bd. 2, S. 37)

83. Vgl. Theodor W. Adorno, Else Frenkel-Brunswik, Daniel J. Levinson, R. Nevitt Sanford in collaboration with Betty Aron, Maria Hertz Levinson and William Morrow, *The Authoritarian Personality*, New York 1950. (Studies in Prejudice. Vol. 1) – Die Kapitel, die Adorno alleine oder mit anderen Autoren zusammen geschrieben hat, sind abgedruckt in: GS 9.1, S. 143-509.

84. Der Roman »Brave New World« von Aldous Huxley (1894 bis 1963), der 1932 in London erschien, wurde bereits im selben Jahr in erster deutscher Übersetzung von H. E. Herlitschka unter dem Titel »Welt – wohin?« in Leipzig publiziert.

85. Im Aufsatz *Aldous Huxley und die Utopie* heißt es: *Huxley demonstriert das am Sprechen. Die Idiotie des obligatorischen small talk, die Konversation als Gewäsch, wird mit Diskretion ins Äußerste verfolgt. Längst handelt es sich nicht mehr bloß um jene Spielregel, die das Gespräch als beschränkte Fachsimpelei oder unverschämte Zumutung verwehrt. Sondern der Verfall des Sprechens liegt in der objektiven Tendenz. Die virtuelle Verwandlung der Welt in Waren, die Vorentschiedenheit dessen, was gedacht und getan wird, durch die gesellschaftliche Maschinerie macht Sprechen illu-*

sorisch: es verkommt, unterm Fluch des Immergleichen, zu einer Folge analytischer Urteile. (GS 10.1 S. 102 f.)

86. Hendrik de Man (1885-1953) leitete seit 1911 die »Centrale d'éducation ouvrière« und war ab 1933 Vizepräsident der belgischen sozialistischen Partei und mehrfach Minister. Von 1940 bis 1944 kollaborierte er mit den Nazis und wurde nach der Befreiung durch die Alliierten in Abwesenheit zu 20 Jahren Haft verurteilt. – De Man hatte von 1922 bis 1933 an der Frankfurter Universität Sozialpsychologie gelehrt.

87. Im Anschluß an die Analyse der industriellen Reservearmee finden sich im 23. Kapitel des ersten Bandes des »Kapital« verschiedene Passagen, die später als Verelendungstheorie interpretiert wurden: »Je größer der gesellschaftliche Reichtum, das funktionierende Kapital, Umfang und Energie seines Wachstums, also auch die absolute Größe des Proletariats und die Produktivkraft seiner Arbeit, desto größer die industrielle Reservearmee. Die disponible Arbeitskraft wird durch dieselben Ursachen entwickelt, wie die Expansivkraft des Kapitals. Die verhältnismäßige Größe der industriellen Reservearmee wächst also mit den Potenzen des Reichtums. Je größer aber diese Reservearmee im Verhältnis zur aktiven Arbeiterarmee, desto massenhafter die konsolidierte Überbevölkerung, deren Elend im umgekehrten Verhältnis zu ihrer Arbeitsqual steht.« (MEW, Bd. 23, S. 673). An anderen Stellen des Marxschen Werkes wird im Unterschied hierzu darauf aufmerksam gemacht, daß gerade die Produktion des relativen Mehrwerts eine Steigerung des Lebensstandards der arbeitenden Klassen ermöglichen kann.

88. Mit dem Satz, daß das Wesen erscheinen muß, eröffnet Hegel im zweiten Buch der »Logik« den Abschnitt über die Erscheinung: »Das Wesen muß erscheinen. Das Sein ist die absolute Abstraktion; diese Negativität ist ihm nicht ein Äußerliches, sondern es ist Sein und sonst nichts als Sein nur als diese absolute Negativität. Um derselben willen ist Sein nur als sich aufhebendes Sein und ist Wesen. Das Wesen aber ist als die einfache Gleichheit mit sich umgekehrt ebenfalls Sein. Die Lehre vom Sein enthält den ersten Satz ›Das Sein ist Wesen‹. Der zweite Satz, ›Das Wesen ist Sein‹, macht den Inhalt des ersten Abschnittes der Lehre vom Wesen aus. Dieses Sein aber, zu dem das Wesen sich macht, ist das wesentliche Sein, die Existenz; ein Herausge-

gangensein aus der Negativität und Innerlichkeit. So erscheint das Wesen.« (Vgl. Georg Wilhelm Friedrich Hegel, Werke. Auf der Grundlage der Werke von 1832-1845 neu edierte Ausgabe. Redaktion Eva Moldenhauer und Karl Markus Michel, Bd. 6: Wissenschaft der Logik II, Frankfurt a. M. 1969, S. 124)

7. Vorlesung

89. »Du sollst Dir kein Götterbild machen, auch keinerlei Abbild dessen, was oben im Himmel oder was unten auf der Erde oder was in den Wassern unter der Erde ist. Du sollst dich vor ihnen nicht niederwerfen und ihnen nicht dienen.« (Altes Testament, 2 Mose 20,4)

90. Der Satz »Die Wahrheit ist konkret« war im dänischen Exil über Bertolt Brechts Arbeitstisch in Svendborg angebracht worden. Dies ist unter anderem durch Walter Benjamin belegt. Vgl. Walter Benjamin, Gesammelte Schriften. Unter Mitwirkung von Theodor W. Adorno und Gershom Scholem, hrsg. von Rolf Tiedemann und Hermann Schweppenhäuser, Bd. VI, S. 526. – Brecht hat sich in seinem Werk an verschiedenen Stellen auf diesen Satz bezogen. Vgl. etwa Bertolt Brecht, Werke, Große kommentierte Berliner und Frankfurter Ausgabe, hrsg. von Werner Hecht, Jan Knopf, Werner Mittenzwei und Klaus-Detlef Müller, Band 22/1: Schriften 2: Schriften 1933-1942, Teil I, bearbeitet von Inge Gellert und Werner Hecht, unter Mitarbeit von Marianne Conrad, Sigmar Gerund und Benno Slupianek, Berlin, Weimar, Frankfurt a. M. 1993, S. 422.

91. Adorno rekurriert an dieser Stelle unter anderem auf die Betriebsklima-Studie. S. den Nachweis in Anm. 66.

92. »Bouchette lud ihren Besucher ein, auf dem kleinen, geblümten Sofa Platz zu nehmen; auf seine Bitte setzte sie sich an seine Seite, und nun setzte der junge Mann aus gutem Hause ihr den Wunsch der Frau Comtesse de la Berdelière auseinander; diese Dame wünschte, daß Bouchette vorzüglich eins jener Apachenlieder singen sollte, an denen die Leute der großen Welt sich ergötzten; leider könne sie nur eine herabgesetzte Vergütung geben, die in gar keinem Verhältnis zu den Verdiensten der Sängerin stehe; aber es handle sich um einen wohltätigen Zweck. [Absatz] Bouchette sagte ihre Mitwirkung zu

und nahm mit der gewöhnlichen Freigebigkeit der Armen gegenüber den Reichen und der Künstler gegenüber den Leuten der Gesellschaft die Herabsetzung der Vergütung an.« (Anatole France, Gesammelte Schriften. Die Romane: Zwölfter Band. Der Aufruhr der Engel, München 1922, S. 212 f.)

93. Thorstein Veblen, The Instinct of Workmanship and the State of the Industrial Arts, New York 1914 (Repr. 1964).

94. Vgl. Institut für Sozialforschung, Betriebsklima. Eine industriesoziologische Untersuchung im Mannesmann-Bereich, a. a. O. [s. Anm. 66], Teil C. Beurteilung der Entlohnung, S. 39-67; vgl. Ludwig von Friedeburg, Soziologie des Betriebsklimas, a. a. O. [s. Anm. 68], S. 76-105.

95. Vgl. Ralf Dahrendorf, Soziale Klassen und Klassenkonflikt in der industriellen Gesellschaft, Stuttgart 1957, S. 103-112 und S. 259 ff.; ders., Industrie- und Betriebssoziologie, Berlin 1962, S. 82-87.

96. »Ein großer Unterschied ist oft zwischen dem Willen aller [»volonté du tous«] und dem Gemeinwillen [»volonté générale«]. Dieser hat nur das gemeinsame Interesse im Auge, jener den Privatnutzen und ist nur eine Summe von besonderen Willen.« (Jean-Jacques Rousseau, Der Gesellschaftsvertrag, Zweites Buch, Kapitel III, S. 261, in: ders., Die Krisis der Kultur. Die Werke ausgewählt von Paul Sakmann, 2. Aufl., durchgesehen und erweitert von Raymund Schmidt, Stuttgart 1956)

97. Der Dichter und Philosoph Christian Fürchtegott Gellert (1715-1769).

98. In der Vorlesung vom 30. 6. 1964 verweist Adorno darauf, daß man ihn aus dem Kreise der Studenten darauf hingewiesen habe, *daß das Motiv des Löwenvertrags von Äsop stammt, dem alten griechischen Fabeldichter, und von Phädrus, einem hellenistischen Fabeldichter aus der Zeit des Kaisers Augustus, wieder aufgenommen worden ist.*

99. Die Betriebsklima-Studie brachte zum Vorschein, daß im Gegensatz zu anderen Industriebereichen insbesondere das Verhältnis zwischen Bergleuten und Vorgesetzten durch Unzufriedenheit und

Spannungen gekennzeichnet war. Vgl. Institut für Sozialforschung, Betriebsklima. Eine industriesoziologische Untersuchung im Mannesmann-Bereich, a.a.O. [s. Anm. 66], Teil E, S. 83 ff. und Teil F, S. 185 ff.

8. Vorlesung

100. An dieser Stelle fehlen in der Transkription der Bandaufzeichnung vermutlich die ersten Sätze der Vorlesung.

101. Der Satz, den Adorno irrtümlich Engels zuweist, lautet bei Marx: »Die Waffe der Kritik kann allerdings die Kritik der Waffen nicht ersetzen, die materielle Gewalt muß gestürzt werden durch materielle Gewalt, allein auch die Theorie wird zur materiellen Gewalt, sobald sie die Massen ergreift.« (MEW, Bd. 1, S. 385)

102. Das Zitat konnte nicht nachgewiesen werden. Es handelt sich vermutlich um den amerikanischen Soziologen William I. Thomas (1863-1947).

103. Georg Wilhelm Friedrich Hegel, Werke, a.a O. [s. Anm. 88], Bd. 3: Phänomenologie des Geistes. Selbstbewußtsein. IV. Die Wahrheit der Gewißheit seiner Selbst, Frankfurt a. M. 1970, S. 137 ff.

104. Zur ›Philosophie der Innerlichkeit‹ heißt es im *Jargon der Eigentlichkeit: Daß in existentialistischen Urtexten wie der Kierkegaardschen Krankheit zum Tode Existenz zum sich zu sich selbst verhaltenden Verhältnis wird, unter dem nichts mehr sich denken läßt; gleichsam zum verabsolutierten Moment der Vermittlung ohne Hinblick auf Vermitteltes, spricht am ersten Tag das Urteil über jegliche Philosophie der Innerlichkeit. Im Jargon schließlich ist von ihr nur noch das Äußerlichste übrig, das sich besser Dünken derer, die sich erwählen; ein Anspruch solcher, die sich für damit gesegnet halten, sie selber zu sein. Mühelos kann dieser Anspruch umschlagen in den elitären oder in die Bereitschaft, an Eliten sich anzuhängen, die dann der Innerlichkeit rasch den Tritt versetzen.* (GS 6, S. 463)

105. Der Vers entstammt dem »Königslied«, das Rilke seiner Dichtung »Traumgekrönt« vorangestellt hat. Vgl. Rainer Maria Rilke, Sämtliche Werke, hrsg. vom Rilke-Archiv in Verbindung mit Ruth

Sieber-Rilke, besorgt durch Ernst Zinn, Bd. 1: Gedichte, Frankfurt a.M. 1955, S. 73. – Adorno schreibt: *Was vom Makel der Verdinglichung absolut rein bleiben will, wird, als feste Eigenschaft ans Subjekt angeheftet, zum Ding zweiten Grades, schließlich zum Massenartikel Rilkescher Trostsprüche, von »Bettler können dir Bruder sagen, und du kannst doch ein König sein« bis hinab zur berüchtigten Armut, dem großen Glanz aus Innen.* (GS 6, S. 461)

106. Vgl. Goethe, Maximen und Reflexionen, 788: »Unser Anteil an öffentlichen Angelegenheiten ist meist nur Philisterei.«

107. David Riesman, The Lonely Crowd, New Haven 1950; dt.: David Riesman, Die einsame Masse, Neuwied 1956.

108. David Riesman (1909-2002) unterscheidet drei Typen von Personen, die durch die Art ihrer Verhaltenskonformität Vertreter der jeweiligen Gesellschaftsform sind. Es handelt sich dabei um traditionsgeleitete, um innen-geleitete und um außen-geleitete Menschen. Ersterer lässt sich durch Traditionen bestimmen, der zweite Typus durch verinnerlichte Lebensziele und der letzte durch die Tendenz, offen für die Erwartungen und Wünsche anderer zu sein. Vgl. David Riesman, Die einsame Masse, ebd., S. 36. – Adorno hierzu: *Auch Innerlichkeit hat an Dialektik teil, wenngleich anders als bei Kierkegaard. Mit ihrer Liquidation gelangte denn auch keineswegs ein von der Ideologie kurierter Menschentypus nach oben sondern einer, der es zum Ich gar nicht erst brachte; der, für den David Riesman die Formel ›outer-directed‹ fand. Danach fällt auf die Kategorie der Innerlichkeit in der Kunst versöhnlicher Abglanz.* (GS 7, S. 177f.)

109. S. den Nachweis in Anm. 53.

110. Adorno denkt an die sogenannte »organische Zusammensetzung des Kapitals«, das heißt an das Verhältnis von konstantem (Ausgaben für Maschinen, Rohstoffe) und variablem Kapital (Ausgaben für Arbeitskräfte), das Marx im dritten Band des »Kapital« in der Annahme einer »fortschreitenden relativen Abnahme des variablen Kapitals gegen das konstante« zur These einer steigenden organischen Zusammensetzung des Kapitals entwickelt, was wiederum als Begründung für den tendenziellen Fall der durchschnittlichen Profitrate dient (vgl. MEW, Bd. 25, S. 223).

111. In den *Minima Moralia* heißt es: *Es wächst die organische Zusammensetzung des Menschen an. Das, wodurch die Subjekte in sich selber als Produktionsmittel und nicht als lebende Zwecke bestimmt sind, steigt wie der Anteil der Maschinen gegenüber dem variablen Kapital. Die geläufige Rede von der »Mechanisierung« des Menschen ist trügend, weil sie diesen als ein Statisches denkt, das durch »Beeinflussung« von außen, Anpassung an ihm äußerliche Produktionsbedingungen gewissen Deformationen unterliege. Aber es gibt kein Substrat solcher »Deformationen«, kein ontisch Innerliches, auf welches gesellschaftliche Mechanismen von außen bloß einwirkten: die Deformation ist keine Krankheit an den Menschen, sondern die der Gesellschaft, die ihre Kinder so zeugt, wie der Biologismus auf die Natur es projiziert: sie »erblich belastet«. [...] Die organische Zusammensetzung des Menschen bezieht sich keineswegs nur auf die spezialistischen technischen Fähigkeiten, sondern – und das will die übliche Kulturkritik um keinen Preis worthaben – ebenso auf deren Gegensatz, die Momente des Naturhaften, die freilich ihrerseits schon in gesellschaftlicher Dialektik entsprangen und ihr nun verfallen. Noch was im Menschen von der Technik differiert, wird als eine Art von Lubrikation der Technik eingegliedert. Die psychologische Differenzierung, wie sie ursprünglich aus der Arbeitsteilung und der Zerlegung des Menschen nach Sektoren des Produktionsprozesses und der Freiheit sich ergab, tritt am Ende selbst noch in den Dienst der Produktion.* (GS 4, S. 261 f.)

112. Adorno arbeitete zu der Zeit an seinem Aufsatz *Sittlichkeit und Kriminalität*: *Wenige Erfahrungen müssen für Kraus so bitter gewesen sein wie die, daß die Frauen, die permanenten Opfer patriarchalischer Barbarei, diese sich einverleibt haben und sie proklamieren, noch wo sie sich zur Wehr setzen* [...]. (GS 11, S. 373) Adorno nimmt dabei Bezug auf den Aufsatz »Schandlohn« aus »Sittlichkeit und Kriminalität« von Karl Kraus. Dort heißt es in bezug auf Frauen, die der Prostitution bezichtigt wurden: »Aber sogar die Protokolle der Mädchen – man sehe, wie lebensecht Protokolle sind – enthielten in allen erdenklichen Variationen die Erklärung: ›Ich habe keinen Schandlohn bekommen.‹ [...] Und die Frauenrechtlerinnen? Anstatt für die Naturrechte des Weibes zu kämpfen, erhitzen sie sich für die Verpflichtung des Weibes zur Unnatur.« (Karl Kraus, Werke, hrsg. von Heinrich Fischer, Band 11: Sittlichkeit und Kriminalität, München, Wien 1963, S. 241-252)

113. Der von Anna Freud geprägte Begriff der »Identifizierung mit dem Angreifer« bezieht sich auf die spezifische Form eines Abwehr-

mechanismus. Sie beschreibt Versuche von Kindern, Angstbewältigung durch unwillkürliche Nachahmung zu erzielen. Vgl. Anna Freud, Die Identifizierung mit dem Angreifer, in: Das Ich und die Abwehrmechanismen, München 1964, S. 85-94. – Adorno bezieht sich in seinem Werk an mehreren Stellen auf diese *Charaktermaske der Unterwerfung* (vgl. GS 8, S. 66, S. 75 u. S. 120).

114. Die Tonbandtranskription bricht an dieser Stelle ab.

9. Vorlesung

115. MEW, Bd. 23, S. 100.

116. Vgl. Johann Wolfgang Goethe, Torquato Tasso, Zweiter Aufzug, Erster Auftritt. – Der Vers lautet im Zusammenhang: »Tasso: Ich habe dir gehorcht, sonst hätt' ich mich / Von ihr entfernt anstatt mich ihr zu nahen. / So liebenswürdig sie erscheinen kann, / Ich weiß nicht wie es ist, konnt ich nur selten / Mit ihr ganz offen sein, und wenn sie auch / Die Absicht hat, den Freunden wohlzutun, / So fühlt man Absicht und man ist verstimmt.«

117. S. den Nachweis in Anm. 24.

118. Vgl. Theodor W. Adorno, *Jargon der Eigentlichkeit*, in: Die Neue Rundschau, Jg. 1963, Nr. 74, S. 371-385; vgl. die erweiterte Buchfassung *Jargon der Eigentlichkeit. Zur deutschen Ideologie*, jetzt GS 6, S. 413 bis 526.

119. Gedacht wird an die Philosophie Martin Heideggers, die Adorno als Grundlage einer neuen »Deutschen Ideologie« kritisierte. Vgl. etwa: *Darum werden die Kategorien des Jargons gern vorgetragen, als wären sie nicht aus entsprungenen und vergänglichen gesellschaftlichen Zuständen abstrahiert, sondern kämen dem Menschenwesen selber zu, als dessen unveräußerliche Möglichkeit. Der Mensch ist die Ideologie der Entmenschlichung. Aus jenen Kategorien, die an einigermaßen naturwüchsige gesellschaftliche Verhältnisse mahnen, wo die Institutionen des Tauschs noch nicht über die Beziehungen der Menschen alle Macht haben sollen, wird herausgelesen, ihr Kern, der Mensch, sei in den zeitgenössischen Menschen unmittelbar gegenwärtig, sein Urbild zu realisieren. Vergangene vorarbeits-*

teilige Formen der Vergesellschaftung werden erschlichen als selbst ewige. Ihr Abglanz fällt auf Zustände, welche einmal Opfer fortschreitender Rationalisierung wurden und ihnen gegenüber die menschlicheren dünken. (GS 6, S. 452 f.) Und: *Nennte man unideologisch ein Denken, das die Ideologie dem Grenzwert des Nichts annähert, dann wäre Heidegger unideologisch. Aber seine Operation wird durch den Anspruch, sie erschließe den Sinn von Dasein, abermals zur Ideologie, ähnlich wie die heute gängige Rede vom Ideologieverlust, welche auf die Ideologie schlägt und die Wahrheit meint.* (Ebd., S. 515)

120. Eugen Varga (1879-1964), Autor zahlreicher Wirtschaftsberichte für die Komintern, fiel nach dem Zweiten Weltkrieg in Ungnade, weil er im Gegensatz zur offiziellen sowjetischen These der »allgemeinen Krise« des Kapitalismus die Ansicht vertrat, daß sich die Überlebenschancen des Systems tendenziell verbessert hätten. Vgl. einige ausgewählte Schriften Vargas in: Eugen Varga, Die Krise des Kapitalismus und ihre politischen Folgen, hrsg. von Elmar Altvater, Frankfurt, Wien 1969.

121. Vgl. Enrico Castelli, Die versiegte Zeit. Einführung in eine Phänomenologie unserer Zeit, Frankfurt a. M. 1951.

122. S. die Anm. 17.

10. Vorlesung

123. In der *Dialektik der Aufklärung* heißt es: *Wie im Tausch jeder das Seine bekommt und doch das soziale Unrecht sich dabei ergibt, so ist auch die Reflexionsform der Tauschwirtschaft, die herrschende Vernunft, gerecht, allgemein und doch partikularistisch, das Instrument des Privilegs in der Gleichheit. Ihr präsentiert der Faschist die Rechnung. Er vertritt offen das Partikulare und enthüllt damit die Ratio, die zu Unrecht auf ihre Allgemeinheit pocht, als selber begrenzt. Daß dann mit einem Mal die Gescheiten die Dummen sind, überführt die Vernunft ihrer eigenen Unvernunft.* (GS 3, S. 236)

124. Die Quelle konnte nicht ermittelt werden.

125. Vgl. *Philosophie und Lehrer*, in: GS 10.2, S. 474-494.

126. Vgl. *Notiz über Geisteswissenschaft und Bildung*, in: GS 10.2, S. 495-498.

127. Vgl. John Dewey, Erfahrung und Natur, übersetzt von Martin Suhr, Kapitel 8: Wirklichkeit Ideen und Bewußtsein, Frankfurt a. M. 1995, S. 284-333.

128. So in Hölderlins Gedicht »Der Gang aufs Land«, in dem es heißt: »Komm! ins Offene, Freund! Zwar glänzt ein Weniges heute / Nur herunter und eng schließt der Himmel uns ein. [...]«

129. Vgl. Georg Wilhelm Friedrich Hegel, Werke, a. a. O. [s. Anm. 88], Bd. 3: Phänomenologie des Geistes. Das absolute Wissen. VIII, S. 575-591.

130. Spinoza, Ethica Ordine Geometrico Demonstrata / Die Ethik mit geometrischer Methode begründet, in: Spinoza, Opera / Werke. Lateinisch und Deutsch, hrsg. von Konrad Blumenstock, Band 2, Darmstadt 1967, S. 84-557.

131. Vgl. Gottfried Wilhelm Leibniz, Vernunftprinzipien der Natur und der Gnade. Monadologie, hrsg. von Herbert Herring, Hamburg 1956.

132. Vgl. Johann Gottlieb Fichte, Über den Begriff der Wissenschaftslehre, in: Fichtes Werke, hrsg. von Fritz Medicus, Bd. 1, Leipzig 1911, S. 166-278.

133. Vgl. Georg Friedrich Wilhelm Hegel, Werke, a. a. O. [s. Anm. 88], Bd. 3: Phänomenologie des Geistes. Bewußtsein. I. Die sinnliche Gewißheit oder das Diese und das Meinen, S. 82-136.

134. In seiner *Einleitung zu Emile Durkheim, »Soziologie und Philosophie«* schreibt Adorno: *Wissenschaft hieß ihm beobachten, vergleichen, klassifizieren; nur was derart verfuhr, beanspruchte er gelten zu lassen. Mit erheblichem strategischen Geschick vermochte er daraus für seine recht partikulare Methode eine Art von Totalitätsanspruch abzuleiten. Seine Lehre von den sozialen Tatsachen als der einzigen Basis soziologischer Erkenntnis,*

vorgetragen in der methodologischen Hauptschrift, den »Règles«, prägt sein Programm von Positivismus aus: man solle an die faits sociaux sich halten, sie wie Dinge als schlechthin Gegebenes traktieren, unter Ausschluß jeglicher Spekulation und bloßen Meinung, zumal auch derjenigen, welche eine Gesellschaft von sich selbst hegt. (GS 8, S. 246f.)

135. Francis Bacon (1561-1626) unterscheidet vier Arten von idola (Trugbildern): das Idol des Stammes (idola tribus), das Idol der Höhle (idola spectus), das des Marktes (idola fori) und das Idol des Theaters (idola theatri). Vgl. Francis Bacon, Das Neue Organon (Novum Organon), übersetzt von Rudolf Hoffmann, hrsg. von Manfred Buhr, Berlin 1962, S. 50ff.

11. Vorlesung

136. Vgl. René Descartes, Discours de la Méthode / Von der Methode des richtigen Vernunftgebrauchs und der wissenschaftlichen Forschung, Französisch-Deutsch, übersetzt und hrsg. von Lüder Gäbe, Hamburg 1960.

137. Die dritte der vier »Vorschriften, aus denen die Logik besteht«, lautet: »Die dritte, in der gehörigen Ordnung zu denken, das heißt mit den einfachsten und am leichtesten zu durchschauenden Dingen zu beginnen, um so nach und nach, gleichsam über Stufen, bis zur Erkenntnis der zusammengesetztesten aufzusteigen, ja selbst in Dinge Ordnung zu bringen, die natürlicherweise nicht aufeinander folgen.« (Ebd., S. 31)

138. Im Original heißt es: »Die letzte, überall so vollständige Aufzählungen und so allgemeine Übersichten aufzustellen, das ich versichert wäre, nichts zu vergessen.« (Ebd., S. 33)

139. David Hume (1711-1776), Vertreter der Aufklärung und des Empirismus, übte einen starken Einfluß auf die Philosophie Immanuel Kants aus. Mittelbar wirkte er auf die modernen Richtungen des Positivismus und der Analytischen Philosophie.

140. Vgl. Talcott Parsons, The Social System, Glencoe 1951. Im Jahr 1964 erschien erstmals eine Aufsatzsammlung Parsons' auf deutsch:

ders., Beiträge zur soziologischen Theorie, hrsg. und eingeleitet von Dietrich Rüschemeyer, Neuwied am Rhein, Berlin 1964. – In seiner *Einleitung zum »Positivismusstreit in der deutschen Soziologie«* argumentierte Adorno gegen die *harmonistische Tendenz* Parsons: *Aus jüngerer Zeit ist ein Beispiel für diese Tendenz der allbekannte Versuch von Talcott Parsons, eine Einheitswissenschaft vom Menschen zu stiften, deren Kategoriensystem Individuum und Gesellschaft, Psychologie und Soziologie gleichermaßen unter sich befaßt oder wenigstens auf einem Kontinuum anträgt. Das seit Descartes und zumal Leibniz gängige Kontinuitätsideal ist nicht allein durch die jüngste naturwissenschaftliche Entwicklung dubios geworden. Gesellschaftlich täuscht es über die Kluft zwischen Allgemeinem und Besonderem, in welcher der fortwährende Antagonismus sich ausdrückt; die Einheit der Wissenschaft verdrängt die Widersprüchlichkeit ihres Objekts. [...] [D]as gesellschaftlich gesetzte Moment der Divergenz von Individuum und Gesellschaft, und der den beiden gewidmeten Disziplinen, entgleitet ihr. Das pedantisch organisierte Totalschema, das vom Individuum und von seinen Gesetzmäßigkeiten zu komplexen sozialen Gebilden reicht, hat für alles Raum, nur dafür nicht, daß Individuum und Gesellschaft, obwohl kein radikal Verschiedenes, geschichtlich auseinander getreten sind.* (GS 8, S. 297)

141. Es existieren keine von Parsons und Hartmann gemeinsam herausgegebenen oder verfaßten Arbeiten, zumindest nicht vor 1964. Im Jahr 1967 erschien der von Heinz Hartmann herausgegebene und eingeleitete Band »Moderne amerikanische Soziologie. Neuere Beiträge zur soziologischen Theorie« (Stuttgart 1967), in dem zwei Aufsätze Parsons, »Einige Grundzüge der allgemeinen Theorie des Handelns« und »Prinzipien des Aktions-Systems« (mit Robert F. Bales), enthalten sind. Allerdings sind zwei eigenständig verfaßte Aufsätze der Autoren im Jahr 1950 in derselben Ausgabe der Zeitschrift »The Psychoanalytic Quarterly« veröffentlicht worden, auf die Adorno in seinem 1955 erschienenen Aufsatz *Zum Verhältnis von Soziologie und Psychologie* rekurriert. Er kritisiert darin den Versuch einer Vereinheitlichung von Psychologie und Gesellschaftslehre, den Parsons in seinem Aufsatz »Psychoanalysis and the Social Structure« (in: The Psychoanalytic Quarterly, Vol. XIX, 1950, No. 3, S. 371 ff.) unternommen hatte (vgl. GS 8, S. 45 f.). Hartmanns Aufsatz »The Application of Psychoanalytic Concepts to Social Science« (in: The Psychoanalytic Quarterly, Vol. XIX, 1950, No. 3, S. 385 ff.) wird wie folgt kommentiert: *Der Psychoanalytiker Heinz Hartmann, der zur Studie von Parsons sich äußerte, teilt mit diesem die Sympathie für eine gemeinsame*

Begriffssprache der beiden Disziplinen, konzediert aber im unausdrücklichen Gegensatz zum vorwaltenden Psychologismus der Freudschen Orthodoxie, daß die Sozialwissenschaften gültige Voraussagen ohne Rücksicht auf individuelle Persönlichkeitsstrukturen machen könnten. (GS 8, S. 52)

142. Vgl. Theodor W. Adorno, *Zum Verhältnis von Soziologie und Psychologie*, in: *Sociologica I. Aufsätze.* Max Horkheimer zum sechzigsten Geburtstag gewidmet, hrsg. von Theodor W. Adorno und Walter Dirks, Frankfurt a.M. 1955, S. 11-45 (jetzt GS 8, S. 42-85).

143. Vgl. Theodor W. Adorno, *Die revidierte Psychoanalyse*, in: *Sociologica II. Reden und Vorträge*, hrsg. von Theodor W. Adorno und Max Horkheimer, Frankfurt a.M. 1962, S. 94-112 (jetzt GS 8, S. 20-41).

144. Vgl. Karen Horney, Neue Wege in der Psychoanalyse, Stuttgart 1951; dies., Der neurotische Mensch unserer Zeit, Stuttgart 1951. – Adorno kritisiert Horney (1885-1952) in seinem Aufsatz *Die revidierte Psychoanalyse* (vgl. GS 8, S. 20-41): *Aber was sie als die Vereinigung der Determinanten von Kultur und Individualpsychologie ausgibt, perpetuiert ihre Trennung, während die radikale Psychoanalyse, indem sie sich auf Libido als ein Vorgesellschaftliches richtet, phylogenetisch wie ontogenetisch jene Punkte erreicht, wo das gesellschaftliche Prinzip der Herrschaft mit dem psychologischen der Triebunterdrückung koinzidiert. Die neofreudsche Schule jedoch bringt beide Prinzipien erst zusammen, nachdem sie sie zuvor verharmlost hat: Herrschaft erscheint als Familiendisziplin, Mangel an Liebe und andere Epiphänomene, Triebunterdrückung als eine Ängstlichkeit, die in den äußeren Schichten des Narzißmus ihren Ort hat, und in Konflikten, die sich mehr im Vorbewußten als im Unbewußten zutragen. Je mehr die Psychoanalyse soziologisiert wird, um so stumpfer wird ihr Organ für die Erkenntnis der sozial verursachten Konflikte.* (GS 8, S. 27f.)

145. Der Sozialpsychologe Erich Fromm (1900-1980) war von 1930 bis 1939 Mitarbeiter im Institut für Sozialforschung. Vgl. Erich Fromm, Die gesellschaftliche Bedingtheit der psychoanalytischen Therapie, in: Zeitschrift für Sozialforschung, hrsg. im Auftrag des Instituts für Sozialforschung von Max Horkheimer, Jg. IV, Heft 3, S. 365-397, Paris 1935; ders., Die Furcht vor der Freiheit, Zürich 1945.

146. Der Arzt und Psychoanalytiker Alfred Adler (1870-1937) gilt als Begründer der Individualpsychologie. Vgl. Alfred Adler, Über den nervösen Charakter. Grundzüge einer vergleichenden Individualpsychologie und Psychotherapie, München 1928.

147. Vgl. Sigmund Freud, Massenpsychologie und Ich-Analyse (1921), in: Gesammelte Werke, hrsg. von Anna Freud, E. Bibring, W. Hoffer und E. Kris, Bd. 13, London 1940, S. 71-161.

148. Gustave Le Bon, Psychologie des Foules (1895), Paris 1925; dt.: Psychologie der Massen, eingeleitet von Helmut Dingeldey, Stuttgart 1964.

149. Die Prominenz des Begriffs der ›Rolle‹ wird etwa bei Dahrendorf deutlich, der ihr eigens eine Schrift gewidmet hat. Vgl. Ralf Dahrendorf, Homo Sociologicus. Ein Versuch zur Geschichte, Bedeutung und Kritik der Kategorie der sozialen Rolle, Köln, Opladen 1959.

150. Über den Begriff der Rolle schreibt Adorno: *Nicht umsonst ist der als wertfrei sich gerierende Begriff der Rolle vom Theater erborgt, wo Schauspieler nicht real die sind, welche sie spielen. Gesellschaftlich drückt solche Divergenz den Antagonismus aus. Theorie der Gesellschaft hätte von dessen unmittelbaren Evidenzen fortzuschreiten zur Erkenntnis seines sozialen Grundes: warum die Menschen immer noch auf Rollen vereidigt sind. Der Marxsche Begriff der Charaktermaske, der jene Kategorie nicht nur antezipiert, sondern gesellschaftlich deduziert, hat das tendenziell geleistet. Operiert die Wissenschaft von der Gesellschaft mit derlei Begriffen, schreckt aber vor der Theorie zurück, deren Momente sie sind, so leistet sie Dienste für die Ideologie. Der Begriff der Rolle, unanalysiert von der sozialen Fassade bezogen, hilft, das Unwesen der Rolle zu perpetuieren.* (GS 8, S. 13)

151. Vgl. Emile Durkheim, Die Regeln der soziologischen Methode, a. a. O. [s. Anm. 9], S. 97 ff. – *Die gesellschaftliche Tatsache schlechterdings ist ihm die contrainte sociale, der übermächtige, jeglicher subjektiv verstehenden Einfühlung entzogene soziale Zwang. Er fällt nicht ins subjektive Selbstbewußtsein, und kein Subjekt kann mit ihm ohne weiteres sich identifizieren. Die vorgebliche Irreduzibilität des spezifisch Sozialen kommt ihm zupaß: sie hilft ihm dazu, es immer mehr zum Ansichseienden zu*

machen, es nicht nur dem Erkennenden, sondern auch den vom Kollektiv integrierten Einzelnen gegenüber absolut zu verselbständigen. (GS 8, S. 250)

152. Die Zeitschrift »L'Année Sociologique« wurde 1898 von Emile Durkheim begründet.

153. Vilfredo Pareto (1848-1923), italienischer Ökonom und Soziologe. Vgl. Vilfredo Pareto, Trattato di sociologia generale (1916); dt.: Vilfredo Pareto, Allgemeine Soziologie, ausgewählt, eingeleitet und übersetzt von Carl Brinkmann, besorgt von Hans Wolfram Gerhard, Tübingen 1955. – *Durch die Beziehung auf die Menschen als solche an Stelle der konkreten Gestalt ihrer Vergesellschaftung fällt Pareto auf den älteren, beinahe könnte man sagen vorsoziologischen Standpunkt der Ideologienlehre zurück, den psychologischen. [Absatz] Er bleibt stehen bei der partiellen Erkenntnis, man müsse unterscheiden zwischen dem, »was ein Mensch von sich meint und sagt, und dem, was er wirklich ist und tut«, ohne sich an die komplementäre Forderung zu halten, »man müsse mehr noch in geschichtlichen Kämpfen die Phrasen und Einbildungen der Parteien von ihrem wirklichen Organismus und ihren wirklichen Interessen, ihre Vorstellung von ihrer Realität unterscheiden«.* (GS 8, S. 468 f.)

154. Mit der »Grenznutzentheorie« bzw. der »subjektiven Wertlehre« wird eine neoklassische ökonomische Schule bezeichnet (unter anderem Eugen v. Böhm-Bawerk, William S. Jevons, Karl Menger, Léon Walras), die im Gegensatz zur Marxschen Arbeitswerttheorie das Marktgeschehen vor allem aus den Wünschen und Präferenzen der Einzelverbraucher herleitet. Der Wert einer Ware läßt sich anhand der subjektiven Beziehung zwischen dem Individuum und der Ware bestimmen. Vgl. Eugen von Böhm-Bawerk, Gesammelte Schriften, hrsg. von Franz X. Weiss, III. Hauptabschnitt: Zur Wertlehre, Wien, Leipzig 1924.

155. Vgl. Wilhelm Dilthey, Gesammelte Schriften, Bd. I: Einleitung in die Geisteswissenschaften. Versuch einer Grundlegung für das Studium der Gesellschaft und der Geschichte, hrsg. von Bernhard Groethuysen, 4. Aufl., Stuttgart, Göttingen 1959.

156. In »Prolegomena zu einer jeden künftigen Metaphysik, die als Wissenschaft wird auftreten können« heißt es: »Aristoteles hatte zehn solcher reinen Elementarbegriffe unter dem Namen der Kategorien zusammengetragen. Diesen, welche auch Prädikamente genennt wurden, sahe er sich hernach genötigt, noch fünf Postprädikamente beizufügen, die doch zum Teil schon in jenen liegen (als prius, simul, motus); allein diese Rhapsodie konnte mehr vor einen Wink vor den künftigen Nachforscher, als vor eine regelmäßig ausgeführte Idee gelten und Beifall verdienen, daher sie auch, bei mehrerer Aufklärung der Philosophie, als ganz unnütz verworfen worden.« Vgl. Immanuel Kants Werke, hrsg. von Ernst Cassirer, Bd. 4: Schriften von 1783 bis 1788, hrsg. von Artur Buchenau und Ernst Cassirer, Berlin 1913, § 39, S. 75 f.

157. Adorno denkt wohl vor allem an Henri Bergsons Lebensphilosophie: *Die sogenannten Einfälle sind weder so irrational noch so rhapsodisch, wie der Szientivismus und mit ihm Bergson ihnen zumutet: in ihnen explodiert das unbewußte, den Kontrollmechanismen nicht ganz botmäßige Wissen und durchschlägt die Mauer der konventionalisierten und »realitätsgerechten« Urteile.* (GS 5, S. 53)

158. Vgl. René Descartes, Discours de la Méthode / Von der Methode des richtigen Vernunftgebrauchs und der wissenschaftlichen Forschung, a. a. O. [s. Anm. 136], S. 19-37.

159. Mit der Lehrmethode der Pandekten ist die Formulierung abstrakter allgemeiner Rechtssätze aus dem römischen Gewohnheitsrecht gemeint.

160. Aristoteles, Kategorien, Kapitel 5; ders., Metaphysik, Buch IV, Kapitel 2.

161. Der Ökonom Henryk Grossmann (1881-1950), der als Mitarbeiter am Institut für Sozialforschung 1929 sein Hauptwerk »Das Akkumulations- und Zusammenbruchsgesetz des kapitalistischen Systems (Zugleich eine Krisentheorie)« als Band 1 der »Schriften des Instituts für Sozialforschung« (hrsg. von Carl Grünberg) veröffentlichte, diskutiert unter anderem in der »Einleitung« des Buches die

Methodik des Marxschen »Annäherungsverfahrens«: »Zu jeder vereinfachenden Voraussetzung gehört eine *nachträgliche Korrektur*, welche die zunächst vernachlässigten Elemente der realen Wirklichkeit nachträglich berücksichtigt, wodurch die ganze Untersuchung stufenweise an die komplizierte konkrete Erscheinungswelt näher gerückt und in Übereinstimmung mit ihr gebracht wird.« (Vgl. ebd., in: Archiv sozialistischer Literatur, Band 8, eingeleitet von Wolf Rosenbaum, Frankfurt 1967, S. VI f.)

162. Im zweiten Nachwort zum ersten Band des »Kapital« heißt es: »Die mystifizierende Seite der Hegelschen Dialektik habe ich vor beinah 30 Jahren, zu einer Zeit kritisiert, wo sie noch Tagesmode war. Aber gerade als ich den ersten Band des ›Kapital‹ ausarbeitete, gefiel sich das verdrießliche, anmaßliche und mittelmäßige Epigonentum, welches jetzt im gebildeten Deutschland das große Wort führt, darin, Hegel zu behandeln, wie der brave Moses Mendelssohn zu Lessings Zeit den Spinoza behandelt hat, nämlich als ›toten Hund‹. Ich bekannte mich daher offen als Schüler jenes großen Denkers, und kokettierte sogar hier und da im Kapitel über die Werttheorie mit der ihm eigentümlichen Ausdrucksweise.« (MEW, Bd. 23, S. 27)

163. S. den Nachweis in Anm. 83.

164. S. den Nachweis in Anm. 4.

13. Vorlesung

165. In der 13. Vorlesung kam es mehr als in anderen Vorlesungen zu technischen Störungen des Bandes und dadurch zu Textverlust. Mehrfach ist in der Transkription am Rand vermerkt: »Band setzt aus«. Es war daher notwendig, einige kleine Teile zu streichen, da sie den Lesefluß erheblich unterbrochen hätten und in ihrem fragmentarischen Charakter unverständlich geblieben wären. Die Stellen werden mit [...] angezeigt.

166. Adorno denkt vermutlich an das französische Proverbe »C'est en forgeant qu'on devient forgeron«, das Hegel nicht zitiert. Im Paragraphen 10 der »Enzyklopädie der philosophischen Wissenschaften« – und nicht in der »Phänomenologie des Geistes« – schreibt Hegel:

»Aber die Untersuchung des Erkennens kann nicht anders als *erkennend* geschehen; bei diesem sogenannten Werkzeuge heißt dasselbe untersuchen nichts anderes, als es erkennen. Erkennen wollen aber, *ehe* man erkenne, ist ebenso ungereimt als der weise Vorsatz jenes Scholastikus, *schwimmen* zu lernen, *ehe er sich ins Wasser wage.*«

167. Unter dem Begriff der ›Content Analysis‹ wurde die quantitativ orientierte Analyse von Massenmedien verstanden. In den 1920ern wurden die Grundlagen hierfür durch Paul F. Lazarsfeld und Harold D. Lasswell (1902-1978) gelegt. Lasswell entwickelte die ›Content Analysis‹ im Rahmen der Analyse feindlicher Propaganda im Ersten Weltkrieg; vgl. Harold D. Lasswell, Propaganda Technique in the World War, New York 1927. – Zu der von Lasswell angeregten Anwendung der Methoden der empirischen Sozialforschung auf geistige Gebilde vgl. den Abschnitt *Empirisch-soziologische Analyse geistiger Produkte (content analysis)*, in dem Artikel *Empirische Sozialforschung*, jetzt GS 9.2, S. 355 f.

168. »Die gefährlichste Sorte von Dummheit ist ein scharfer Verstand.« Vgl. Hugo von Hofmannsthal, Buch der Freunde, in: Aufzeichnungen, hrsg. von Herbert Steiner, Frankfurt a. M. 1959, S. 44.

169. Im Gegensatz zum Begriff der Stoffhuberei findet der Begriff der Geisthuberei bei Weber nur eine Entsprechung in einer Diskussion der »Stoffhuber« und der »Sinnhuber« auf dem Gebiet der Soziologie: »Der tatsachengierige Schlund der ersteren ist nur durch Aktenmaterial, statistische Folianten und Enqueten zu stopfen, für die Feinheit des neuen Gedankens ist er unempfindlich. Die Gourmandise der letzteren verdirbt sich den Geschmack an den Tatsachen durch immer neue Gedankendestillate.« (Max Weber, Die »Objektivität« sozialwissenschaftlicher und sozialpolitischer Erkenntnis, in: Gesammelte Aufsätze zur Wissenschaftslehre, a. a. O. [s. Anm. 4], S. 214) – Adorno merkte zur Formulierung von der Gourmandise der letzteren ...‹ in seinem Exemplar des Weberschen Buches an: *scheußliche Hausmannskost.*

170. S. den Nachweis in Anm. 145.

171. Vgl. Otto Veit, Die Flucht vor der Freiheit, Frankfurt a. M. 1947.

172. Die Nachschriften der 14. und 15. Vorlesung wurden falsch datiert, ihre Abfolge vertauscht. Sie wurden daher in der korrekten Reihenfolge in den Gesamttext integriert, um den inhaltlichen Anschluß an die 13. Vorlesung, die Diskussion des »Systems«, zu gewährleisten. Siehe auch den Hinweis in der editorischen Nachbemerkung.

173. Vgl. Georg Wilhelm Friedrich Hegel, Werke, a. a. O. [s. Anm. 88], Bd. 19: Vorlesungen über die Geschichte der Philosophie II, Erster Teil. Geschichte der griechischen Philosophie, Erster Abschnitt: Von Thales bis Aristoteles, Drittes Kapitel: Platon und Aristoteles, S. 11-248.

174. Vgl. Johann Gottlieb Fichte, Über den Begriff der Wissenschaftslehre, a. a. O. [s. Anm. 132], S. 169f.

175. Johann Eduard Erdmann (1805-1892) war Schüler von Hegel; vgl. Johann Eduard Erdmann, Versuch einer wissenschaftlichen Darstellung der Geschichte der neueren Philosophie, Leipzig 1834.

176. Vgl. René Descartes, Discours de la Méthode / Von der Methode des richtigen Vernunftgebrauchs und der richtigen Forschung, Vierter Teil. Fundamente der Metaphysik, a. a. O. [s. Anm. 136], S. 53f.

177. Vgl. Spinoza, Ethica Ordine Geometrico Demonstrata / Die Ethik mit geometrischer Methode begründet, a. a. O. [s. Anm. 130], Kapitel 7-9.

178. S. den Nachweis in Anm. 131.

179. Immanuel Kant, Kritik der reinen Vernunft, 2. Abt., 3. Hauptstück, 4. Abschnitt, Transzendentale Dialektik, B 674-687.

180. An dieser Stelle ist die »Summa theologica« (1265) des Thomas von Aquin (1225-1274) gemeint.

181. In der *Negativen Dialektik* schreibt Adorno: *Das philosophische System war von Anbeginn antinomisch. In ihm verschränkte sich der An-*

satz mit seiner eigenen Unmöglichkeit; sie hat gerade die frühere Geschichte der neuzeitlichen Systeme zur Vernichtung des einen durchs folgende verurteilt. Die ratio, die, um als System sich durchzusetzen, virtuell alle qualitativen Bestimmungen ausmerzte, auf welche sie sich bezog, geriet in unversöhnlichen Widerspruch zu der Objektivität, welcher sie Gewalt antat, indem sie sie zu begreifen vorgab. Von ihr entfernte sie sich desto weiter, je vollkommener sie sie ihren Axiomen, schließlich dem einen der Identität, unterwarf. Die Pedanterien aller Systeme, bis zu den architektonischen Umständlichkeiten Kants und, trotz dessen Programm, selbst Hegels, sind Male eines a priori bedingten und in den Brüchen des Kantischen Systems mit unvergleichlicher Redlichkeit aufgezeichneten Mißlingens; [...] Große Philosophie war vom paranoischen Eifer begleitet, nichts zu dulden als sie selbst, und es mit aller List ihrer Vernunft zu verfolgen, während es vor der Verfolgung weiter stets sich zurückzieht. Der geringste Rest von Nichtidentität genügte, die Identität, total ihrem Begriff nach, zu dementieren. (GS 6, S. 32f.) Und weiter: *Im Idealismus – am ausdrücklichsten bei Fichte – waltet bewußtlos die Ideologie, das Nichtich, l'autrui, schließlich alles an Natur Mahnende sei minderwertig, damit die Einheit des sich selbst erhaltenden Gedankens getrost es verschlingen darf. Das rechtfertigt ebenso dessen Prinzip, wie es die Begierde steigert. Das System ist der Geist gewordene Bauch, Wut die Signatur eines jeglichen Idealismus; sie entstellt noch Kants Humanität, widerlegt den Nimbus des Höheren und Edleren, mit dem sie sich zu bekleiden verstand. Die Ansicht vom Menschen in der Mitte ist der Menschenverachtung verschwistert: nichts unangefochten lassen. Die erhabene Unerbittlichkeit des Sittengesetzes war vom Schlag solcher rationalisierten Wut aufs Nichtidentische, und auch der liberalistische Hegel war nicht besser, als er mit der Superiorität des schlechten Gewissens die abkanzelte, welche dem spekulativen Begriff, der Hypostasis des Geistes sich weigern.* (Ebd., S. 33f.)

182. »Ich mißtraue allen Systematikern und gehe ihnen aus dem Weg. Der Wille zum System ist ein Mangel an Rechtschaffenheit.« (Nietzsche, Götzen-Dämmerung, Sprüche und Pfeile, 26)

183. Vgl. die auch gegen Fichte und Hegel gerichtete Polemik Schopenhauers »Über die Universitäts-Philosophie«, in: Arthur Schopenhauer's Sämtliche Werke, hrsg. von Julius Frauenstädt, Bd. 5, Parerga und Paralipomena, Leipzig 1922, S. 151-212.

184. Vgl. das Kapitel »Der Kampf gegen das System«, in: Heinrich Rickert, Die Philosophie des Lebens. Darstellung und Kritik der philosophischen Modeströmungen unserer Zeit, Tübingen 1920, S. 142 bis 155. – Vgl. auch die Rezension Adornos zu Heinrich Rickerts *Unmittelbarkeit und Sinndeutung. Aufsätze zur Ausgestaltung des Systems der Philosophie* (jetzt GS 20.1, S. 244-250).

185. Ludwig Thoma (1867-1921) schilderte in seinen Werken den bayerischen Alltag und die politischen Geschehnisse seiner Zeit. In »Die kleinen Verwandten« läßt er die Figur des Josef Bonholzer, eines Oberaufsehers aus Dornstein, auftreten, der in bezug auf eine Heiratsangelegenheit sagt: »Is all's recht. Aber d' Hauptsach is, daß da Mensch sei Kategorie kennt.« (Vgl. Ludwig Thoma, Die kleinen Verwandten, in: Dichter und Freier, München 1956, S. 47)

Nachschrift der 15. Vorlesung

186. Vgl. Max Weber, Die »Objektivität« sozialwissenschaftlicher und sozialpolitischer Erkenntnis, in: Gesammelte Aufsätze zur Wissenschaftslehre, a. a. O. [s. Anm. 4], S. 146 ff.

187. John Locke (1632-1704) entwickelt die These vom Geist als »tabula rasa« im zweiten Buch seiner Untersuchung »Über den menschlichen Verstand«.

188. *Wie Hegel hofft der Dialektiker der Phantasie* [d. i. Walter Benjamin]*, die er als »Extrapolation im Kleinsten« definierte, die »Sache, wie sie an und für sich selber ist, zu betrachten«, also ohne Anerkennung der unaufhebbaren Schwelle zwischen Bewußtsein und Ding an sich.* (GS 10.1, S. 251)

189. »Bis dahin ist aber der Begriff von Philosophie nur ein Schulbegriff, nämlich von einem System der Erkenntnis, die nur als Wissenschaft gesucht wird, ohne etwas mehr als die systematische Einheit dieses Wissens, mithin die logische Vollkommenheit der Erkenntnis zum Zwecke zu haben. Es gibt aber auch den Weltbegriff (conceptus cosmicus), der dieser Benennung jederzeit zu Grunde gelegen hat, [...].« (Vgl. Immanuel Kant, Kritik der reinen Vernunft, a. a. O. [s. Anm. 179], B 867)

190. Hier handelt es sich um die unpublizierte »Child-Study«. Den Bericht über die Studie vgl. Else Frenkel-Brunswik, A Study of Prejudice in Children, in: Human Relations, Vol. I, 1947/48, S. 295 bis 306. – Außerdem sind Informationen zur Studie in den Briefwechseln von Adorno und Horkheimer erhalten. Vgl. Theodor W. Adorno, Briefe und Briefwechsel, hrsg. vom Theodor W. Adorno Archiv, Band 4: Theodor W. Adorno, Max Horkheimer, Briefwechsel 1927-1969, Band II: 1938-1944, hrsg. von Christoph Gödde und Henri Lonitz, Frankfurt a. M. 2004, S. 625-632.

Nachschrift der 16. Vorlesung

191. Vgl. zu den gesellschaftstheoretischen Annahmen Schelskys den Band »Auf der Suche nach der Wirklichkeit. Gesammelte Aufsätze« [s. Anm. 78], in dem einige der Aufsätze, mit denen Adorno sich auseinandersetzte, wiederveröffentlicht wurden.

192. Mannheim formulierte die These, derzufolge die moderne Gesellschaft sowohl immer weitgehendere Rationalisierungen in Teilbereichen hervorbringt als auch zugleich in ihrer Gesamtheit irrationale Züge trägt, bereits 1929 in seiner Schrift »Ideologie und Utopie«: »So weitgehend unser Leben rationalisiert ist, so sind dennoch alle diese Rationalisierungen nur Teilrationalisierungen, denn die allerwichtigsten Gebiete unserer Gesellschaftssphäre sind auch im heutigen Stadium noch irrational fundiert. Unsere Wirtschaft, obzwar technisch weitgehend durchrationalisiert, in Partialzusammenhänge exakt berechendbar, ist dennoch nicht zu einer Planwirtschaft verbunden. Sie beruht trotz aller Tendenzen zur Vertrustung und Organisierung im entscheidenden Punkte auf der freien Konkurrenz.« (Karl Mannheim, Ideologie und Utopie, Bonn 1929, S. 74) – Adorno bezieht sich an dieser Stelle wohl auf die im Exil verfasste und 1935 veröffentlichte Schrift »Mensch und Gesellschaft im Zeitalter des Umbaus«. Hier heißt es: »Die steigende Industrialisierung begünstigt mit Notwendigkeit freilich nur die funktionelle Rationalität, das heißt die Durchorganisierung der Verhaltungsweisen der Mitglieder einer Gesellschaft in bestimmten Gebieten. Sie fördert aber keineswegs im gleichen Maße die ›substantielle Rationalität‹, das heißt die Fähigkeit, aus einer gegebenen Situation heraus auf Grund eigener Einsicht in die Zusammenhänge urteilsfähig zu handeln.« (Karl Mannheim,

Mensch und Gesellschaft im Zeitalter des Umbruches, Leiden 1935, S. 35)

193. Theodor Eschenburg erörtert in seiner Schrift »Herrschaft der Verbände«, wie sich das Zusammenspiel von Staat, Parteien, Verbänden und staatlicher Personalpolitik seit dem Kaiserreich bis hin zur frühen Bundesrepublik entwickelt hat. (Vgl. ders., Herrschaft der Verbände, Stuttgart 1955)

17. Vorlesung

194. An dieser Stelle fehlen in der Transkription der Bandaufzeichnung vermutlich die ersten Sätze der Vorlesung.

195. Vgl. Max Weber, Wirtschaft und Gesellschaft, a. a. O. [s. Anm. 11], Die Typen der Herrschaft, S. 122-176; Soziologie der Herrschaft, S. 541-868.

196. *Die Bürokratie hat in der öffentlichen Meinung das Erbe dessen angetreten, was man früher den sogenannten unproduktiven, parasitären Berufen, den Vermittlern und Zwischenhändlern nachzusagen pflegte: die Bürokratie ist der Sündenbock der verwalteten Welt.* (GS 8, S. 446)

197. Hans Magnus Enzensberger (geb. 1929) führt den Begriff folgendermaßen aus: »Die Bewußtseins-Industrie ist ein Kind der letzten hundert Jahre. Sie hat sich so rapide, so vielfältig entwickelt, daß ihr Dasein, als Ganzes, heute noch unbegriffen und schier unbegreiflich ist. [...] Sie ist die eigentliche Schlüsselindustrie des zwanzigsten Jahrhunderts. [...] Vier Bedingungen ihrer Existenz lassen sich auf den ersten Blick ausfindig und abgekürzt namhaft machen: 1. Aufklärung, im weitesten Sinn, [...] 2. Die politische Voraussetzung der Bewußtseins-Industrie ist die Proklamation (nicht die Verwirklichung) der Menschenrechte, [...] 3. Ökonomisch geht ihrer Entwicklung die primäre Akkumulation voraus. [...] 4. Der ökonomische Prozeß der Industrialisierung bringt die letzten, nämlich die ökonomischen Voraussetzungen, [...].« (Hans Magnus Enzensberger, Bewußtseins-Industrie, in: Einzelheiten, Frankfurt a. M. 1962, S. 8 ff.)

198. Vgl. Georg Wilhelm Friedrich Hegel, Werke, a. a. O. [s. Anm. 88], Bd. 8: Enzyklopädie der philosophischen Wissenschaften im Grundrisse (1830), Erster Teil. Die Wissenschaft der Logik. Mit den mündlichen Zusätzen, § 1[illegible]6 und Zusatz, Frankfurt a. M. 1970, S. 287 f.

199. In der *Dialektik der Aufklärung* heißt es: *Der Schauer lebt von der Übermacht der Technik als ganzer – und des Kapitals, das hinter ihr steht – über jedes einzelne Ding. Das ist die Transzendenz in der Massenkultur. Das dichterische Geheimnis des Produkts, sein Mehr als es selber Sein, besteht in seiner Teilhabe an der Unendlichkeit der Produktion, und die Ehrfurcht, die von der Nüchternheit bewerkstelligt wird, fügt sich dem Schema der Reklame ein. Gerade in dem Nachdruck auf bloßem Dasein, das so stark und groß sein soll, daß keine subjektive Intention etwas darüber vermag – und dieser Nachdruck entspricht der wahren Ohnmacht der Kunst gegenüber der Gesellschaft heute – versteckt sich die Verklärung, gegen welche die Nüchternheit gestikuliert. Dasein wird zu seiner eigenen Ideologie durch die Zauberei seiner treuen Verdopplung. So webt sich der technologische Schleier, der Mythos des Positiven.* (GS 3, S. 301)

200. *Verdinglichtes Bewußtsein ruft als Ersatz dessen, was es den Menschen an sinnlich Unmittelbarem vorenthält, in dessen Sphäre zurück, was dort seine Stätte nicht hat. Während scheinbar das Kunstwerk durch sinnliche Attraktion dem Konsumenten in Leibnähe rückt, wird es ihm entfremdet: zur Ware, die ihm gehört und die er ohne Unterlaß zu verlieren fürchtet. Das falsche Verhältnis zur Kunst ist der Angst ums Eigentum verschwistert. Der fetischistischen Vorstellung vom Kunstwerk als einem Besitz, der sich haben läßt und durch Reflexion zerstört werden könne, entspricht streng die von dem im psychologischen Haushalt verwertbaren Gut.* (GS 7, S. 27) Und weiter heißt es: *Verdinglichtes Bewußtsein, das die Unausweichlichkeit und Unabänderlichkeit des Seienden voraussetzt und bestätigt, ist als Erbe des alten Banns die neue Gestalt des Mythos des Immergleichen.* (Ebd., S. 342)

201. Wilhelm von Humboldt (1767-1835) führt diesen Gedanken in seinem Werk »Über Denken und Sprechen« (1795) aus: »5. Kein Denken, auch das reinste nicht, kann anders, als mit Hülfe der allgemeinen Formen unsrer Sinnlichkeit geschehen; nur in ihnen können wir es auffassen und gleichsam festhalten. 6. Die sinnliche Bezeichnung der Einheiten nun, zu welchen gewisse Portionen des Denkens vereinigt

werden, um als Theile andern Theilen eines größeren Ganzen, als Objecte dem Subjecte gegenübergestellt zu werden, heißt im weitesten Verstande des Worts: Sprache. 7. Die Sprache beginnt daher unmittelbar und sogleich mit dem ersten Act der Reflexion, [...].« (Vgl. Wilhelm von Humboldt, Über Denken und Sprechen, in: Wilhelm von Humboldt, Werke in fünf Bänden, hrsg. von Andreas Flitner und Klaus Giel, Bd. V, Darmstadt 1981, S. 97. – Adorno beschreibt diesen Zusammenhang in dem Aufsatz *Auf die Frage: Was ist deutsch* folgendermaßen: *Weil ich der Sprache als einem Konstituens des Gedanken soviel Gewicht beilege wie in der deutschen Tradition Wilhelm von Humboldt, dränge ich sprachlich, auch im eigenen Denken, auf eine Disziplin, der die eingeschliffene Rede nur allzugern entläuft.* (GS 10.2, S. 701).

Editorische Nachbemerkung

Mit der Vorlesung über *Philosophische Elemente einer Theorie der Gesellschaft* liegt die achte von 15 Vorlesungsabschriften Adornos vor, in der er im Rahmen einer einführenden Diskussion philosophischer Traditionen, die der soziologischen Theoriebildung zugrunde liegen, eine Kritik der Soziologie als auch der Philosophie entwickelt. Adorno betont, daß theoretische Arbeit einer spezifischen Vermittlung von Philosophie und Soziologie bedarf. Ebenso wie er den »Methodenfetischismus« in der Soziologie kritisiert, welcher dem Denken die Regeln vorschreiben möchte, und darauf insistiert, daß theoretische Gedanken über die Gesellschaft nicht bruchlos durch empirische Befunde einzulösen sind, stellt Adorno einen Wesenszug der Philosophie seit der Aufklärung in Frage: den Drang zur Schaffung von einheitlichen, die bürgerliche Herrschaft spiegelnden Systemen. Soziologie *und* Philosophie müssen sich ihrer immanenten Kritik aussetzen – so Adornos Postulat. Im Anschluß an Marx entfaltet er philosophische Elemente einer Gesellschaftstheorie, die den Zwang zur Identität und Eindeutigkeit soziologischer Theoriebildung durchbrechen, um im emphatischen Sinne einer unreglementierten Erfahrung Gedanken für die kritische soziologische Gesellschaftsanalyse und -theorie fruchtbar zu machen. Ungeachtet dessen bleibt philosophische Reflexion immer auch auf Soziologie verwiesen, will sie nicht der alten idealistischen Illusion, die allein durch Denken sich die Erfassung der Totalität der realen Verhältnisse zutraute, verfallen. Die dialektische Methode der philosophischen Deutung muß sich am »Material« bewähren, an den in wechselnde Versuchsanordnungen und ungewohnte »Konstellationen« gebrachten Ergebnissen sozialwissenschaftlicher Forschung. »Die Theorie der Gesellschaft ist aus der Philosophie entsprungen, während sie zugleich deren Fragestellungen umzufunktionieren trachtet, indem sie die Gesellschaft als jenes Substrat bestimmt, das der traditionellen Philosophie ewige Wesenheiten hieß oder Geist. Wie die Philosophie dem Trug der Erscheinungen mißtraute und auf Deutung aus war, so mißtraut die Theorie desto gründlicher der Fassade der Gesellschaft, je glatter diese sich darbietet. Theorie will benennen, was insgeheim das Getriebe zusammenhält.« (GS 8, S. 196)

Bei der Bearbeitung der Tonbandabschriften der frei gehaltenen Vorträge Adornos wurde der Charakter des mündlichen Vortrags erhalten. Korrekturen der Transkriptionen – die zugrundeliegenden Tonbandaufnahmen sind leider nicht mehr erhalten – wurden nur dann vorgenommen, wenn die Übersichtlichkeit des Inhalts und die syntaktische Gliederung dies erforderten, um die Lesbarkeit des Textes zu ermöglichen. Dementsprechend wurden Satzzeichen wie etwa Doppelpunkt und Gedankenstrich häufiger verwendet, als dies in einem durchformulierten Text üblich ist. Augenfällige grammatikalische oder sinnentstellende Schreibfehler sowie Satzunvollständigkeiten und -brüche wurden stillschweigend korrigiert bzw. ergänzt, wenn dies inhaltlich unstrittig möglich war. In wenigen Fällen und auch nur dann, wenn keine rhetorische Bedeutung von ihnen ausging, wurden Wiederholungen und bisweilen die Partikel ›also‹, ›ja‹ oder ›und‹ gestrichen. Hinzufügungen der Herausgeber sind in eckige Klammern gesetzt worden, wenn es unproblematisch erschien, technisch bedingte Lücken füllen zu können. Andere, umfangreichere Passagen mit Textverlust wurden durch [...] kenntlich gemacht. Werktitel und nachgewiesene Begriffe bzw. Theoreme wurden in doppelte Anführungszeichen gesetzt. Einfache Anführungen weisen indirekte, wörtlich nicht aufgefundene oder wiederaufgenommene Zitate und feststehende, jedoch nicht zitierte Begriffe anderer Autoren aus.

Insgesamt war der qualitative Zustand der überlieferten Transkriptionen sehr unterschiedlich. Insbesondere in der 13. Vorlesung sahen sich die Herausgeber dazu veranlaßt, kleine Textfragmente zu streichen, weil diese, auf Grund technischer Störungen des Bandes, Textverluste aufwiesen und unverständlich blieben. In vier Fällen mußten fehlende Transkriptionen durch Mitschriften von Hilmar Tillack ersetzt werden, die einen eher zusammenfassenden Charakter haben. Wie der Leser an den teilweise nicht anschließenden Datierungen der Vorlesungen – diese fanden immer Dienstags und Donnerstags statt – feststellen kann, fehlen zwischen der 2. (14. 5. 64) und 3. Vorlesung (2. 6. 64) vier Vorlesungen. Zwei sind aufgrund von Feiertagen, am 19. 5. 64 (Pfingsten) und am 28. 5. 64 (Fronleichnam), ausgefallen. Ob die beiden dazwischenliegenden ebenso ausfielen oder die Vorlesungen nicht überliefert sind, konnte nicht mehr rekonstruiert werden. Zwei weitere fehlen zwischen der 4. (4. 6. 64) und der 5. Vorlesung (16. 6. 64). Sie sind, wie Adorno im Text bemerkt, ausgefallen; die 5. Vorlesung schließt zudem inhaltlich unmittelbar an die 4. Vorlesung an. Die 14. (16. 7. 64) und 15. Vorlesung (21. 7. 64), die als Mitschriften dokumentiert wurden, sind in den überlieferten Manuskripten vertauscht worden, denn Adorno spricht am Ende der 13. Vorlesung

(14. 7. 64) davon, daß in der »nächsten Stunde« die Frage des »Systems« genauer entfaltet werden würde, was in der Mitschrift jedoch erst in der 15. Vorlesung geschieht. Die Mitschriften wurden daher in der korrekten Reihenfolge in den Gesamttext integriert.

Die Sacherläuterungen in den Anmerkungen der Herausgeber, das Register und die Übersicht dienen dem Verständnis des Lesers. Die angeführten Parallelstellen sowie ergänzende Erklärungen aus den Schriften Adornos verdeutlichen einige der gesprochenen Ausführungen und verweisen zugleich auf die vielfältige Verknüpfung seiner Vorlesungen und seiner schriftlichen Arbeiten. Diese Zitate, die nachgewiesenen Texte Adornos und kollektive Arbeiten, an denen er beteiligt war, sind in den Anmerkungen kursiviert worden. Erörtert wurden ebenso theoretische Begriffe und methodische Konzepte anderer Autoren, die möglicherweise nicht oder kaum noch bekannt sind. Um einige für den Gesamtzusammenhang der Vorlesungen belangreiche Argumentationen zu verdeutlichen, auch und gerade dann, wenn umfassendere Sachverhalte im Vortrag nur angedeutet wurden, sind diese ausführlicher zitiert worden. Die Übersicht unterstützt die Orientierung des Lesers beim Auffinden bestimmter inhaltlicher Abschnitte.

Register

Das Personenregister erschließt den Text der Vorlesung, die Anmerkungen und die Editorische Nachbemerkung. Indirekte Erwähnungen sind ohne besondere Kennzeichnung aufgenommen worden. Kursiv gesetzte Seitenzahlen verweisen auf die Erwähnungen in den Anmerkungen.

Übersicht

- Band 18: Musikalische Schriften V. stw 1718. 841 Seiten
- Band 19: Musikalische Schriften VI. stw 1719. 665 Seiten
- Band 20: Vermischte Schriften. Zwei Bände. stw 1720. 877 Seiten

Nachgelassene Schriften
Herausgegeben vom Theodor W. Adorno Archiv

Abteilung I: Fragment gebliebene Schriften
- Band 3: Current of Music. Elements of a Radio Theory. Herausgegeben von Robert Hullot-Kentor. 690 Seiten. Gebunden

Abteilung IV: Vorlesungen
- Band 2: Einführung in die Dialektik. Herausgegeben von Christoph Ziermann. 439 Seiten. Gebunden
- Band 3: Ästhetik. Herausgegeben von Eberhard Ortland. 522 Seiten. Gebunden
- Band 4: Kants »Kritik der reinen Vernunft«. Herausgegeben von Rolf Tiedemann. 440 Seiten. Gebunden
- Band 6: Philosophie und Soziologie. Herausgegeben von Dirk Braunstein. 459 Seiten. Gebunden
- Band 7: Ontologie und Dialektik. Herausgegeben von Rolf Tiedemann. 448 Seiten. Gebunden
- Band 9: Philosophische Terminologie. Herausgegeben von Henri Lonitz. 912 Seiten. Gebunden
- Band 10: Probleme der Moralphilosophie. Herausgegeben von Thomas Schröder. 318 Seiten. Gebunden
- Band 12: Philosophische Elemente einer Theorie der Gesellschaft. Herausgegeben von Tobias ten Brink und Marc Phillip Nogueira. 278 Seiten. Gebunden
- Band 13: Zur Lehre von der Geschichte und von der Freiheit. Herausgegeben von Rolf Tiedemann. stw 1785. 491 Seiten
- Band 14: Metaphysik. Begriff und Probleme. Herausgegeben von Rolf Tiedemann. 320 Seiten. Gebunden

NF 138/2/12.16

- Band 15: Einleitung in die Soziologie. Herausgegeben von Christoph Gödde. 330 Seiten. Gebunden
- Band 16: Vorlesung über negative Dialektik. Herausgegeben von Rolf Tiedemann. 464 Seiten. Gebunden
- Band 17: Kranichsteiner Vorlesungen. Herausgegeben von Klaus Reichert und Michael Schwarz. Mit einer DVD. 600 Seiten. Gebunden

Briefe und Briefwechsel
Herausgegeben vom Theodor W. Adorno Archiv

- Band 1: Theodor W. Adorno – Walter Benjamin. Briefwechsel 1928-1940. Herausgegeben von Henri Lonitz. 501 Seiten. Gebunden
- Band 2. Theodor W. Adorno – Alban Berg. Briefwechsel 1925-1935. Herausgegeben von Henri Lonitz. 380 Seiten. Gebunden
- Band 3: Theodor W. Adorno – Thomas Mann, Briefwechsel 1943-1955. Herausgegeben von Christoph Gödde und Thomas Sprecher. 179 Seiten. Gebunden
- Band 4.1: Adorno – Max Horkheimer. Briefwechsel I. 1927-1937. Herausgegeben von Christoph Gödde und Henri Lonitz. 612 Seiten. Gebunden
- Band 4.2.: Adorno – Max Horkheimer. Briefwechsel II. 1938-1944. Herausgegeben von Christoph Gödde und Henri Lonitz. 662 Seiten. Gebunden
- Band 4.3.: Adorno – Max Horkheimer. Briefwechsel III. 1945-1949. Herausgegeben von Christoph Gödde und Henri Lonitz. 589 Seiten. Gebunden
- Band 4.4 Adorno – Max Horkheimer. Briefwechsel IV. 1950-1969. Herausgegeben von Christoph Gödde und Henri Lonitz. 1078 Seiten. Gebunden
- Band 5: Briefe an die Eltern. 1939-1951. Herausgegeben von Christoph Gödde und Henri Lonitz. Mit einem vierfarbigen Bildteil. 576 Seiten. Gebunden

NF 138/3/12.16

- Band 7: Adorno – Siegfried Kracauer. Briefwechsel 1923-1966. »Der Riß der Welt geht auch durch mich ...«. 772 Seiten. Gebunden
- Band 8: Theodor W. Adorno – Gershom Scholem. Briefwechsel. 1939-1969. »Der liebe Gott wohnt im Detail«. Herausgegeben von Asaf Angermann. 548 Seiten. Gebunden

»So müßte ich ein Engel und kein Autor sein«. Adorno und seine Frankfurter Verleger. Der Briefwechsel mit Peter Suhrkamp und Siegfried Unseld. Herausgegeben von Wolfgang Schopf. 650 Seiten. Gebunden

Einzelausgaben. Eine Auswahl

Beethoven. Philosophie der Musik. Fragmente und Texte. Herausgegeben von Rolf Tiedemann. stw 1727. 392 Seiten

Einleitung in die Soziologie. Herausgegeben von Christoph Gödde. stw 1673. 336 Seiten

Erziehung zur Mündigkeit. Voträge und Gespräche mit Hellmut Becker 1959 bis 1969. Herausgegeben von Gerd Kadelbach. st 11. 148 Seiten

Jargon der Eigentlichkeit. Zur deutschen Ideologie. es 91. 139 Seiten

Minima Moralia. Reflexionen aus dem beschädigten Leben. BS 236. 339 Seiten

Negative Dialektik. stw 1706. 531 Seiten

Studien zum autoritären Charakter. Übersetzt von Milli Weinbrenner. stw 1182. 483 Seiten

NF 138/4/12.16

Traumprotokolle. Herausgegeben von Christoph Gödde und Henri Lonitz. Mit einem Nachwort von Jan Philipp Reemtsma. BS 1385. 122 Seiten

Zu einer Theorie der musikalischen Reproduktion. Herausgegeben von Henri Lonitz. stw 1750. 400 Seiten

Zur Lehre von der Geschichte und von der Freiheit. stw 1785. 491 Seiten

NF 138/5/12.16

50 Jahre suhrkamp taschenbuch wissenschaft
1973-2023
Das Jubiläumsprogramm

Aleida Assmann. Im Dickicht der Zeichen. stw 2429. 360 Seiten

Judith Butler. Die Macht der Geschlechternormen und die Grenzen des Menschlichen. Übersetzt von Karin Wördemann und Martin Stempfhuber. stw 2422. 414 Seiten

Esther Duflo. Kampf gegen die Armut. Übersetzt von Andrea Hemminger. stw 2428. 182 Seiten

Philippa Foot. Die Natur des Guten. Übersetzt von Michael Reuter. stw 2421. 162 Seiten

Eva Illouz. Gefühle in Zeiten des Kapitalismus. Übersetzt von Martin Hartmann. stw 2423. 170 Seiten

Rahel Jaeggi. Kritik von Lebensformen. stw 2424. 451 Seiten

Karin Knorr Cetina. Die Fabrikation von Erkenntnis. Zur Anthropologie der Wissenschaft. Mit einem Vorwort von Rom Harré. stw 2427. 37[illegible] Seiten

Martina Löw. Raumsoziologie. stw 2425. 320 Seiten

Beate Rössler. Autonomie. Ein Versuch über das gelungene Leben. stw 2426. 443 Seiten

Lucie Varga. Zeitenwende. Mentalitätshistorische Studien 1936-1939. Herausgegeben, übersetzt und eingeleitet von Peter Schöttler. stw 2430. [illegible]47 Seiten

NF 185/1/1.23